中国HR实务图书
第一品牌

老HRD手把手系列丛书
助力企业夯实人力管理基础

U0824538

资深律师手把手教你搞定劳动争议

人力资源法律风险防范案头工具全书

丁丽萍◎著

·第二版·

中国法制出版社
CHINA LEGAL PUBLISHING HOUSE

图书在版编目 (CIP) 数据

资深律师手把手教你搞定劳动争议：人力资源法律风险防范案头工具全书 / 于丽萍著 . —2 版 . —北京：中国法制出版社，2018.3（2023. 3 重印）

（老 HRD 手把手系列丛书）

ISBN 978-7-5093-9340-6

Ⅰ . ①资…　Ⅱ . ①于…　Ⅲ . ①劳动争议—处理—基本知识—中国
Ⅳ . ① D922.591.4

中国版本图书馆 CIP 数据核字（2018）第 047091 号

责任编辑：潘孝莉（editorwendy@126.com）　　封面设计：熊仁丹　焦　阳

资深律师手把手教你搞定劳动争议：人力资源法律风险防范案头工具全书

ZISHEN LÜSHI SHOUBASHOU JIAO NI GAODING LAODONG ZHENGYI：RENLI ZIYUAN FALÜ FENGXIAN FANGFAN ANTOU GONGJU QUANSHU

著者 / 于丽萍

经销 / 新华书店

印刷 / 北京虎彩文化传播有限公司

开本 / 787 毫米 ×1092 毫米　16 开　　印张 / 24　字数 / 367 千

版次 / 2018 年 3 月第 2 版　　2023 年 3 月第 4 次印刷

中国法制出版社出版

书号 ISBN 978-7-5093-9340-6　　定价：58.00 元

北京西单横二条 2 号　邮政编码 100031　　传真：010-66031119

网址：http://www.zgfzs.com　　**编辑部电话：010-66010406**

市场营销部电话：010-66033296　　**邮购部电话：010-66033288**

企业人力资源管理“手把手”丛书
专家顾问委员会成员

（以下排名顺序不分先后）

周　博　中国电信翼支付人力资源总监
张　萌　光大永明人寿保险人力资源部总经理
李　瑛　东方国信人力资源总监
肖冬云　天音通信人力资源总监
王文涛　凌云光子集团人力资源副总裁
李美平　远光软件股份有限公司副总裁
薛　燕　天极传媒集团人力资源总监
王永贤　北京立思辰科技人力资源副总裁
王志成　亿龙集团人力资源副总裁
刘立明　北京建谊投资（集团）高级副总裁
张银昆　北京合纵科技股份人力资源副总裁
李　亮　万达集团人力资源管理中心副总经理
刘海赟　易车网人力资源中心总经理
高文举　微才网首席执行官
廖　亮　中国邮政人力资源总监
陈　沁　亚信集团薪酬福利总监
张　欣　北京华联商厦人力资源总监
兰　雨　人人网人力资源总监
赵东辉　拉卡拉人力资源总监
俞　波　新中大软件股份有限公司人力资源总监
王立平　北京久其软件人力资源总监
李默成　大公国际人力资源总监
姜　杉　中金数据科技人力资源总监
陈守元　易华录科技股份人力资源总监
张　琰　紫光集团人力资源部经理
徐冰雪　工商银行数据中心人力资源部经理
曹　冰　恒宝科技人力资源总监
郭　奇　北京盛百味餐饮集团总经理

序一 PREFACE

企业人力资源管理实践领域一大盛事

我国企业从20世纪90年代开始人力资源管理转型，历经二十多年的发展，水平仍然参差不齐，有些企业已经进入战略人力资源管理阶段，同时也有不少企业仍然在人事管理阶段徘徊。究其原因，一是企业领导人对人力资源管理的认识不到位；二是人力资源管理专业人员的业务能力不达标。现有的出版物在服务企业家学习人力资源管理方面基本是够用的，但在提升人力资源专业人员的业务能力方面，则尚有缺欠。师带徒、边干边学仍是中国企业人力资源新兵们“习武”的主要方式。

人力资源管理是一门致用之学，既有系统深入的理论基础，又有复杂多变的操作规则和艺术。综观书市，以人力资源管理为题的教材和理论性书籍林林总总、数不胜数，但完全由业界人士撰写的实战型精品却难得一见。中国法制出版社联手国内顶尖名企的人力资源高管共同打造“老HRD手把手系列丛书”，契合此领域学习资料之短板，可谓年轻人力资源管理业者之幸。

这套丛书的出身决定了它的独特个性：

1. 作者“道行深”：优秀的作者才能写出优秀的作品。这套丛书的“爸爸妈妈”们都是硕士学历，接受过高水平的系统教育。他们从基层一步一步成长为人力资源高管，经历过多番变革，处理过多种矛盾，至今奋战在企业人力资源管理一线。他们不仅深谙人力资源管理理论，更精通人力资源管理操作技巧，可以说，他们都是“有道行”的人，是有能力写出既有仙气又接地气的作品的人。

2. 内容“实”：本书的内容以“实战、实用、实效”为导向，书中所有实践经验均来自国内一流名企，这些公司都具有鲜明的代表性。书中不仅有文字描述和理念、原则的介绍，而且有大量“开袋即食”型的流程、工具和表格，新手和生手们可以借此实现本公司实践与优秀公司经验之间的无缝对接。

3. 文字“简”：本套丛书没有“简单问题复杂化”，没有赘述枯燥的管理理论，表达简洁直接，便于读者快速把握要点。

4. 主题“全”：本套丛书涵盖企业招聘、绩效、培训和薪酬等各项职能，每本书又覆盖了一项职能中几乎所有的细节，可谓人力资源管理实操大全，为企业构建规范化、精细化人力资源管控体系提供了一整套解决方案，也为人力资源专业人员成为全能型选手提供了十八般兵器。

5. 附加值“高”：非常难得的是，本套丛书的读者遇到管理难题可通过QQ群免费咨询，作者们无私相助的诚心由此可见一斑。这是移动互联时代的服务创新，更是作者们社会责任感的充分体现。

正是因为本套丛书的以上特点，我很高兴、很荣幸写这个小序，一是向读者朋友们推荐这套书；二是向作者们致敬、祝贺。这套书不仅适用于企业人力资源管理专业人员中的新手和生手，也值得老手们参考。他山之石可以攻玉，在一个企业做久了，思路容易受局限，相信此套书也能给老手们带去清新之风。

我还要从高校教师和学生的角度感谢作者和出版社。大部分教授人力资源管理课程的老师都没有人力资源管理的实战经验，学生也难有机会全面了解企业人力资源管理的真实面貌，这套书把企业实践搬到师生们眼前，虽不能代替调研和实践，却也能让师生们离企业更近。对高校的教学活动而言，这套书是很有价值的参考资料。

高境界的管理要做到知行合一、科学性与艺术性的有机统一，在这套“老HRD手把手系列丛书”里，我非常欣慰地看到了这一点。这同时也启发各位读者：尽信书不如无书，他人的经验还要和自己的实情相结合。人力资源管理有科学和普遍的成分，也有艺术和特殊的成分，把先进企业的经验作为铺路石去开拓自己的路，才是正确的做法。本书的价值在于告诉读者们要做什么、怎么做、为什么做，至于是不是自己做、做到什么程度，则没有标准的答案。

中国企业的转型升级已经进入了关键阶段，人力资源管理在未来必将扮演越来越重要的角色。祝愿中国企业的人力资源管理能伴随企业的改革发展而达到新的高度！祝愿中国的人力资源管理同人薪火相传，打造一支能被企业领导和员工高度信赖的专业队伍，共同让人力资源成为中国企业决胜商场的第一资源！

——清华大学经济管理学院

领导力与组织管理系副教授

曲庆

序二
PREFACE

企业人力资源管理者能力提升的必备武器

欣闻中国法制出版社“老 HRD 手把手系列丛书”问世，在对这些来自企业一线的 HRD 高管表示由衷敬佩的同时，更为他们的社会责任感表示由衷的敬意。

近年来，随着国内各个行业市场竞争的愈演愈烈，企业人力资源的成本压力急剧攀升，企业经营利润空间被急剧压缩，企业经营管理的压力日益加大。从一定意义上来讲，传统的粗放式管理已经难以为继，规范化管理特别是精细化的人力资源管理成为企业管理的必然。

本套丛书的最大特色是把企业人力资源精细化管理落到实处，既是一种企业经营管理的理念和文化，也是一种企业管理方式，在我国大多数企业都经历过由粗放式管理到规范化管理再到精细化管理的发展阶段。在企业规范化管理阶段，企业管理的核心任务是建立有效的企业制度，而发展到精细化管理阶段企业则需要在日常运营中深入进行人力等经营成本分析，建立健全企业可量化的管理标准，推动企业向精细化管理迈进。

在我国，许多企业精细化管理工作不到位或者管理效果不理想，其实很大程度上不仅仅是因为缺乏全面系统的人力资源管理体系支撑，更重要的是缺乏必要的激励机制。企业开展精细化管理，必须系统性的建设好招聘、培训、绩效和薪酬管理等各个体系以及配套的激励机制，这样才能最终实现企业精细化管理的目标。

人力资源是一门实践性非常强的科学，它所涉及的各个管理模块，无论是招聘、培训、员工关系管理、绩效考核、薪酬管理还是人力资源法律问题，这些都是人力资源管理模块的有机组成部分，这些成体系的管理模块在管理实践中绝对不能独立割裂开来，否则管理上必然陷入“只见树木不见森林”或者是“只见森林不见树木”的境地。

企业竞争的本质就是企业管理软实力的较量，企业管理原本是一门源于实践的科学，人力资源管理更是一门实践性极强的学科。理论是源于实践，成长于实践。因此，若有一套从实战角度出发的人力资源管理的图书出版，这将是人力资源从业者之幸事。

目前市面上的人力资源管理图书基本上都是比较老套的传统的管理理论，缺乏对入门者业务知识系统化的指导和系统化培训，为此很多 HR 入门者不得不一边实践一边摸索，这种探索式的实践方式必然会付出一定的管理代价，而且有时候甚至走入管理误区。

本套丛书全面覆盖人力资源管理最经典的管理模块，包括招聘管理、绩效考核、薪酬管理、培训管理、员工管理以及 HR 如何应对劳动纠纷等，覆盖了企业人力资源管理的各个维度，相信这套书必将拓宽企业管理视野、多角度、系统化思考和解决企业管理问题并提出系统化解决方案，这是企业管理的福音。

本套丛书最大特色就是丛书的定位非常鲜明：读完就能懂、拿来就能用，图书内容具有可操作性，既有具体工作方法介绍又有丰富的管理案例，本套丛书源自企业实践，又高于企业实践，这套丛书的问世让企业精细化管理从容落地。

管理上没有绝对的权威，适合企业特点的就是最好的管理模式，本套丛书作为作者多年丰富实践的最新杰作，很多管理理念和管理思路基于丰富的实践，中国企业类型多样、管理多样，任何一套模式不可能适应所有企业，作为读者要批判性地借鉴、采纳精华不要机械照搬，只有这样您才能真正吃透本套丛书管理思想的精髓。

"知识改变命运，管理创造价值"，相信这套书必将成为企业 HR 和各级管理者以及有志于从事企业人力资源管理的在校学生的必备宝典和管理武器。

再次祝贺本套"老 HRD 手把手系列丛书"的问世。

——新东方教育科技集团

助理副总裁兼人力资源总监

张如国

序三

PREFACE

愿“手把手”成为广大HR同人的必备宝典

非常高兴为本套“老HRD手把手系列丛书”图书作序，特别是看到本套图书完全是由企业实战派HRD/HRVP级别的专业人力资源管理人士编写的，这些作者在承担企业管理压力的同时，还能为中国企业提供一套来自本土企业最具有实践借鉴价值的图书，他们这种社会责任感让我感到由衷的敬佩。

本套丛书最大特色：

1. 定位非常鲜明

众所周知，未来的中国必然是“拥抱大众创业、万众创新的新时代”，大众创业、万众创新是中国经济发展的新发动机。未来无数中小企业将如同雨后春笋茁壮成长。本套丛书就是为这些快速成长、不断创新的企业提供在人力资源管理方面的建议和帮助。

2. 内容通俗易懂

让HR读者以最快的速度，吸收和借鉴国内一流企业丰富的管理实践和宝贵的经验，更为难能可贵的是，本套丛书内容具体翔实、接地气，回归到人力资源的本质价值。

3. 实战和可操作性强

读完就能懂，拿来就能用，图书内容有实战性和可操作性，既有具体工作方法介绍，又有详细的整体方案设计和配套落地工具。

本套丛书的作者选择可谓精挑细选，全部为硕士研究生以上学历，HRD

以上职位、从事人力资源工作是从基层起步一步一步走上企业高管职位，每个作者均有 10 年以上的著名大型企业从业经历，并且都是社会公益事业的热衷人士……这些典型的特点，让这套丛书充满内涵，可谓熠熠生辉。

作为“实战派”专家，本丛书各位作者对企业人力资源管理的业务和流程非常熟悉，因此才能分岗位、分职位地对企业人力资源管理的相关业务进行梳理，使读者通过每一本书都能清晰地看到人力资源从业者的职业发展路径——职员、主管、总监，明白自己在各种职位、各种岗位所应掌握的知识和能力，也为各企业针对人力资源部员工进行培训提供了岗对岗、职位对职位的优秀培训体系，开创了人力资源管理实战派图书的先河。

这些作者经过十多年的企业人力资源职场历练和磨砺，对人力资源乃至企业各种疑难问题的解决可以说是举重若轻，身经百战依然奋斗在企业人力资源管理的第一线，每位作者都是人力资源实战派管理专家，能为本套丛书作序，我深感荣幸。

企业人力资源管理是科学更是艺术，管理实践必须接地气，要与企业管理实践实现零距离接触，只有这样才有真正的价值。近年来无论校企合作还是高校教师深入企业研究管理课题，无不深刻地推进企业管理理论和实践的紧密融合，因此实战性的管理专著更能引起管理者的共鸣。

市面上人力资源管理图书很多，但是本套丛书完全由企业实战派人士编写，其中每本书中流露出的思想光辉、核心理念、丰富的管理流程、超级实用的管理工具，让这套丛书的管理理论零距离接近企业管理实践，这些先进的管理闪光点都是非常难能可贵的创新。本套丛书是企业人力资源管理经典实践的精华，它紧密结合企业管理实践，提炼很多有价值的管理经典，为人力资源从业者提供了实实在在的指南。本套丛书不仅适合企业中高层管理者、人力资源从业者学习，也为高校教师、大学生零距离研究企业人力资源管理实践提供一本绝好的教材。

再次祝贺本套丛书问世，真的值得祝贺！

——奇虎 360 人力资源总监

王文萍

目录 CONTENTS

第一部分　新手上路——全面认识劳动争议

第二部分　劳动关系存续争议及应对策略

第四部分 特殊劳动关系争议涉案风险及应对策略

第一部分

新手上路——全面认识劳动争议

劳动争议是发生在劳动者与用人单位之间的矛盾纠纷，顾名思义，劳动争议的当事人，一方为劳动者，另一方为用人单位。劳动者主要是指与在中国境内的企业、个体经济组织建立劳动合同关系的职工和与国家机关、事业组织、社会团体建立劳动合同关系的职工。用人单位是指在中国境内的企业、个体经济组织以及国家机关、事业组织、社会团体等与劳动者订立了劳动合同的单位。

发生劳动争议的当事人应该到被申请人所在地的劳动争议仲裁委员会提起仲裁申请，未经劳动争议仲裁委员会程序处理的，法院将不予受理，当事人对劳动争议仲裁委员会裁决后不服裁决结果的，除非劳动争议仲裁委员会的裁决是法定的终局裁决，否则任何一方均可以向法院提起诉讼。

第 1 章

全面了解劳动争议

- 如何确定劳动争议的主体？
- 劳动争议的范围具体是什么？
- 社会保险纠纷属于劳动争议吗？
- 非全日制用工有什么特殊规定？
- 如何确定劳动争议法院管辖地？

劳动争议是发生在劳动者与用人单位之间的矛盾纠纷，顾名思义，劳动争议的当事人，一方为劳动者，另一方为用人单位。劳动者主要是指与在中国境内的企业、个体经济组织建立劳动合同关系的职工和与国家机关、事业组织、社会团体建立劳动合同关系的职工。用人单位是指在中国境内的企业、个体经济组织以及国家机关、事业组织、社会团体等与劳动者订立了劳动合同的单位。

因此，劳动争议具有如下特点：

首先，是劳动争议主体的问题。必须是在劳动关系主体之间所发生的争议，才属于劳动争议，即争议双方不是劳动关系，而是其他的法律关系，如承包关系、承揽关系等，或者劳动者或用人单位与劳动行政部门在劳动行政管理中发生的争议，即使争议内容涉及劳动争议内容，也不属于劳动争议。

其次，是劳动争议受理范围的问题。劳动争议的内容必须涉及劳动权利和义务，是为实现此目的而产生的争议。如果劳动者与用人单位之间不是为了实现劳动权利和义务而产生的争议，如因为劳动者租赁用人单位的房屋而产生的纠纷、劳动者盗用了用人单位的财产而产生的纠纷就不属于劳动纠纷的范畴。

只有同时具备上述两个基本条件，才能构成劳动争议，形成劳动争议诉讼。当然，对于劳动争议，我们还有许多细节需要了解，下面我们将作逐一阐述。

1.1 争议主体资格有限制，单位不能随意约定

【典型问题】

确定劳动争议的主体资格是劳动争议的基础，在实际处理劳动争议纠纷

过程中，用人单位经常遇到如下问题：

1. 用人单位能否与劳动者约定发生争议，以第三方为被申请人？

2. 劳动者与未办理营业执照、营业执照被吊销或者营业期限届满仍继续经营的用人单位发生争议的，谁为被申请人？

3. 劳动者与未办理营业执照、营业执照被吊销或者营业期限届满仍继续经营并且以挂靠方式借用他人营业执照经营的用人单位发生争议的，谁为被申请人？

4. 劳动者与被吊销营业执照、责令关闭、撤销以及用人单位决定提前解散、歇业的用人单位发生争议的，谁为被申请人？

5. 劳动者与派遣单位或者用工单位发生争议的，谁为被申请人？

6. 劳动者与承揽合同的承包单位发生争议的，谁为被申请人？

7. 劳动者与承揽合同的自然人、承包人发生争议的，谁为被申请人？

8. 劳动者与被其他单位并购的用人单位发生争议的，谁为被申请人？

9. 劳动者与分立为若干个单位的用人单位发生争议的，谁为被申请人？

【经典案例】建筑工地发生工伤，承包商不见踪影，发包方是否需要担责？

郑某经老乡介绍进入山东青岛一建筑工地做瓦工，包工头口头承诺报酬为一天300元，但是刚进工地20天，郑某就从二楼坠落摔断了腿，造成骨折。包工头林某将其送进当地第一人民医院，并垫付了7000多元的医疗费，治疗了一段时间后就让郑某出院疗养，将郑某接到了工地。郑某在工地无人照料，行动不便，不能继续做工，于是找到林某要求支付他工资，且支付他一些治疗费，然后他就回老家治疗，但遭到林某拒绝。林某表示已经出钱给郑某治病没必要再支付他任何费用，郑某无奈准备辞工回老家。后遇到亲戚愿意帮他通过法律途径解决此纠纷，郑某听从亲戚的劝说，将工地的发包方水利某公司诉至当地的仲裁委员会，要求确认劳动关系，并支付其工伤赔偿。

【审理结果】

经劳动争议仲裁委员会审理发现，郑某在水利某公司的工地做工并受伤，水利某公司将工程承包给了林某，林某是自然人，没有营业执照和相应的建筑资质，依据《房屋建筑和市政基础设施工程施工分包管理办法》的法律规定，属于非法分包行为，虽然被申请人不直接支配管理申请人，但其是通过林某进行的间接管理和支配，事实上，申请人仍受被申请人公司劳动管理制度的约束，申请人提供的劳动也是被告业务的组成部分，故此应当由被申请人承担用工主体责任。因此，确认申请人郑某与水利某公司之间形成了事实上的劳动关系，由被申请人水利某公司承担相应的赔偿责任。

【案例解析】

本案的争议焦点在于申请人郑某是与水利某公司存在劳动关系，还是与林某之间存在劳务关系，依据劳动和社会保障部 2005 年 12 号文件《关于确立劳动关系有关事项的通知》的相关规定，建筑施工、矿山企业等用人单位将工程（业务）或经营权发包给不具备用工主体资格的组织或自然人，对该组织或自然人招用的劳动者，由具备用工主体资格的发包方承担用工主体责任。因为水利某公司与林某之间是非法分包行为，理应由水利某公司承担相应的赔偿责任。

【律师手把手】

在劳动争议发生之初，用人单位一定要确定自己是否是劳动争议的被申请人，一旦有证据证明申请人申诉的被申请人另有他人，一定要积极予以证明，以防发生赔付风险，在确定劳动争议用人主体时要注意如下事项：

1. 即便劳动者书面同意或者签订合同时书面认可发生劳动争议时以第三方为被告，但这均属违法约定，不能发生法律效力。因此，用人单位与劳动者书面约定以分公司、子公司、某自然人为被诉主体的，均会被认定为无效。如果用人单位欲由分公司、子公司承担责任，必须以该公司作为用工主体，与劳动者签订劳动合同、缴纳社会保险以及发放薪酬。

2. 劳动者与未办理营业执照、营业执照被吊销或者营业期限届满仍继续经营的用人单位发生争议的，用人单位或者实际出资人为当事人，不能免除赔偿责任。

3. 劳动者与未办理营业执照、营业执照被吊销或者营业期限届满仍继续经营并且以挂靠方式借用他人营业执照经营的用人单位发生争议的，用人单位和营业执照出借方为当事人，不能免除赔偿责任。

4. 劳动者与被吊销营业执照、责令关闭、撤销以及用人单位决定提前解散、歇业的用人单位发生争议的，以用人单位的出资人、开办单位或主管部门为当事人。

5. 劳动者与派遣单位或者用工单位发生争议的，派遣单位与用工单位为当事人。

6. 劳动者与承揽合同的承包单位发生争议的，以发包单位和承包单位为当事人。

7. 劳动者与承揽合同的自然人承包人发生争议的，发包单位为当事人。

8. 劳动者与被其他单位并购的用人单位发生争议的，并购后的单位为当事人。

9. 劳动者与分立为若干个单位的用人单位发生争议的，由分立后的实际用人单位为当事人。用人单位分立为若干单位后，对承受劳动权利义务的单位不明确的，分立后的单位均为当事人。

【法条链接】

《关于确立劳动关系有关事项的通知》

各省、自治区、直辖市劳动和社会保障厅（局）：

近一个时期，一些地方反映部分用人单位招用劳动者不签订劳动合同，发生劳动争议时因双方劳动关系难以确定，致使劳动者合法权益难以维护，对劳动关系的和谐稳定带来不利影响。为规范用人单位用工行为，保护劳动者合法权益，促进社会稳定，现就用人单位与劳动者确立劳动关系的有关事项通知如下：

一、用人单位招用劳动者未订立书面劳动合同，但同时具备下列情形的，劳动关系成立。

（一）用人单位和劳动者符合法律、法规规定的主体资格；

（二）用人单位依法制定的各项劳动规章制度适用于劳动者，劳动者受用人单位的劳动管理，从事用人单位安排的有报酬的劳动；

（三）劳动者提供的劳动是用人单位业务的组成部分。

四、建筑施工、矿山企业等用人单位将工程（业务）或经营权发包给不具备用工主体资格的组织或自然人，对该组织或自然人招用的劳动者，由具备用工主体资格的发包方承担用工主体责任。

《中华人民共和国劳动争议调解仲裁法》

第二十二条 发生劳动争议的劳动者和用人单位为劳动争议仲裁案件的双方当事人。

劳务派遣单位或者用工单位与劳动者发生劳动争议的，劳务派遣单位和用工单位为共同当事人。

第二十三条 与劳动争议案件的处理结果有利害关系的第三人，可以申请参加仲裁活动或者由劳动争议仲裁委员会通知其参加仲裁活动。

第二十四条 当事人可以委托代理人参加仲裁活动。委托他人参加仲裁活动，应当向劳动争议仲裁委员会提交有委托人签名或者盖章的委托书，委托书应当载明委托事项和权限。

《最高人民法院关于审理劳动争议案件适用法律若干问题的解释》

第十条 用人单位与其他单位合并的，合并前发生的劳动争议，由合并后的单位为当事人；用人单位分立为若干单位的，其分立前发生的劳动争议，由分立后的实际用人单位为当事人。

用人单位分立为若干单位后，对承受劳动权利义务的单位不明确的，分立后的单位均为当事人。

第十二条 劳动者在用人单位与其他平等主体之间的承包经营期间，与发包方和承包方双方或者一方发生劳动争议，依法向人民法院起诉的，应当将承包方和发包方作为当事人。

《最高人民法院关于审理劳动争议案件适用法律若干问题的解释（三）》

第四条 劳动者与未办理营业执照、营业执照被吊销或者营业期限届满仍继续经营的用人单位发生争议的，应当将用人单位或者其出资人列为当事人。

第五条 未办理营业执照、营业执照被吊销或者营业期限届满仍继续经营的用人单位，以挂靠等方式借用他人营业执照经营的，应当将用人单位和营业执照出借方列为当事人。

《劳动人事争议仲裁办案规则》

第八条 发生争议的用人单位被吊销营业执照、责令关闭、撤销以及用人单位决定提前解散、歇业，不能承担相关责任的，依法将其出资人、开办单位或主管部门作为共同当事人。

第九条 劳动者与个人承包经营者发生争议，依法向仲裁委员会申请仲裁的，应当将发包的组织和个人承包经营者作为当事人。

1.2 劳动争议受理范围另行约定不能生效

【典型问题】

劳动争议案件有法定的受理范围，并不是发生在雇员与雇主之间的所有纠纷都能作为劳动争议案件来审理，超出受理范围的案件，不能作为劳动争议案件进行审理。那么，什么样的纠纷可以作为劳动争议案件处理呢？《劳动争议调解仲裁法》第二条规定，劳动争议的范围是：

（1）因确认劳动关系发生的争议；

（2）因订立、履行、变更、解除和终止劳动合同发生的争议；

（3）因除名、辞退和辞职、离职发生的争议；

（4）因工作时间、休息休假、社会保险、福利、培训以及劳动保护发生的争议；

（5）因劳动报酬、工伤医疗费、经济补偿或者赔偿金等发生的争议；

（6）法律、法规规定的其他劳动争议。

【经典案例】 劳动者要求用人单位回购房屋，用人单位应该回购吗？

段某入职北京某集团公司，该公司规章制度中明确约定购买电脑并用作办公的补偿办法，即由员工出资购买办公用的笔记本电脑，公司每月支付员工笔记本租赁费用，员工自购买电脑之日起两年内离职的，由公司出资按照购买金额的90%回购该笔记本；员工两年后离职的，该电脑归员工所有。该公司办公地点在北京，后因该公司业务发展到广州市，需要租赁写字楼，段某向公司提出，因其家乡在广州，由其购买写字楼，并租给公司使用，公司同意，因此双方达成一致，由公司租赁段某的房屋，按年支付其租金，双方还约定，一旦段某离职，双方的租赁关系即终止。1年后，因段某离职，双方的租赁关系终止，但是段某要求公司参照规章制度中笔记本电脑使用租赁的规定，回购该房屋，公司不同意，称公司从未对购买租赁房屋进行过约定。后段某将公司诉至劳动争议仲裁委员会，要求公司回购原来由公司租赁使用的房屋。

【审理结果】

劳动争议仲裁委员会认为此案虽然发生在劳动者与用人单位之间，但该争议是因双方的租赁关系引起的，不属于劳动争议的受理范围，因此裁定不予受理段某的申请。

【案例解析】

本案的焦点在于，租赁房屋的回购是属于公司福利还是属于租赁关系等其他法律关系？公司对于笔记本电脑的规定，是基于公司与员工的劳动关系，如果双方没有劳动关系，公司将不会租赁电脑供段某使用，因此公司回购笔记本电脑是一项员工福利，但对于房屋来说，一方面，公司并未规定；另一方面，首先，租赁房屋并不是基于公司与员工的劳动关系，即便段某不是公司员工，公司也可以租赁该房屋使用，其次，它不属于员工福利。因此，双方建立的是租赁关系，并不是劳动争议所受理的范围。

【律师手把手】

用人单位判断某争议是否属于劳动争议，需要把握两个点：一是争议双方是否存在劳动关系，不存在劳动关系的两者发生争议不能依劳动争议处理；

二是争议内容是否与履行劳动合同直接相关。

《最高人民法院关于审理劳动争议案件适用法律若干问题的解释（二）》中也对不属于劳动争议案件受理的范围情况作了详细的规定：

1. 劳动者请求社会保险经办机构发放社会保险金的纠纷；

2. 劳动者与用人单位因住房制度改革产生的公有住房转让纠纷；

3. 劳动者对劳动能力鉴定委员会的伤残等级鉴定结论或者对职业病诊断鉴定委员会的职业病诊断鉴定结论的异议纠纷；

4. 家庭或者个人与家政服务人员之间的纠纷；

5. 个体工匠与帮工、学徒之间的纠纷；

6. 农村承包经营户与受雇人之间的纠纷。

在处理劳动争议时，用人单位首先要弄清该诉讼请求是否属于劳动争议的受理范围，如果不属于劳动仲裁委员会的受理范围而仲裁委员会已经立案审理的，可请求劳动争议仲裁委员会裁定驳回申请人的仲裁申诉请求。

【法条链接】

《中华人民共和国劳动争议调解仲裁法》

第二条 中华人民共和国境内的用人单位与劳动者发生的下列劳动争议，适用本法：

（一）因确认劳动关系发生的争议；

（二）因订立、履行、变更、解除和终止劳动合同发生的争议；

（三）因除名、辞退和辞职、离职发生的争议；

（四）因工作时间、休息休假、社会保险、福利、培训以及劳动保护发生的争议；

（五）因劳动报酬、工伤医疗费、经济补偿或者赔偿金等发生的争议；

（六）法律、法规规定的其他劳动争议。

《最高人民法院关于审理劳动争议案件适用法律若干问题的解释（二）》

第七条 下列纠纷不属于劳动争议：

（一）劳动者请求社会保险经办机构发放社会保险金的纠纷；

（二）劳动者与用人单位因住房制度改革产生的公有住房转让纠纷；

（三）劳动者对劳动能力鉴定委员会的伤残等级鉴定结论或者对职业病诊断鉴定委员会的职业病诊断鉴定结论的异议纠纷；

（四）家庭或者个人与家政服务人员之间的纠纷；

（五）个体工匠与帮工、学徒之间的纠纷；

（六）农村承包经营户与受雇人之间的纠纷。

1.3 社会保险补缴不属于劳动争议

【典型问题】

社会保险纠纷也是劳动争议中常见的纠纷类型，社会保险纠纷的投诉机关也是我们需要明确的方面。

1. 用人单位没有为劳动者缴纳社会保险是否属于劳动争议仲裁委员会管辖？

2. 用人单位未足额为劳动者缴纳社会保险是否属于劳动争议仲裁委员会管辖？

3. 用人单位未依法律规定的险种为劳动者缴纳社会保险是否属于劳动争议仲裁委员会管辖？

【经典案例】在劳动争议案件中要求用人单位补缴社会保险，能否得到支持？

胡某入职某公司任行政助理，月薪3000元。胡某入职时，公司告知她，新员工入职1年内，公司不予缴纳社会保险，入职满1年后，公司才开始为员工缴纳社会保险。1年后，胡某离职，以公司未为其缴纳社会保险为由，将公司诉至劳动争议仲裁委员会，要求公司补缴其社会保险，并支付其因未缴纳社会保险而解除劳动关系的经济补偿金。

【审理结果】

经劳动争议仲裁委员会审查发现，被申请人确实未为胡某缴纳社会保险，因此支持了胡某解除劳动关系的经济补偿金请求。但是对于要求单位为其补缴社会保险这一申诉请求，因不属于劳动争议仲裁委员会管辖，故裁定予以驳回。

【案例解析】

本案的争议焦点在于，一是胡某要求公司为其补缴社会保险是否属于劳动争议仲裁委员会管辖；二是胡某因何原因提出离职，如果胡某因个人原因提出离职，公司将不会支付其解除劳动关系的经济补偿金。

【律师手把手】

用人单位未为劳动者建立社会保险关系、未足额缴纳社会保险或者未按照险种全数缴纳社会保险既属于用人单位与劳动者之间的纠纷，也属于因社会保险发生的争议，属于劳动争议，但因为法律有明确规定，故其不由劳动争议仲裁委员会管辖，而由当地的社会保险稽核部门处理。

【法条链接】

《中华人民共和国社会保险法》

第六十三条　用人单位未按时足额缴纳社会保险费的，由社会保险费征收机构责令其限期缴纳或者补足。

用人单位逾期仍未缴纳或者补足社会保险费的，社会保险费征收机构可以向银行和其他金融机构查询其存款账户；并可以申请县级以上有关行政部门作出划拨社会保险费的决定，书面通知其开户银行或者其他金融机构划拨社会保险费。用人单位账户余额少于应当缴纳的社会保险费的，社会保险费征收机构可以要求该用人单位提供担保，签订延期缴费协议。

用人单位未足额缴纳社会保险费且未提供担保的，社会保险费征收机构可以申请人民法院扣押、查封、拍卖其价值相当于应当缴纳社会保险费的财产，以拍卖所得抵缴社会保险费。

1.4 非全日制用工虽具特殊性但受劳动法调整

【典型问题】

非全日制用工形式非常灵活，用人单位经常难以区分非全日制用工与劳动关系以及劳务用工的区别：

1. 非全日制用工的工作时间有特殊限制吗？
2. 非全日制用工需要签订劳动合同吗？
3. 非全日制用工可否约定试用期？
4. 非全日制用工的劳动关系可以随时解除吗？
5. 非全日制用工可以与多个用人单位建立雇佣关系吗？
6. 非全日制用工需要为劳动者缴纳社会保险吗？
7. 非全日制用工如何计薪？
8. 非全日制工享受年假吗？
9. 非全日制用工需要计算加班费吗？
10. 何种条件下雇用非全日制工更便捷？

【经典案例】 非全日制工与全日制工如何认定？

何某与某公司口头约定建立非全日制用工劳动关系，何某每天到该公司打扫卫生，时间为 4 小时，每周工作 5 天，公司每两周计薪一次，为了领取方便，每月一次性发放工资给何某，双方因此签订了非全日制用工的劳动合同。1 年后，何某怀孕，公司认为何某怀孕不宜再做清洁工作，遂通知何某解除劳动关系。何某多次找到公司要求恢复劳动关系，均遭到拒绝。无奈，何某将某公司诉至劳动争议仲裁委员会，要求确认双方为全日制劳动关系，并恢复双方的劳动关系。

【审理结果】

审理机关经审理发现，双方签订的劳动合同已经明确表示双方属于非全日制劳动关系，何某并未全天在公司工作，虽然其工资也是按月发放，但是计薪周期为 15 日，因此不能认定双方为全日制劳动关系，故驳回了何某的请求。

【案例解析】

本案焦点在于何某与公司建立了何种雇佣关系？关键点是公司与何某签订了非全日制劳动合同，详细约定了工作时间、发薪时间等权利义务关系，使得公司免于支付赔偿费用。因此，在实践中，虽然法律规定，非全日制用工可以口头约定，但是笔者建议双方应签订书面合同，以降低诉讼风险。

【律师手把手】

《劳动合同法》第六十八条的规定，非全日制工是指以小时计酬为主，劳动者在相同用人单位平均每日工作时间不超过 4 小时，每周工作时间累积不超过 24 小时的用工形式。

1. 非全日制用工一般为每天 4 小时，每周工作时间不超过 24 小时。非全日制用工在 24 小时的工作时间内，具体工作安排由用人单位自主决定，但用人单位需要注意，如果非全日制工的工作时间长期超过法定工时限制的，根据各地法规、规章的不同，有最终被认定为全日制工的风险，因此建议针对非全日制工一定要明确具体工作时间，一旦超出限定时间需要公司审批才能生效，以降低此类风险。

2. 非全日制用工可以订立口头协议。法律规定非全日制用工可以口头约定，但是需要留下书面材料，如备忘录、声明函均可，当然最好还是使用书面协议的形式确立用工关系。

3. 非全日制用工无须约定试用期，如果发现该员工不能胜任本职工作，可以直接解除劳动关系。

4. 非全日制用工的劳动关系可以随时单方通知终止且无须支付解除劳动

关系的经济补偿金。

5. 非全日制工可以与多个用人单位建立雇佣关系，与兼职劳务关系相似。

6. 非全日制用工一般只缴纳工伤保险或者用人单位可以根据公司的具体情况为其缴纳商业保险。

7. 非全日制用工以小时计酬，结算支付周期最长不超过 15 日。

8. 非全日制工是否可以休年假，法律并无明确的规定，因为非全日制工一般用于临时性的工作，工作年限一般较短，但依据《企业职工年休假条例》的相关规定，员工连续工作 1 年以上的，应该享受年休假，非全日制用工属于劳动关系的一种，应该享有年休假权利。

9. 非全日制工对于工作时间有严格限制，但确需加班的，需要经用人单位书面审批，并支付加班费。笔者建议不要长期安排非全日制工加班，以防增加被认定为全日制工的风险。

10. 非全日制用工仍属于劳动关系，发生纠纷时，仍然依照劳动争议的程序主张权益。若雇主为自然人，那么双方就属于劳务关系，发生的争议不属于劳动争议。

基于非全日制用工的上述特点，建议用人单位在确认使用非全日制工时，到当地的劳动行政部门办理备案手续，同时严格执行法律、法规针对非全日制用工的明确规定，如工资支付周期为 15 日，日工作时间不得超过 4 小时，周工作时间不得超过 24 小时等。

另外，非全日制用工虽然在某些程度上降低了用人单位的成本与用工风险，但由于工作时间以及计薪周期的限制，一般仅在临时性的、辅助性的工作岗位中适用，如保洁员、展会推销员、促销员等。

【法条链接】

《中华人民共和国劳动合同法》

第六十八条 非全日制用工，是指以小时计酬为主，劳动者在同一用人单位一般平均每日工作时间不超过四小时，每周工作时间累计不超过二十四小时的用工形式。

第六十九条 非全日制用工双方当事人可以订立口头协议。

从事非全日制用工的劳动者可以与一个或者一个以上用人单位订立劳动

合同；但是，后订立的劳动合同不得影响先订立的劳动合同的履行。

第七十条 非全日制用工双方当事人不得约定试用期。

第七十一条 非全日制用工双方当事人任何一方都可以随时通知对方终止用工。终止用工，用人单位不向劳动者支付经济补偿。

第七十二条 非全日制用工小时计酬标准不得低于用人单位所在地人民政府规定的最低小时工资标准。

非全日制用工劳动报酬结算支付周期最长不得超过十五日。

《中华人民共和国劳动合同法实施条例》

第三十条 劳务派遣单位不得以非全日制用工形式招用被派遣劳动者。

1.5 劳动争议管辖优先适用劳动合同履行地

【典型问题】

劳动争议的主体与争议范围确定后，劳动争议审理还有一个关键点，即劳动争议的管辖。这也是在处理劳动争议案件时，用人单位的必争之项，因此需要大家格外注意。

1. 用人单位住所地和办公地不在同一个地点申诉时，应在哪里立案？

2. 用人单位与劳动者在劳动合同中如何约定管辖的劳动争议仲裁委员会？

3. 用人单位派驻在外地的劳动者应在用人单位所在地还是派驻地申诉？

【经典案例】 在深圳工作的员工，在深圳对住所地在北京的总公司提起劳动争议，合法吗？

满某入职北京某公司任销售，双方的劳动合同中约定，一旦发生劳动争议纠纷或者其他经济纠纷，由北京市某区劳动争议仲裁委员会或者某区人民法院管辖。入职培训完毕后，因满某的家乡在深圳，后被公司派遣至该公司深圳分公司工作，后因提成发生纠纷，经协商未果，满某至深圳市某区劳动争议仲裁委员会提起申诉，要求该公司支付其提成工资。

【审理结果】

被申请人北京某公司提出管辖权异议，称其公司住所地及办公地均在北京，且双方的劳动合同中明确约定了劳动争议应由北京市某区劳动争议仲裁委员会管辖。审理机关经审理发现，该公司的注册地、办公地在北京，满某称其在深圳工作，且该公司分公司地址在深圳，该公司认可满某被派驻到深圳工作。后裁决该公司支付满某的提成工资，驳回了该公司的管辖异议申请。

【案例解析】

法律实务中，正确选择管辖法院，对当事人的案件影响较大，由于中国区域法律实施细则存在差异，将使得案件的审理与裁定产生较大差异，有可能关系到案件的成败，因此建议双方在签订劳动合同时，约定管辖的劳动争议仲裁委员会或者管辖法院。但是在本案中，因为劳动合同的履行地在深圳，也即合同实际履行地在深圳，基于司法实务中劳动合同履行地优于协议管辖地的原则，满某可以在深圳提起申诉。

【律师手把手】

诉讼管辖是指各级法院之间以及不同地区的同级法院之间，受理第一审民事案件、经济纠纷案件的职权范围和具体分工。具体到劳动争议的诉讼管辖则指劳动争议案件具体由哪个地区、哪个级别的劳动争议仲裁委员会去提起申诉。

国家的法律法规对于诉讼管辖的规定非常明确具体，包括一般地域管辖、专属管辖、选择管辖、移送管辖、级别管辖等，在这里仅就劳动争议的一般地域管辖及级别管辖作简要说明。

对于地域管辖，劳动争议的受理机关一般情况下是由用人单位注册地、登记地、办公地的劳动争议仲裁委员会管辖，注册地、登记地、办公地不一致的，由先受理的劳动争议仲裁委员会管辖，双方当事人分别向劳动合同履行地和用人单位所在地的劳动争议仲裁委员会申请仲裁的，由劳动合同履行地的劳动争议仲裁委员会管辖。

用人单位对于管辖权有异议的，可以提出管辖权异议的申请。

【法条链接】

《中华人民共和国劳动争议调解仲裁法》

第二十一条 劳动争议仲裁委员会负责管辖本区域内发生的劳动争议。

劳动争议由劳动合同履行地或者用人单位所在地的劳动争议仲裁委员会管辖。双方当事人分别向劳动合同履行地和用人单位所在地的劳动争议仲裁委员会申请仲裁的，由劳动合同履行地的劳动争议仲裁委员会管辖。

《劳动人事争议仲裁办案规则》

第十二条 劳动合同履行地为劳动者实际工作场所地，用人单位所在地为用人单位注册、登记地。用人单位未经注册、登记的，其出资人、开办单位或主管部门所在地为用人单位所在地。

案件受理后，劳动合同履行地和用人单位所在地发生变化的，不改变争议仲裁的管辖。

多个仲裁委员会都有管辖权的，由先受理的仲裁委员会管辖。

第十三条 仲裁委员会发现已受理案件不属于其管辖范围的，应当移送至有管辖权的仲裁委员会，并书面通知当事人。

对上述移送案件，受移送的仲裁委员会应依法受理。受移送的仲裁委员会认为受移送的案件依照规定不属于本仲裁委员会管辖，或仲裁委员会之间因管辖争议协商不成的，应当报请共同的上一级仲裁委员会主管部门指定管辖。

第十四条 当事人提出管辖异议的，应当在答辩期满前书面提出。当事人逾期提出的，不影响仲裁程序的进行，当事人因此对仲裁裁决不服的，可以依法向人民法院起诉或者申请撤销。

1.6 熟悉劳动争议法律文本可做到有备无患

【典型问题】

用人单位处理劳动争议，熟悉相关法律文书的内容并且及时应诉，将为案件胜诉打下基础。本节将对劳动争议涉及的相关法律文书范本一一列明，方便用人单位的 HR 应诉使用。

【律师手把手】

1.《劳动争议仲裁申请书》（以北京地区申请书范本为例）

表 1–1　　**申　请　书**

<table>
<tr><td rowspan="6">申（被）请人</td><td colspan="2">姓　名</td><td></td><td>性　别</td><td></td><td>出生日期</td><td></td></tr>
<tr><td colspan="2">经常居住地住址</td><td colspan="5"></td></tr>
<tr><td colspan="2">户口所在地住址</td><td colspan="5"></td></tr>
<tr><td colspan="2">户口性质</td><td>城镇、农村</td><td>现工作单位</td><td colspan="3"></td></tr>
<tr><td colspan="2">是否签订合同</td><td></td><td>职业</td><td colspan="3"></td></tr>
<tr><td colspan="2">联系电话</td><td></td><td>身份证件类型及号码</td><td colspan="3"></td></tr>
<tr><td rowspan="11">被（申）请人</td><td colspan="2">单位名称</td><td colspan="2">（单位的所有信息可以在企业信用网查到）</td><td colspan="3"></td></tr>
<tr><td colspan="2">企业性质</td><td colspan="2"></td><td colspan="3"></td></tr>
<tr><td colspan="2">境外合资方名称</td><td colspan="2"></td><td colspan="3"></td></tr>
<tr><td colspan="2">中方主管机关</td><td colspan="2"></td><td colspan="3"></td></tr>
<tr><td rowspan="3">（负责人）法定代表人</td><td>姓名</td><td colspan="2"></td><td colspan="3"></td></tr>
<tr><td>性别</td><td colspan="2"></td><td colspan="3"></td></tr>
<tr><td>职务</td><td colspan="2"></td><td colspan="3"></td></tr>
<tr><td colspan="2">住所地</td><td colspan="2">（营业执照载明地址）</td><td colspan="3"></td></tr>
<tr><td colspan="2">办公地或经营地</td><td colspan="2">（实际经营地、办公地）</td><td colspan="3"></td></tr>
<tr><td colspan="2">法人代码</td><td colspan="2"></td><td colspan="3"></td></tr>
<tr><td colspan="2">联系电话</td><td colspan="2"></td><td colspan="3"></td></tr>
</table>

请求事项：

1.

2.

事实和理由：

申请人（签字或盖章）：

年　　月　　日

2.《法定代表人身份证明书》

法定代表人身份证明书

＿＿＿＿＿同志现任我单位＿＿＿＿＿＿＿＿＿＿＿＿职务，为法定代表人，特此证明。

（单位印章）

年　　月　　日

附：

代表人　　住址：

　　　　　电话：

注：如本单位无法定代表人的，可填写本单位主要行政负责人。

3.《授权委托书》

授权委托书

（法人单位用）

委托单位：

法定代表人：

受委托人：姓名：　　　　职务：　　　　电话：

　　　　　工作单位：

　　　　　姓名：　　　　职务：　　　　电话：

　　　　　工作单位：

现委托上列受委托人在我单位与＿＿＿＿因＿＿纠纷一案中，作为我方诉讼代理人。

代理人＿＿＿＿＿＿＿＿＿＿＿＿的代理权限为：

特别授权：代为提出、变更、放弃诉讼请求，代为提出反诉、上诉，代为和解，代签法律文书等特别授权。

代理人＿＿＿＿＿＿＿＿＿＿＿＿的代理权限为：

特别授权：代为提出、变更、放弃诉讼请求，代为提出反诉、上诉，代为和解，代签法律文书等特别授权。

委托单位：

法定代表人：

年　　月　　日

4.《答辩状》

劳动争议答辩状

（法人专用）

答辩人：

单位住所地：

法定代表人姓名及职务：

代理人姓名及职务：

被答辩人：（姓名、性别、出生年月、民族、文化程度、工作单位、职业、住址）

答辩人因劳动争议一案，进行答辩如下：

答辩事项：（写明答辩所要达到的目的）

事实和理由：（写明答辩的事实依据和法律依据，应针对申诉人，即被答辩人提起申诉所依据的事实、法律和所提出的主张陈述其不能成立的理由）

此致

劳动争议仲裁委员会

答辩人：（签名或盖章）

年　　月　　日

5.《证据目录》

表 1-2　　证据目录

序　号	证据名称	证据种类	证明事项	是否原件	页　码
1					
2					
3					

第2章

劳动争议的程序与证据

- 什么是劳动争议的“一裁两审制”？
- 什么是劳动争议的“终局裁决”？
- 劳动争议仲裁审理期限是多久？
- 劳动争议双方有哪些和解方式？
- 劳动争议双方举证责任如何分配？

根据《劳动合同法》《劳动争议调解仲裁法》的相关规定，发生劳动争议的当事人应该到被申请人所在地的劳动争议仲裁委员会提起仲裁申请，未经劳动争议仲裁委员会处理程序的，法院将不予受理，当事人对劳动争议仲裁委员会裁决后不服裁决结果的，除非劳动争议仲裁委员会的裁决是法定的终局裁决，否则任何一方均可以向法院提起诉讼。劳动争议仲裁委员会作出生效裁决、人民法院作出生效判决后，用人单位与劳动者均有义务履行裁决或者判决，任何一方拒绝执行的，另一方可以向劳动争议所在地的基层人民法院申请强制执行。

劳动争议的证据规则虽然遵循“谁主张，谁举证”的主要原则，但与普通的民事诉讼证据规则相比，存在一定差异，如果不能完成法定的举证责任，势必承担不利的后果。在这一章里，我们主要讨论劳动争议的必经程序与应对以及证据准备策略。

2.1 劳动争议未经劳动仲裁程序难维权

【典型问题】

劳动争议的审理程序是怎样的？

当事人发生劳动争议能够直接向法院起诉吗？

当事人之间发生的基于住房公积金的争议，能够到劳动争议仲裁委员会提起仲裁申请吗？

当事人诉至劳动争议仲裁委员会的案件如果超过审理期限未裁决的，应当如何处理?

当事人去劳动争议仲裁委员会提起仲裁申请，仲裁委员会不受理怎么办?

【经典案例】李某到劳动争议仲裁委员会立案，不予受理，怎么办?

李某离职后，到劳动争议仲裁委员会提起仲裁申请，要求用人单位补齐工资差额，并支付其因用人单位拖欠工资而导致其解除劳动关系的经济补偿金，但是开庭时李某未按时出庭参加庭审，被劳动争议仲裁委员会裁定撤诉。后李某以同一理由，第二次向劳动争议仲裁委员会提起仲裁申请，劳动争议仲裁委员会裁定不予受理，李某应如何处理?

【案例解析】

本案焦点在于李某未按时出庭，被劳动争议仲裁委员会按照撤诉处理，如果李某仍坚持仲裁申请，会怎样?依照法定的“一事不再理”原则，劳动争议仲裁委员会将作出不予受理的裁定。

【律师手把手】

劳动争议的审理程序非常简单，属于“一裁两审制”，首先必须经过劳动争议仲裁委员会的审理，如果当事人不服劳动争议仲裁委员会的裁定，可以依法向有管辖权的基层人民法院起诉，不服基层人民法院判决的，可以依法向中级人民法院提起上诉，中级人民法院的判决属于终审判决，当事人对终审判决不服的，可以依法向高级人民法院提起再审申请。但是，再审申请不影响二审法院判决的执行。当然，也有例外程序，如果劳动争议仲裁委员会的裁决结果属于“一裁终局”的，不服裁决结果的当事人需要到有管辖权的中级人民法院申请撤销仲裁裁决。具体详见下图。

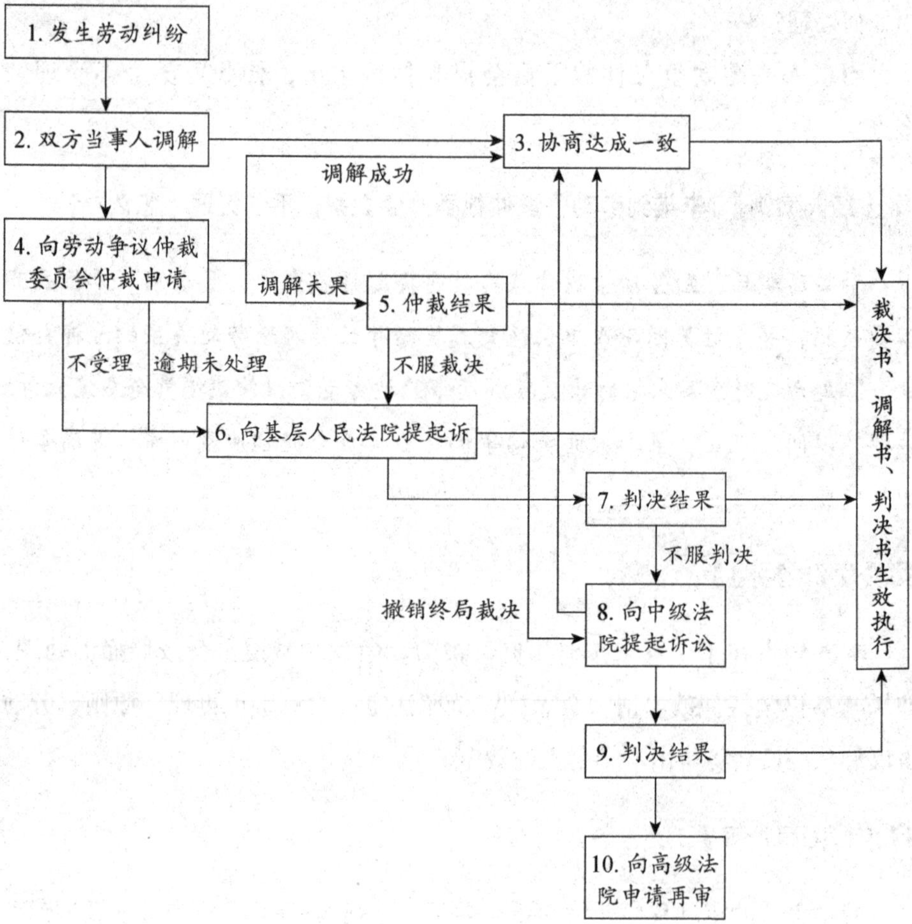

劳动争议处理程序

1. 案件受理

当事人向劳动争议仲裁委员会提交申请书，经审查，仲裁委员会收到劳动仲裁申请书之日起 5 日内作出受理或者不予受理的决定。决定不予受理的，应自作出决定之日起 5 日内书面通知申请人；决定立案的，应自作出决定之日起 5 日内书面通知申请人和被申请人。

被申请人在接到通知后 10 日内提交答辩书和证据。被诉人不提交答辩书的，不影响案件审理。

2. 仲裁庭

劳动争议仲裁委员会应自立案之日起 7 日内按《劳动争议仲裁委员会组织规则》组成仲裁庭。仲裁庭由一名首席仲裁员、两名仲裁员组成或者可以指定一名仲裁员独任审理。

3. 取证质证

劳动争议仲裁委员会有权要求当事人提供或补充证据。当事人对其主张应该提供证据加以证明，不能有效证明的，承担不利后果。依据相关法律规定应由用人单位提交的证据，用人单位无法提交或者拒绝提交的，承担不利后果。

4. 仲裁调解

在劳动争议裁决书送达前，由劳动争议仲裁委员会主持调解，经调解达成协议的出具仲裁调解书，由双方当事人签字确认，加盖仲裁委员会印章并送达当事人；调解未达成一致意见或在调解书送达前当事人反悔，以及当事人拒绝接收调解书的，视为调解无效，仲裁庭应及时作出裁决。

5. 仲裁裁决

仲裁庭开庭裁决前应及时将开庭时间、地点的书面通知送达双方当事人。开庭审理时，由仲裁庭进行被申请人答辩、庭审调查、双方辩论、听取最终意见、进行调解。双方未达成调解意见或不愿接受调解的，经仲裁庭合议作出裁决，并制作仲裁裁决书送达双方当事人。

6. 劳动争议仲裁委员会审理期限

仲裁委员会处理劳动争议案件，应当在收到仲裁申请后的 45 日内作出裁决，案情复杂需要延期的，经批准可以延长 15 日。

7. 人民法院一审审理

当事人对仲裁裁决不服且仲裁裁决不是终局裁决的，可在收到判决书之日起15日内向基层人民法院起诉，期满不起诉的判决书即发生法律效力。

8. 人民法院二审审理

当事人对一审判决不服的，可在收到判决书之日起15日内向中级人民法院上诉，期满不上诉的判决书即发生法律效力。

9. 人民法院再审审理

当事人对二审判决不服的，可在收到判决书之日起15日内向有关人民法院申请再审，但再审不影响生效判决的执行。

10. 强制执行

裁决书或者判决书生效后，一方当事人不执行的，对方当事人可向有管辖权的人民法院申请强制执行。

依据法律的相关规定，申请人经通知无正当理由未到庭参加庭审的，按照撤诉处理，被申请人经通知无正当理由未到庭参加庭审的，可以缺席判决。按撤诉处理后，申请人可以到劳动争议仲裁委员会再次申请仲裁，劳动争议仲裁委员会作出不予受理决定后，申请人拿到不予受理决定书可到基层人民法院起诉。

【法条链接】

《中华人民共和国劳动争议调解仲裁法》

第二十九条 劳动争议仲裁委员会收到仲裁申请之日起五日内，认为符合受理条件的，应当受理，并通知申请人；认为不符合受理条件的，应当书面通知申请人不予受理，并说明理由。对劳动争议仲裁委员会不予受理或者逾期未作出决定的，申请人可以就该劳动争议事项向人民法院提起诉讼。

第三十六条 申请人收到书面通知，无正当理由拒不到庭或者未经仲裁庭同意中途退庭的，可以视为撤回仲裁申请。

被申请人收到书面通知，无正当理由拒不到庭或者未经仲裁庭同意中途退庭的，可以缺席裁决。

2.2 劳动争议以调解、和解为主要解决思路

【典型问题】

用人单位与劳动者发生劳动争议，庭前和解有效吗？

用人单位与劳动者发生劳动争议，有哪些和解方式？

用人单位与劳动者发生劳动争议，达成和解书面协议应有哪些内容？

用人单位与劳动者发生劳动争议，达成和解后还能反悔吗？

用人单位与劳动者发生劳动争议，达成和解后不执行怎么办？

【经典案例】**劳动争议纠纷经调解后，缘何再次成为被告？**

赵某与某物业公司因拖欠工资发生劳动争议，在赵某申请劳动仲裁后，物业公司与赵某协商，支付赵某的工资，让他撤销仲裁申请，并签订了书面调解协议，协议中明确写明双方再无经济纠纷。但物业公司支付赵某工资后1个月，又收到赵某仲裁申请的传票，要求物业公司支付其因拖欠工资解除劳动关系的经济补偿金。物业公司在庭审中，拿出之前与赵某调解时签订的调解协议，称双方认可再无经济纠纷，应驳回赵某的仲裁申请请求。

【审理结果】

审理机关经审理发现，物业公司确实拖欠赵某 2 个月工资长达半年之久，赵某与物业公司也确实签订了调解协议，协议中写明双方再无经济纠纷，但是，双方未就劳动关系解除以及解除劳动关系的经济补偿金的内容作任何约定，因此，裁定物业公司支付赵某解除劳动关系的经济补偿金。

【案例解析】

本案的争议焦点在于，物业公司与赵某签订的调解协议是否对第二次的争议有约束力。审理机关已经明确表示，调解协议中并未涉及解除劳动关系

的经济补偿金的内容，可见并未认可调解协议中关于“双方再无经济纠纷”的效力，因此支持了赵某的主张。

【律师手把手】

用人单位与劳动者发生劳动争议，可以经用人单位的工会等机构进行调解，也可以在劳动者立案后，经劳动争议仲裁委员会的调解机构主持调解或者经劳动争议仲裁委员会的仲裁员主持调解。在法院的审理过程中，判决结果送达之前，双方当事人也可以达成和解，和解的主要方式：一是双方当事人私下达成和解，申请人或者原告、上诉人撤诉；二是经仲裁员、法官出具调解书。但无论是哪种调解方式，笔者在此都建议双方当事人应签订书面的调解协议。

调解协议应该包含以下内容：

1. 用人单位的名称与劳动者的姓名及身份信息。

2. 对争议双方的劳动关系情况进行简要的说明。

3. 争议双方的劳动关系是否解除及解除的时间，未解除劳动关系的，应列明出勤的具体时间、工作地点与工作内容。

4. 列明涉及的争议内容及解决办法，需要支付工资、福利或者经济补偿金的，应写明具体数额，支付方式及支付时间。

5. 列明双方自劳动关系建立至解除期间的所有争议已经全部解决，一方自愿放弃所有的仲裁申请请求，双方再无任何劳动争议。

6. 争议双方盖章签字。

7. 列明争议解决的时间。

如果双方达成和解后，有履行义务的一方拒绝履行支付义务的，另一方可以向当地有管辖权的法院申请强制执行。

示例：

劳动争议和解协议

甲方（公司名称）：

住所地：

法定代表人：

乙方（员工姓名）：

身份证号码：

经常居住地（户口所在地）：

甲乙双方于________年__月__日建立劳动关系，因发生争议，现甲乙双方经充分协商，达成如下调解意见：

1. 劳动关系

□甲乙双方的劳动关系于________年__月__日解除，乙方的工资结算日为________年__月__日，乙方的社会保险缴纳截止到________年__月__日

□乙方应于________年__月__日前办理完毕交接手续。

2. 补偿内容

甲方应支付乙方工资、提成、奖金、解除劳动关系的经济补偿金等共计人民币____元，将在乙方办理完毕工作交接手续后5个工作日内一次性支付给乙方。

3. 其他内容____

4. 双方就劳动关系建立至解除期间的所有争议已经全部解决，乙方自愿放弃所有仲裁申请请求，双方再无任何劳动争议。

甲方（盖章）：　　　　　　　　　　　　　　乙方（签字）：

　　年　　月　　日　　　　　　　　　　　　　　年　　月　　日

【法条链接】

《中华人民共和国劳动争议调解仲裁法》

第五条　发生劳动争议，当事人不愿协商、协商不成或者达成和解协议后不履行的，可以向调解组织申请调解；不愿调解、调解不成或者达成调解协议后不履行的，可以向劳动争议仲裁委员会申请仲裁；对仲裁裁决不服的，除本法另有规定的外，可以向人民法院提起诉讼。

第十五条　达成调解协议后，一方当事人在协议约定期限内不履行调解协议的，另一方当事人可以依法申请仲裁。

第四十一条　当事人申请劳动争议仲裁后，可以自行和解。达成和解协议的，可以撤回仲裁申请。

第四十二条 仲裁庭在作出裁决前，应当先行调解。

调解达成协议的，仲裁庭应当制作调解书。

调解书应当写明仲裁请求和当事人协议的结果。调解书由仲裁员签名，加盖劳动争议仲裁委员会印章，送达双方当事人。调解书经双方当事人签收后，发生法律效力。

调解不成或者调解书送达前，一方当事人反悔的，仲裁庭应当及时作出裁决。

《中华人民共和国劳动合同法》

第三十条 用人单位应当按照劳动合同约定和国家规定，向劳动者及时足额支付劳动报酬。

用人单位拖欠或者未足额支付劳动报酬的，劳动者可以依法向当地人民法院申请支付令，人民法院应当依法发出支付令。

《最高人民法院关于审理劳动争议案件适用法律若干问题的解释（四）》

第四条 当事人在人民调解委员会主持下仅就给付义务达成的调解协议，双方认为有必要的，可以共同向人民调解委员会所在地的基层人民法院申请司法确认。

2.3 劳动争议裁决为终局裁决不得起诉

【典型问题】

在什么情况下，不服劳动争议仲裁委员会作出的裁决不能起诉？

如果是终局裁决，当事人不服裁决的，如何寻求救济？

如何判断劳动争议仲裁委员会的裁决是否为终局裁决？

【经典案例】 劳动争议仲裁委员会裁决后，去法院为何无法立案？

林某入职某机械公司工作，因机械公司无故拖欠其绩效工资1000元，林某遂将其诉至当地劳动争议仲裁委员会，提出解除劳动关系，要求机械公司补齐工资1000元，并支付解除劳动关系的经济补偿金5000元。劳动争议仲裁委员会支持了林某的请求，机械公司不服，诉至基层人民法院，基层人民法院作出不予受理的裁定。

【审理结果】

审理机关在审理过程中发现，机械公司拖欠林某工资1000元，林某因此通过特快专递书面通知与其解除劳动关系，辞职理由是机械公司拖欠工资，林某月工资为2500元，在机械公司工作1年7个月。审理机关认为机械公司确实存在拖欠工资的行为，因此支持了林某的要求。机械公司在收到劳动争议仲裁委员会的书面裁定后，向有管辖权的人民法院起诉，法院作出不予受理的裁定。

【案例解析】

本案的争议焦点在于机械公司为什么到法院起诉而法院不予立案？原因在于《劳动争议调解仲裁法》有一项特别规定，即“一裁终局”制。在一定条件下，有两类劳动争议作出的仲裁裁决为终局裁决，在裁决送达之日起即发生法律效力：

1. 追索劳动报酬、工伤医疗费、经济补偿或者赔偿金，不超过当地月最低工资标准12个月金额的争议；

2. 因执行国家的劳动标准在工作时间、休息休假、社会保险等方面发生的争议。

上述两类劳动争议因为涉诉金额比较低同时因为权利义务关系比较明确，一般不会存在重大裁判失误，因此实行“一裁终局”制，可以大量节约诉讼成本与诉讼期限，为当事人及时解决诉讼争议提供便利。

上述案例即“一裁终局”制的典型案例，因此法院基于此裁定不予受理机械公司的起诉申请。

【律师手把手】

对于“一裁终局”制，用人单位还应把握如下关键点：

1. 如果劳动争议的仲裁申请请求涉及数项的，那么仲裁申请请求的事项请求总和不超过当地月最低工资标准 12 个月金额，适用“一裁终局”制，本条款中的“当地”以劳动争议仲裁委员会所在地为准。

2. 如果劳动争议的仲裁申请请求涉及数项的，那么仲裁申请请求的每项请求确定数额均不超过当地月最低工资标准的 12 个月金额，适用“一裁终局”制。

3. “一裁终局”制仅约束用人单位，并不约束劳动者，也即满足上述条件的劳动争议案件，如果用人单位向人民法院起诉，将被裁定不予受理，但是如果劳动者不服仲裁裁决向人民法院起诉的，法院则需依法受理。

4. 一旦仲裁裁决为“终局裁决”，用人单位则不能依法向人民法院起诉，不过还有另一项救济方式，即满足如下条件的，可以向中级人民法院申请撤销劳动争议仲裁委员会的裁决。

（1）适用法律、法规确有错误的；

（2）劳动争议仲裁委员会无管辖权的；

（3）违反法定程序的；

（4）裁决所依据的证据是伪造的；

（5）对方当事人隐瞒了足以影响公正裁决的证据的；

（6）仲裁员在仲裁该案时有索贿受贿、徇私舞弊、枉法裁决行为的。

5. 判断是否为“终局裁决”，最高人民法院也给出了具体标准，即以仲裁裁决书载明的为准，如果裁决书中载明“自收到本裁决书之日起 15 日内向人民法院起诉的”为非终局裁决；载明“自收到本裁决书之日起 30 日内向中级人民法院申请撤销仲裁裁决的”为终局裁决。如果仲裁裁决书中未载明上述事项的，视为非终局裁决，用人单位仍有权利向人民法院起诉。

【法条链接】

《中华人民共和国劳动争议调解仲裁法》

第四十七条 下列劳动争议，除本法另有规定的外，仲裁裁决为终局裁决，裁决书自作出之日起发生法律效力：

（一）追索劳动报酬、工伤医疗费、经济补偿或者赔偿金，不超过当地月最低工资标准十二个月金额的争议；

（二）因执行国家的劳动标准在工作时间、休息休假、社会保险等方面发生的争议。

第四十八条 劳动者对本法第四十七条规定的仲裁裁决不服的，可以自收到仲裁裁决书之日起十五日内向人民法院提起诉讼。

第四十九条 用人单位有证据证明本法第四十七条规定的仲裁裁决有下列情形之一，可以自收到仲裁裁决书之日起三十日内向劳动争议仲裁委员会所在地的中级人民法院申请撤销裁决：

（一）适用法律、法规确有错误的；

（二）劳动争议仲裁委员会无管辖权的；

（三）违反法定程序的；

（四）裁决所根据的证据是伪造的；

（五）对方当事人隐瞒了足以影响公正裁决的证据的；

（六）仲裁员在仲裁该案时有索贿受贿、徇私舞弊、枉法裁决行为的。

人民法院经组成合议庭审查核实裁决有前款规定情形之一的，应当裁定撤销。

仲裁裁决被人民法院裁定撤销的，当事人可以自收到裁定书之日起十五日内就该劳动争议事项向人民法院提起诉讼。

《最高人民法院关于审理劳动争议案件适用法律若干问题的解释（三）》

第十三条 劳动者依据调解仲裁法第四十七条第（一）项规定，追索劳动报酬、工伤医疗费、经济补偿或者赔偿金，如果仲裁裁决涉及数项，每项确定的数额均不超过当地月最低工资标准十二个月金额的，应当按照终局裁决处理。

第十四条 劳动人事争议仲裁委员会作出的同一仲裁裁决同时包含终局裁决事项和非终局裁决事项，当事人不服该仲裁裁决向人民法院提起诉讼的，应当按照非终局裁决处理。

《最高人民法院关于审理劳动争议案件适用法律若干问题的解释（四）》

第二条 仲裁裁决的类型以仲裁裁决书确定为准。

仲裁裁决书未载明该裁决为终局裁决或非终局裁决，用人单位不服该仲裁裁决向基层人民法院提起诉讼的，应当按照以下情形分别处理：

（一）经审查认为该仲裁裁决为非终局裁决的，基层人民法院应予受理；

（二）经审查认为该仲裁裁决为终局裁决的，基层人民法院不予受理，但应告知用人单位可以自收到不予受理裁定书之日起三十日内向劳动人事争议仲裁委员会所在地的中级人民法院申请撤销该仲裁裁决；已经受理的，裁定驳回起诉。

第三条 中级人民法院审理用人单位申请撤销终局裁决的案件，应当组成合议庭开庭审理。经过阅卷、调查和询问当事人，对没有新的事实、证据或者理由，合议庭认为不需要开庭审理的，可以不开庭审理。

中级人民法院可以组织双方当事人调解。达成调解协议的，可以制作调解书。一方当事人逾期不履行调解协议的，另一方可以申请人民法院强制执行。

2.4 劳动争议裁决起诉期固定

【典型问题】

劳动者与用人单位发生劳动纠纷后，应在多长时间内提起仲裁申请？

如果劳动者发生法定事由超出仲裁时效提起仲裁申请，仲裁申请能否得到支持？

在收到仲裁裁决后，不服裁决的，应在多长时间内向人民法院起诉？

在收到终局仲裁裁决后，不服裁决的，应在多长时间内向中级人民法院起诉撤销仲裁裁决？

【经典案例】达到法定退休年龄继续在公司工作2年，还能否启动劳动争议？

郑某，女，40周岁入职某广告公司工作，任财务总监，55周岁时，广告公司为其办理了退休手续。退休后，双方签订了劳务合同，郑某继续在广告公司工作，2年后广告公司提出与其解除劳务关系，郑某不同意，要求广告公司多少给她一些补偿金，但遭到广告公司拒绝。无奈，郑某将其诉至当地劳动争议仲裁委员会，要求确认自己与广告公司在其 40 周岁至 55 周岁期间存在劳动关系，并支付解除劳动关系的经济补偿金。

【审理结果】

审理机关认为，郑某与广告公司属于劳动关系，但是在 55 周岁时，郑某办理了退休手续，双方属于劳务关系，而郑某在 57 岁时，提出仲裁申请请求要求解除劳动关系的经济补偿金，已经超过劳动争议案件 1 年的诉讼时效，因此驳回了郑某的主张。

【案例解析】

本案的争议焦点在于广告公司为郑某办理退休手续时，是否应支付其解除劳动关系的经济补偿金。答案是否定的，但是依据国家的法律法规，劳动争议的起诉时限为 1 年，因此郑某在 2 年后要求广告公司支付解除劳动关系的经济补偿金，显然已经超出了仲裁时效，不能得到支持。

【律师手把手】

用人单位在成为被告时，首先需要确定自己是否是被诉主体，其次就是审查仲裁申请是否已经超出了法定的 1 年仲裁时效，一旦已经超出了时效，劳动争议仲裁委员会就会裁定驳回仲裁申请人的仲裁申请。

1. 劳动争议仲裁时效的起算

在 2008 年 5 月之后发生的劳动争议案件，根据《劳动争议调解仲裁法》的相关规定，发生劳动纠纷后，申请劳动争议的时限为 1 年，自当事人知道或者应当知道权利被侵害之日起计算。即发生劳动纠纷后，如果想要劳动争议仲裁委员会支持自己的主张，必备条件就是不能在知道或者应该知道权利被侵害之日起 1 年后才进行仲裁申请。

2. 劳动争议仲裁时效的中止与中断

诉讼时效中止是指在诉讼时效届满前的 6 个月内，因发生法定事由或其他不可抗力阻碍权利人行使请求权，诉讼依法暂时停止进行，并在法定事由消失之日起继续进行的情况。

诉讼时效中断是指在诉讼时效期间进行过程中，因权利人向法院起诉、权利人向义务人提出履行义务的请求、义务人承认其义务或履行义务而中断。诉讼时效中断后，原有诉讼期间停止计算，从中断时起，诉讼时效重新开始计算。

劳动争议仲裁的时效也适用上述规定，在发生法定事由或者不可抗力时，诉讼时效暂停进行，在该情况消失之日继续计算，并在中断事由发生后，诉讼时效重新起算。

3. 劳动争议诉讼时效

劳动争议仲裁委员会作出仲裁裁决后，向法院起诉的期限为自当事人收到仲裁裁决之日起 15 日内。如果当事人超过 15 日未起诉的，仲裁裁决发生法律效力。如果遇到法定节假日，如周六日等休息日的，诉讼时效顺延至休息日后的第一个工作日。

劳动争议仲裁委员会作出终局裁决后，向法院申请撤销仲裁裁决的期限为自当事人收到仲裁裁决之日起 30 日内。如果当事人超过 30 日未申请的，仲裁裁决发生法律效力。

【法条链接】

《中华人民共和国劳动争议调解仲裁法》

第二十七条 劳动争议申请仲裁的时效期间为一年。仲裁时效期间从当事人知道或者应当知道其权利被侵害之日起计算。

前款规定的仲裁时效，因当事人一方向对方当事人主张权利，或者向有关部门请求权利救济，或者对方当事人同意履行义务而中断。从中断时起，仲裁时效期间重新计算。

因不可抗力或者有其他正当理由，当事人不能在本条第一款规定的仲裁时效期间申请仲裁的，仲裁时效中止。从中止时效的原因消除之日起，仲裁时效期间继续计算。

劳动关系存续期间因拖欠劳动报酬发生争议的，劳动者申请仲裁不受本条第一款规定的仲裁时效期间的限制；但是，劳动关系终止的，应当自劳动关系终止之日起一年内提出。

第五十条 当事人对本法第四十七条规定以外的其他劳动争议案件的仲裁裁决不服的，可以自收到仲裁裁决书之日起十五日内向人民法院提起诉讼；期满不起诉的，裁决书发生法律效力。

《中华人民共和国民法通则》

第一百三十九条 在诉讼时效期间的最后六个月内，因不可抗力或者其他障碍不能行使请求权的，诉讼时效中止。从中止时效的原因消除之日起，诉讼时效期间继续计算。

第一百四十条 诉讼时效因提起诉讼、当事人一方提出要求或者同意履行义务而中断。从中断时起，诉讼时效期间重新计算。

《劳动人事争议仲裁办案规则》

第十条 在争议申请仲裁的时效期间内，有下列情形之一的，仲裁时效中断；从中断时起，仲裁时效期间重新计算：

（一）一方当事人通过协商、申请调解等方式向对方当事人主张权利的；

（二）一方当事人通过向有关部门投诉，向仲裁委员会申请仲裁，向人民法院起诉或者申请支付令等方式请求权利救济的；

（三）对方当事人同意履行义务的。

第十一条 因不可抗力，或者有无民事行为能力或者限制民事行为能力劳动者的法定代理人未确定等其他正当理由，当事人不能在规定的仲裁时效期间申请仲裁的，仲裁时效中止。从中止时效的原因消除之日起，仲裁时效期间继续计算。

2.5 劳动争议处理需及时，以防后患无穷

【典型问题】

接到劳动争议仲裁委员会的传票后，用人单位能做什么？

在劳动争议案件中，如果未能及时交换证据怎么办？

在劳动争议案件中，如果未及时参加庭审怎么办？

在劳动争议案件中，如果在法院庭审中未参加庭审怎么办？

【经典案例】劳动争议仲裁委员会的电话未重视，如何成为被执行人？

柴某是某科技公司的负责人，一日他接到某市劳动争议仲裁委员会的电话，称其已经被员工李某申请仲裁，要求其支付未签订劳动合同的两倍工资差额。柴某认为李某离职都快 1 年了，肯定是诈骗电话，于是没有在意，也没有处理。1 年后，柴某接到了某法院的强制执行通知，要求其支付李某未签订劳动合同的两倍工资差额 5 万余元。柴某觉得蹊跷，于是打电话向执行通知的法官询问，这才知道，因为自己没有参加庭审，仲裁委员会已经缺席裁决，而且裁决书已经生效，进入强制执行阶段。

【审理结果】

本案中，由于被申请人经通知未按时到庭，劳动争议仲裁委员会以缺席裁决，裁决书经公告送达，公告送达期限到期后，裁决书即发生法律效力，被申请人未执行。因此，申请人向法院申请了强制执行。

【案例解析】

本案的争议焦点在于，被申请人未按时到庭，劳动争议仲裁委员会以缺席判决，如何避免裁决书发生法律效力？最容易做到的就是起诉至人民法院，重新启动诉讼。所以，用人单位如果接到电话或者快递涉及诉讼的事项，一定要积极处理，以免耽误最佳应诉时机。

【律师手把手】

用人单位在接到劳动争议仲裁委员会的应诉通知后，应进行如下事项：

1. 提交答辩书。用人单位应在收到申诉状副本后的 10 日内提交答辩状，提交答辩状与否不影响仲裁庭审的进行。答辩状应针对请求的内容进行，作出同意或不同意申诉请求的答辩意见，并依据实际情况，写明事实与理由。

2. 提出管辖权异议。当事人提出管辖异议的，应当在答辩期满前书面提出。一般情况下，答辩期在开庭时届满，劳动争议仲裁委员会也会在开庭通知或者举证通知书中载明答辩期限。因此，当事人必须在答辩期届满之前提出，否则将不能再提出管辖权异议。

3. 提出反申请。被申请人需要提出反申请的，需在答辩期内书面提出，如果答辩期满后，提出反申请的，将被另案处理，当然在答辩期内提出的反申请，是否合并审理，由劳动争议仲裁委员会决定。

4. 准备与提交证据。在劳动争议仲裁委员会未及时交换证据，已经超过举证期限未能质证的证据，需到人民法院起诉后，在举证期限届满前提交。

5. 参加庭审。劳动争议仲裁委员会未参加庭审的，需在起诉期限内起诉到法院，启动一审程序，再行参加一审庭审。未参加一审庭审的，需在上诉期内启动二审程序，再行参加二审庭审。

【法条链接】

《中华人民共和国劳动争议调解仲裁法》

第三十条 劳动争议仲裁委员会受理仲裁申请后，应当在五日内将仲裁申请书副本送达被申请人。

被申请人收到仲裁申请书副本后，应当在十日内向劳动争议仲裁委员会提交答辩书。劳动争议仲裁委员会收到答辩书后，应当在五日内将答辩书副本送达申请人。被申请人未提交答辩书的，不影响仲裁程序的进行。

《劳动人事争议仲裁办案规则》

第十四条 当事人提出管辖异议的，应当在答辩期满前书面提出。当事人逾期提出的，不影响仲裁程序的进行，当事人因此对仲裁裁决不服的，可以依法向人民法院起诉或者申请撤销。

第十五条 当事人提出回避申请，应当说明理由，在案件开始审理时提出；回避事由在案件开始审理后知道的，也可以在庭审辩论终结前提出；当事人在庭审辩论终结后提出的，不影响仲裁程序的进行，当事人因此对仲裁裁决不服的，可以依法向人民法院起诉或者申请撤销。

被申请回避的人员在仲裁委员会作出是否回避的决定前，应当暂停参与本案的处理，但因案件需要采取紧急措施的除外。

第十六条 仲裁员是否回避，由仲裁委员会主任或其授权的办事机构负责人决定。仲裁委员会主任担任案件仲裁员是否回避，由仲裁委员会决定。

第三十五条 被申请人可以在答辩期间提出反申请，仲裁委员会应当自收到被申请人反申请之日起五日内决定是否受理并通知被申请人。

决定受理的，仲裁委员会可以将反申请和申请合并处理。

该反申请如果是应当另行申请仲裁的争议，仲裁委员会应当书面告知被申请人另行申请仲裁；该反申请如果是不属于本规则规定应当受理的争议，仲裁委员会应当向被申请人出具不予受理通知书。

被申请人在答辩期满后对申请人提出反申请的，应当另行提出，另案处理。

2.6 劳动争议举证责任特殊单位需注意

【典型问题】

证据种类都有哪些？

劳动争议的举证期限如何确定？

劳动争议举证责任如何分配？

劳动者与用人单位就是否存在劳动关系发生分歧的，由谁来举证？

劳动者与用人单位就入职时间、离职时间发生分歧的，由谁来举证？

劳动者与用人单位就工资数额、休假天数、考勤天数等发生分歧的，由谁来举证？

劳动者要求用人单位支付加班费，应承担何种举证责任？

劳动者与用人单位就劳动关系是否解除发生分歧的，由谁来举证？

劳动者与用人单位就劳动关系如何解除发生分歧的，由谁来举证？

用人单位日常最需保存何种书面材料以确保诉讼中的主动？

【经典案例】 员工主张未全额支付加班费，用人单位如何胜诉？

何某入职某快捷酒店担任客房主管，因为主管客房相关事宜，偶尔会加班，快捷酒店已经足额支付其加班费，加班费单独以现金方式支付给何某，何某签字领取，但领取单中仅写明加班数额，却未标注加班天数，快捷酒店的规章制度中也未就加班费如何计算予以规定，同时快捷酒店的考勤表由前厅行政人员负责记录，无员工的签字确认。

1 年后，何某离职，诉至当地劳动争议仲裁委员会，要求快捷酒店支付其加班费差额，并主张其存在每天加班 4 小时、周六日、休息日加班以及法定节假日加班的情况。

【审理结果】

审理机关经审理发现，何某未能就加班事实提交相应的证据予以证明，快捷酒店否认安排何某加班，因此驳回了何某的申请请求。

【案例解析】

本案发生时，被申请人有两种答辩方案。方案一是承认存在偶尔加班，但是足额支付了加班费，那么用人单位需要举证加班天数以及加班费数额、加班费的计算方法合法，而用人单位的考勤表无员工签字确认，加班天数无法举证，规章制度中无加班费的计算方法，无法举证计算方法合法与否，如采取第一种方案答辩，用人单位的败诉风险很大。方案二是否认加班，由劳动者来举证是否存在加班，一旦劳动者举证不能，用人单位即能胜诉，显然在本案中，用人单位采用了方案二。

这就是擅用举证责任分配原则的典型案例。法律规定，是否存在加班，由劳动者举证。一旦劳动者有证据证明存在加班，则由用人单位证明加班天数以及加班费支付情况。如果劳动者无法证明存在加班，用人单位则坐享胜诉成果了。当然，如果用人单位有经过劳动者确认的加班天数及加班费数额，且有经劳动者确认的加班费计算方法，用人单位也可以采取第一种方案应诉和答辩。

【律师手把手】

1. 证据的种类

（1）书证，是指以文字、符号、图形所记载或表示的内容、含义来证明案件事实的证据。在劳动争议案件中，入职登记表、培训笔录、签收单、劳动合同、规章制度、劳动合同变更单、劳动合同解除通知书等都是书证。

（2）物证，是指以其外部特征和物质属性，即以其存在、形状、质量等证明案件事实的物品。在劳动争议案件中，该类证据很少出现，如劳动者用于工作的笔记本、能够证明劳动者存在违纪行为的受损的办公工具等。

（3）视听资料，是指利用录音、录像等技术手段反映的声音、图像以及电子计算机储存的数据证明案件事实的证据。劳动争议中常见的视听资料如通话录音、现场录音、现场录像或者存储于光盘、硬盘中的电脑数据等。

（4）电子数据，民事诉讼法司法解释中新增加的证据种类，指通过电子邮件、电子数据交换、网上聊天记录、博客、微博、手机短信、电子签名、域名等形成或者存储在电子介质中的信息等。

（5）证人证言，是指证人就其所感知的案件情况向法院所作的陈述，一般情况下，只有与案件双方当事人无利害关系，如亲属关系、朋友关系等以外的其他关系的证人所作当庭陈述才能被采信。

（6）当事人陈述，劳动争议案件中经常用到的是当事人当庭自认的事实，将被审理机关依法采信。

（7）鉴定结论，对于当事人有争议的证据材料，如笔迹、声音等鉴定结果，审理机关将依法采信。

（8）勘验笔录，就是人民法院指派的勘验人员对案件的诉讼标的物和有关证据，经过现场勘验、调查所作的记录。在劳动争议案件中很少用到，在此不再详述。

2. 举证责任的期限

一般情况下，证据在庭审时出具即可，但是依据《劳动人事争议仲裁办案规则》中的详细规定，承担举证责任的当事人应当在仲裁委员会指定的期限内提供有关证据。当然，人民法院也可以根据当事人的主张和案件审理情况，确定当事人应当提供的证据及其期限。当事人在该期限内提供证据确有困难的，可以向劳动争议仲裁委员会、人民法院申请延长期限，审理机关会根据当事人的申请适当延长。

当事人逾期提供证据的，审理机关可以责令其说明理由；无理由或者理由不成立的，审理机关可以根据不同情形决定是否采纳该证据。

因此，一旦劳动争议仲裁委员会或者人民法院确定并告知了当事人举证期限，当事人则切记需在举证期限届满前提交证据，否则要承担举证不能的不利后果。

3. 举证责任的分配

劳动者与用人单位就是否存在劳动关系发生分歧的，由谁来举证？

（1）对是否存在劳动关系发生分歧

由劳动者负举证责任，即由劳动者提供证据证明与被申请人存在劳动关系。可被提交的证据包括工资支付凭证或银行工资发放记录、职工工资发放花名册、社会保险缴纳记录，“工作证”“胸卡”等、用人单位的“Offer”等招用记录、与用人单位的负责人的交流录音、录像资料、节假日值班表、考勤表等，由用人单位出具的收入证明、离职证明、其他同事的证言等。

（2）拖欠加班费的案件

劳动者主张加班费的，应当由劳动者就加班事实的存在承担举证责任。但劳动者有证据证明用人单位掌握加班事实存在的证据，用人单位不提供的，由用人单位承担不利后果。

（3）拖欠工资的案件

适用“举证责任倒置”原则，由用人单位举证证明是否足额支付了劳动者的工资，如果存在扣发工资的情形，则由用人单位提交证据证明扣发工资的合理合法性。

（4）处理劳动关系纠纷的案件

对于劳动者工作年限、工资数额、考勤情况、休假情况，开除、除名、辞退、解除劳动合同等发生争议的，由用人单位负举证责任。

（5）特殊举证责任

如果劳动者因用人单位拖欠工资，未依法缴纳社会保险等原因辞职，要求用人单位支付解除劳动关系的经济补偿金的，由劳动者证明其离职原因。

4. 用人单位常用证据的收集

（1）员工入职时：入职登记表、劳动合同、培训协议、保密协议、竞业限制协议、规章制度签收单、提交材料通知单等。

（2）员工在岗时：劳动合同变更单、考勤表、工资单、绩效考核表、扣发工资通知书、调岗调薪通知书等各种员工已经签收的文件。

（3）员工离职时：解除劳动合同通知书、调解协议、辞职信、工作交接记录、补偿金支付记录等。

上述文件在劳动争议中最常应用，用人单位应注意收集与保存。

【法条链接】

《中华人民共和国劳动争议调解仲裁法》

第六条 发生劳动争议，当事人对自己提出的主张，有责任提供证据。与争议事项有关的证据属于用人单位掌握管理的，用人单位应当提供；用人单位不提供的，应当承担不利后果。

第三十九条 当事人提供的证据经查证属实的，仲裁庭应当将其作为认定事实的根据。

劳动者无法提供由用人单位掌握管理的与仲裁请求有关的证据，仲裁庭可以要求用人单位在指定期限内提供。用人单位在指定期限内不提供的，应当承担不利后果。

《劳动人事争议仲裁办案规则》

第十七条 当事人对自己提出的主张有责任提供证据。与争议事项有关的证据属于用人单位掌握管理的，用人单位应当提供；用人单位不提供的，应当承担不利后果。

第十八条 在法律没有具体规定，依本规则第十七条规定无法确定举证责任承担时，仲裁庭可以根据公平原则和诚实信用原则，综合当事人举证能力等因素确定举证责任的承担。

第十九条 承担举证责任的当事人应当在仲裁委员会指定的期限内提供有关证据。当事人在指定期限内不提供的，应当承担不利后果。

第二十条 当事人因客观原因不能自行收集的证据，仲裁委员会可以根据当事人的申请，参照《中华人民共和国民事诉讼法》有关规定予以收集；仲裁委员会认为有必要的，也可以决定参照《中华人民共和国民事诉讼法》有关规定予以收集。

第二十一条 仲裁委员会依法调查取证时，有关组织和个人应当协助配合。

第二十二条 争议处理中涉及证据形式、证据提交、证据交换、证据质证、证据认定等事项，本规则未规定的，参照民事诉讼证据规则的有关规定执行。

《最高人民法院关于审理劳动争议案件适用法律若干问题的解释》

第十三条 因用人单位作出的开除、除名、辞退、解除劳动合同、减少劳动报酬、计算劳动者工作年限等决定而发生的劳动争议，用人单位负举证责任。

《最高人民法院关于审理劳动争议案件适用法律若干问题的解释（二）》

第一条 人民法院审理劳动争议案件，对下列情形，视为劳动法第八十二条规定的“劳动争议发生之日”：

（一）在劳动关系存续期间产生的支付工资争议，用人单位能够证明已经书面通知劳动者拒付工资的，书面通知送达之日为劳动争议发生之日。用人单位不能证明的，劳动者主张权利之口为劳动争议发生之日。

（二）因解除或者终止劳动关系产生的争议，用人单位不能证明劳动者收到解除或者终止劳动关系书面通知时间的，劳动者主张权利之日为劳动争议发生之日。

（三）劳动关系解除或者终止后产生的支付工资、经济补偿金、福利待遇等争议，劳动者能够证明用人单位承诺支付的时间为解除或者终止劳动关系后的具体日期的，用人单位承诺支付之日为劳动争议发生之日。劳动者不能证明的，解除或者终止劳动关系之日为劳动争议发生之日。

《最高人民法院关于审理劳动争议案件适用法律若干问题的解释（三）》

第九条 劳动者主张加班费的，应当就加班事实的存在承担举证责任。但劳动者有证据证明用人单位掌握加班事实存在的证据，用人单位不提供的，由用人单位承担不利后果。

2.7 证据效力不同按需准备更有效

【典型问题】

各种证据的证据效力如何划分？

没有员工签字认可的书证能否发生证据效力？

视听资料的证据效力如何？

电子邮件的证据效力如何？

微信、QQ 的消息记录能作为证据使用吗？

【经典案例】 QQ 聊天记录作为证据，用人单位能否胜诉？

段某入职某科技公司任销售岗位，公司规定注册 QQ 作为沟通工具，并要求段某注册后，书面提交给公司，以备将来业务联系，科技公司的考勤方式是员工手签考勤。段某工作一年半后，在 QQ 中向公司领导提出因需要去外地治疗疾病，主动离职，并于次日办理了工作交接手续。4 个月后，段某申请劳动仲裁，要求科技公司支付其解除劳动关系的经济补偿金，并支付公司克扣其 4 个月的工资。

【审理结果】

科技公司提交了经过公证下载的 QQ 聊天记录用于证明段某因病提出离职，并提交了工作交接记录和考勤表，证明段某自离职后的 4 个月内，未提供过劳动，因此无须支付段某工资。段某则称，其未提出过离职，4 个月前，科技公司口头通知其到其他岗位工作，将工作交接给其他同事来做，科技公司无故拖欠其4个月的工资。审理机关经审理发现，段某认可QQ号码属于他所有，且密码没有被盗，而科技公司提交的考勤表中显示，段某自办理工作交接后未再手签考勤，科技公司提交的QQ聊天记录中除辞职信外，还有与段某平时的工作记录、业务提成核对的记录，可以证明该QQ号码确实为段某所有，通过段某工作交接及长达4个月未出勤的情况都可以证明段某已经向科技公司提出离职，因此驳回了段某的申请请求。

【案例解析】

本案的争议焦点在于QQ聊天记录的效力，QQ聊天记录因为其可更改性以及其所有人的不确定性而无法发生应有的效力。本案中，如果用人单位仅提交了QQ聊天记录，审理机关将无法仅凭单一证据而认定其效力。因为科技公司同时提交了工作交接记录及考勤记录，形成了完整的证据链，而且科技公司在下载QQ聊天记录时还做了公证，而段某虽然不认可该QQ聊天记录的内容，但也承认公司并不知晓该QQ号码的密码，因此审理机关确认了该聊天记录的效力。

【律师手把手】

关于证据效力的划分，首先有员工签字确认的书证的证明效力是最高的，其次是物证；视听资料包括录音、录像资料，如果当事人认可或者经过鉴定，审理机关一般也会确认其效力。当然，如果书证没有员工的书面确认，无论事实上是否经过员工的确认，如果员工在庭审过程中不予认可，也无法产生证明效力，因此书面材料需要经过员工的签字确认。

电子邮件如果经过公证，与书证具同等的效力，如果未经公证，则需经当事人在庭审中认可，否则无法产生预期的效力。

关于电子数据，如果是单一证据，审理机关一般无法确认其效力，如欲确认该电子数据的效力，一是需要公证处的公证，二是需要与其他证据形成完整的证据链，否则无法说服审理机关确认其效力。比如，QQ或者微信聊天记录，需要有劳动者书面认可属于其所有的材料，还需有其他证据形成完整的证据链，当然在可能实现的情况下，最好QQ或者微信的聊天记录也有员工的书面认可。

【法条链接】

《中华人民共和国民事诉讼法》

第六十三条 证据包括：

（一）当事人的陈述；

（二）书证；

（三）物证；

（四）视听资料；

（五）电子数据；

（六）证人证言；

（七）鉴定意见；

（八）勘验笔录。

证据必须查证属实，才能作为认定事实的根据。

第六十四条 当事人对自己提出的主张，有责任提供证据。

当事人及其诉讼代理人因客观原因不能自行收集的证据，或者人民法院认为审理案件需要的证据，人民法院应当调查收集。

人民法院应当按照法定程序，全面地、客观地审查核实证据。

第六十五条 当事人对自己提出的主张应当及时提供证据。

人民法院根据当事人的主张和案件审理情况，确定当事人应当提供的证据及其期限。当事人在该期限内提供证据确有困难的，可以向人民法院申请延长期限，人民法院根据当事人的申请适当延长。当事人逾期提供证据的，人民法院应当责令其说明理由；拒不说明理由或者理由不成立的，人民法院根据不同情形可以不予采纳该证据，或者采纳该证据但予以训诫、罚款。

第六十六条 人民法院收到当事人提交的证据材料，应当出具收据，写明证据名称、页数、份数、原件或者复印件以及收到时间等，并由经办人员签名或者盖章。

第六十七条 人民法院有权向有关单位和个人调查取证，有关单位和个人不得拒绝。

人民法院对有关单位和个人提出的证明文书，应当辨别真伪，审查确定其效力。

第六十八条　证据应当在法庭上出示，并由当事人互相质证。对涉及国家秘密、商业秘密和个人隐私的证据应当保密，需要在法庭出示的，不得在公开开庭时出示。

第六十九条　经过法定程序公证证明的法律事实和文书，人民法院应当作为认定事实的根据，但有相反证据足以推翻公证证明的除外。

第七十条　书证应当提交原件。物证应当提交原物。提交原件或者原物确有困难的，可以提交复制品、照片、副本、节录本。

提交外文书证，必须附有中文译本。

第七十一条　人民法院对视听资料，应当辨别真伪，并结合本案的其他证据，审查确定能否作为认定事实的根据。

第七十二条　凡是知道案件情况的单位和个人，都有义务出庭作证。有关单位的负责人应当支持证人作证。

不能正确表达意思的人，不能作证。

第七十三条　经人民法院通知，证人应当出庭作证。有下列情形之一的，经人民法院许可，可以通过书面证言、视听传输技术或者视听资料等方式作证：

（一）因健康原因不能出庭的；

（二）因路途遥远，交通不便不能出庭的；

（三）因自然灾害等不可抗力不能出庭的；

（四）其他有正当理由不能出庭的。

第七十四条　证人因履行出庭作证义务而支出的交通、住宿、就餐等必要费用以及误工损失，由败诉一方当事人负担。当事人申请证人作证的，由该当事人先行垫付；当事人没有申请，人民法院通知证人作证的，由人民法院先行垫付。

第七十五条　人民法院对当事人的陈述，应当结合本案的其他证据，审查确定能否作为认定事实的根据。

当事人拒绝陈述的，不影响人民法院根据证据认定案件事实。

第七十六条　当事人可以就查明事实的专门性问题向人民法院申请鉴定。

当事人申请鉴定的，由双方当事人协商确定具备资格的鉴定人；协商不成的，由人民法院指定。

当事人未申请鉴定，人民法院对专门性问题认为需要鉴定的，应当委托具备资格的鉴定人进行鉴定。

第七十七条 鉴定人有权了解进行鉴定所需要的案件材料，必要时可以询问当事人、证人。

鉴定人应当提出书面鉴定意见，在鉴定书上签名或者盖章。

第七十八条 当事人对鉴定意见有异议或者人民法院认为鉴定人有必要出庭的，鉴定人应当出庭作证。经人民法院通知，鉴定人拒不出庭作证的，鉴定意见不得作为认定事实的根据；支付鉴定费用的当事人可以要求返还鉴定费用。

第七十九条 当事人可以申请人民法院通知有专门知识的人出庭，就鉴定人作出的鉴定意见或者专业问题提出意见。

第八十条 勘验物证或者现场，勘验人必须出示人民法院的证件，并邀请当地基层组织或者当事人所在单位派人参加。当事人或者当事人的成年家属应当到场，拒不到场的，不影响勘验的进行。

有关单位和个人根据人民法院的通知，有义务保护现场，协助勘验工作。

勘验人应当将勘验情况和结果制作笔录，由勘验人、当事人和被邀参加人签名或者盖章。

第八十一条 在证据可能灭失或者以后难以取得的情况下，当事人可以在诉讼过程中向人民法院申请保全证据，人民法院也可以主动采取保全措施。

因情况紧急，在证据可能灭失或者以后难以取得的情况下，利害关系人可以在提起诉讼或者申请仲裁前向证据所在地、被申请人住所地或者对案件有管辖权的人民法院申请保全证据。

证据保全的其他程度，参照适用本法第九章保全的有关规定。

《最高人民法院关于民事诉讼证据的若干规定》

第六条 在劳动争议纠纷案件中，因用人单位作出开除、除名、辞退、解除劳动合同、减少劳动报酬、计算劳动者工作年限等决定而发生劳动争议的，由用人单位负举证责任。

第八条 诉讼过程中，一方当事人对另一方当事人陈述的案件事实明确表示承认的，另一方当事人无需举证。但涉及身份关系的案件除外。

对一方当事人陈述的事实，另一方当事人既未表示承认也未否认，经审判人员充分说明并询问后，其仍不明确表示肯定或者否定的，视为对该项事实的承认。

当事人委托代理人参加诉讼的，代理人的承认视为当事人的承认。但未经特别授权的代理人对事实的承认直接导致承认对方诉讼请求的除外；当事人在场但对其代理人的承认不作否认表示的，视为当事人的承认。

当事人在法庭辩论终结前撤回承认并经对方当事人同意，或者有充分证据证明其承认行为是在受胁迫或者重大误解情况下作出且与事实不符的，不能免除对方当事人的举证责任。

第十条 当事人向人民法院提供证据，应当提供原件或者原物。如需自己保存证据原件、原物或者提供原件、原物确有困难的，可以提供经人民法院核对无异的复制件或者复制品。

第十一条 当事人向人民法院提供的证据系在中华人民共和国领域外形成的，该证据应当经所在国公证机关予以证明，并经中华人民共和国驻该国使领馆予以认证，或者履行中华人民共和国与该所在国订立的有关条约中规定的证明手续。

当事人向人民法院提供的证据是在香港、澳门、台湾地区形成的，应当履行相关的证明手续。

第十二条 当事人向人民法院提供外文书证或者外文说明资料，应当附有中文译本。

第十三条 对双方当事人无争议但涉及国家利益、社会公共利益或者他人合法权益的事实，人民法院可以责令当事人提供有关证据。

第十四条 当事人应当对其提交的证据材料逐一分类编号，对证据材料的来源、证明对象和内容作简要说明，签名盖章，注明提交日期，并依照对方当事人人数提出副本。

……

第二部分

劳动关系存续争议及应对策略

本部分从招聘争议、劳动合同争议、试用期管理争议、员工薪酬管理争议、员工考勤管理争议、员工考核管理争议、员工奖惩管理争议、员工社会保险管理争议、工伤员工管理争议九个方面分别讲解并提供具体、可操作的应对策略。《劳动合同法》第十条第一款规定："建立劳动关系，应当订立书面劳动合同。"劳动合同在调整用人单位与劳动者权利义务关系中具有举足轻重的作用，不仅可以确认劳资双方的法律关系，而且还可以明确双方的权利义务，减少纠纷，预防法律风险。

第 3 章

招聘争议误区及应对策略

- 应聘条件可以约定性别限制吗？
- 入职培训期间可以不发工资吗？
- 入职登记表需要包含哪些内容？
- 如何合法辞退试用期不合格员工？
- 员工背景调查可以规避哪些风险？

招聘环节的法律风险往往在HR的工作实务中被忽略，很多用人单位，其中不乏大型用人单位都把风险防范重点控制在员工劳动关系解除阶段，认为只要减少了赔款，风险就防控住了。其实，劳动者的法律素质也在提高，现在不乏一些劳动者被解除劳动关系后不要求违法解除劳动关系的经济赔偿金，却要求恢复劳动关系，以此来获得更高的赔偿额，所以用工风险防范从招聘环节把控才是王道。在招聘环节，如用人单位虚构招聘信息、过度美化用人单位的用工环境、承诺高薪或者升职前景、在背景调查时又出现走过场的情况，在录用条件的制定与公布环节缺少实际操作经验等，往往会使用人单位无法在劳动争议诉讼中掌握主动，因此需引起管理者的关注。

3.1 招聘内容应明确具体，切忌过度承诺

【典型问题】

招聘条件涉及的内容都包含哪些？

招聘条件涉及的内容有哪些需要具体列明，哪些可以一笔带过？

招聘启事能否作为证据证明员工工资收入？

招聘内容承诺薪资未足额发放是否构成拖欠工资？

招聘内容涉及福利待遇承诺是否必须兑现？

【经典案例】 以招聘启事为证据，用人单位败诉没商量吗？

某物业公司在某招聘网站公开招聘，招聘启事中列明：保安工作时间为早

6点至次日凌晨6点，3人一班，轮流上班，并写明加班有足额加班费。李某入职后，在该物业公司任保安一职，物业公司在实际工作中明确要求李某与其他5名同事轮流上班，休息日、法定节假日均无休，但是物业公司并未依照招聘启事的约定足额支付加班费，且未办理综合工时制的备案手续。1年后，李某离职，将物业公司诉至当地劳动争议仲裁委员会，要求物业公司支付其加班费。

【审理结果】

在庭审过程中，物业公司辩称，该公司并未安排保安加班，物业公司的服务单位是写字楼，写字楼里的办公单位都是标准工时制，工作时间为早9点，晚6点，中午休息1小时，李某当庭提交了物业公司在招聘现场的招聘启事原件以及招聘现场的图片，可以证明该招聘启事确实由物业公司发布，物业公司对招聘启事的真实性予以认可，但是否认在实际工作中执行了招聘启事的内容。审理机关认为，物业公司对招聘启事的真实性予以认可，否认在实际工作中执行了招聘启事的约定，但是未提交合法有效的证据证明，因此裁决要求物业公司支付李某加班费差额。

【案例解析】

本案的争议焦点在于招聘启事有没有合法的证明效力，可证明李某存在加班。显然，本案中，审理机关采信了李某提交的证据。因为用人单位未能提交相反的证据证明其主张，故承担了败诉的结果。

【律师手把手】

招聘条件涉及的内容可以包括公司执行的薪资制度、应聘职位、薪资结构、劳动条件、工作内容、岗位职责等，还要明示应聘者的任职条件，如年龄、性别、学历、工作经验或者工作年限、健康状况、婚育状况要求等，特殊岗位也可对身高、长相等提出要求，为了吸引应聘者，也可以描述员工工作环境、对职业前景做一些合理展望，但实务中应注意，对于硬性要求一定要描述详尽，对于薪资待遇或者职业前景以及涉及员工福利类的描述要言简意赅，如实描述，不能违反诚实信用原则，以防发生上述案例中的情况，增加用人单位的败诉风险。

【法条链接】

《中华人民共和国劳动合同法》

第八条 用人单位招用劳动者时，应当如实告知劳动者工作内容、工作条件、工作地点、职业危害、安全生产状况、劳动报酬，以及劳动者要求了解的其他情况；用人单位有权了解劳动者与劳动合同直接相关的基本情况，劳动者应当如实说明。

3.2 “用人歧视”违反法律规定不可为之

【典型问题】

应聘条件可以约定性别限制吗？

应聘条件中一定不能约定“乙肝”病史吗？

应聘条件中限制身高会构成“用人歧视”吗？

如何规定应聘限制条件会构成“用人歧视”？

【经典案例】 用人单位拒绝录用“乙肝病原携带者”会构成就业歧视吗？

贺某原在北京某公司工作，后上海某公司邀请他到该公司工作，薪酬待遇非常诱人。贺某经过慎重考虑，同意到该公司工作，上海某公司在邮件里详述了贺某办理入职手续的流程及入职条件，入职条件之一是需要到该公司指定的医院体检。贺某按照要求进行了体检，体检结果显示贺某为乙肝病原携带者。贺某提交了相关材料报到后，再无上海某公司通知其上班的消息，贺某找到上海某公司负责人，才知晓上海某公司拒绝与其签订劳动合同，原因是贺某患有“乙肝”疾病。因此，贺某将上海某公司告上了法庭。要求单位书面赔礼道歉，赔偿经济损失，并要求上海某公司支付其精神损害抚慰金。

【审理结果】

审理机关经审查发现，上海某公司已经通过邮件通知贺某办理入职手续，但事后因为贺某属于乙肝病原携带者，构成就业歧视，理应赔偿其损失，虽然上海某公司在庭审中辩称，贺某并不是因为乙肝体检结果被拒绝录用的，而是因为其他条件，如薪资要求过高、学历偏低不符合公司录用条件，未予录用，但上述理由明显与其通知贺某办理入职手续的邮件不符，因此未采纳上海公司的答辩意见。

【案例解析】

本案的争议焦点在于上海某公司的行为是否构成“就业歧视”。显然，上海某公司规定乙肝病原携带者不能录用，属于用工歧视，违反了诚实信用原则，因此需要赔偿贺某的损失。

【律师手把手】

实务中，用人单位经常在录用条件中加设多项门槛，如身高、性别、学历等，更有甚者将血型、星座、属相也列入其中，还有的用人单位不仅对学历有诸多限制，而且对劳动者毕业院校设有门槛，如要求必须是一本院校毕业，或者是“211”学校毕业等，还有的工作内容与涉外无关，却要求劳动者必须有海外留学经历，理由竟然是公司的负责人喜欢有留学背景的员工。一旦员工因此提起诉讼，用人单位则会处于被动地位。

用人单位还需注意“童工”问题，即未满16周岁的未成年人，用人单位一定要拒绝录用，有的未成年人看上去高大魁梧，用工成本又低，用人单位就掉以轻心，未核查实际年龄，结果受到行政机关处罚，得不偿失。

难道用人单位就不能规避这些用工风险吗？可以，第一，不是特殊工种，用人单位完全没必要设定“歧视条件”；第二，用人单位在招聘条件之中无须穷尽所有要求，如对于毕业院校的要求等容易发生“歧视”方面的风险，只要在面试或者筛选中注意把控即可。

关于“乙肝歧视”，还有一点需要声明，除非是餐饮企业、医疗企业、家政服务行业等行业用人单位或者是用人单位有书面文件能够证明拟招用的劳动者将从事国家法律法规和卫生部命令禁止“乙肝”患者从事的工作，否则，用人单位均不能对“乙肝”患者进行限制。

【法条链接】

《中华人民共和国就业促进法》

第三条 劳动者依法享有平等就业和自主择业的权利。

劳动者就业，不因民族、种族、性别、宗教信仰等不同而受歧视。

第二十六条 用人单位招用人员、职业中介机构从事职业中介活动，应当向劳动者提供平等的就业机会和公平的就业条件，不得实施就业歧视。

第二十七条 国家保障妇女享有与男子平等的劳动权利。

用人单位招用人员，除国家规定的不适合妇女的工种或者岗位外，不得以性别为由拒绝录用妇女或者提高对妇女的录用标准。

用人单位录用女职工，不得在劳动合同中规定限制女职工结婚、生育的内容。

第二十八条 各民族劳动者享有平等的劳动权利。

用人单位招用人员，应当依法对少数民族劳动者给予适当照顾。

第二十九条 国家保障残疾人的劳动权利。

各级人民政府应当对残疾人就业统筹规划，为残疾人创造就业条件。

用人单位招用人员，不得歧视残疾人。

第三十条 用人单位招用人员，不得以是传染病病原携带者为由拒绝录用。但是，经医学鉴定传染病病原携带者在治愈前或者排除传染嫌疑前，不得从事法律、行政法规和国务院卫生行政部门规定禁止从事的易使传染病扩散的工作。

第三十一条 农村劳动者进城就业享有与城镇劳动者平等的劳动权利，不得对农村劳动者进城就业设置歧视性限制。

《关于进一步规范入学和就业体检项目维护乙肝表面抗原携带者入学和就业权利的通知》（节录）

除卫生部核准并予以公布的特殊职业外，健康体检非因受检者要求不得检测乙肝项目，用人单位不得以劳动者携带乙肝表面抗原为由予以拒绝招（聘）用或辞退、解聘。有关检测乙肝项目的检测体检报告应密封，由受检者自行拆阅；任何单位和个人不得擅自拆阅他人的体检报告。

《禁止使用童工规定》

第二条 国家机关、社会团体、企业事业单位、民办非企业单位或者个体工商户（以下统称用人单位）均不得招用不满16周岁的未成年人（招用不满16周岁的未成年人，以下统称使用童工）。

禁止任何单位或者个人为不满16周岁的未成年人介绍就业。

禁止不满16周岁的未成年人开业从事个体经营活动。

第六条 用人单位使用童工的，由劳动保障行政部门按照每使用一名童工每月处5000元罚款的标准给予处罚；在使用有毒物品的作业场所使用童工的，按照《使用有毒物品作业场所劳动保护条例》规定的罚款幅度，或者按照每使用一名童工每月处5000元罚款的标准，从重处罚。劳动保障行政部门并应当责令用人单位限期将童工送回原居住地交其父母或者其他监护人，所需交通和食宿费用全部由用人单位承担。

用人单位经劳动保障行政部门依照前款规定责令限期改正，逾期仍不将童工送交其父母或者其他监护人的，从责令限期改正之日起，由劳动保障行政部门按照每使用一名童工每月处1万元罚款的标准处罚，并由工商行政管理部门吊销其营业执照或者由民政部门撤销民办非企业单位登记；用人单位是国家机关、事业单位的，由有关单位依法对直接负责的主管人员和其他直接责任人员给予降级或者撤职的行政处分或者纪律处分。

3.3 "Offer"发出后，单方违约易致担责

【典型问题】

"Offer"有法律约束力吗？

"Offer"里必须包含哪些内容？

"Offer"内容可以作为证据提交并发生法律效力吗？

"Offer"发出后，单位不想录用了，怎么办？

【经典案例】 用人单位单方违约，拒绝录用收到"Offer"后如期报到的员工，应承担责任吗？

张某收到了某公司的"Offer"，"Offer"中写明了岗位、薪酬、签订劳动合同的时间，并要求张某按时办理入职手续，同时张某还协助新公司做了财务报表。无奈，张某的原单位拒绝与张某解除劳动关系，张某为了新工作，强行离职，放弃了当月应得的奖金。但是在"Offer"约定的报到时间的前一天，新公司通知张某，新公司因为岗位调整，不设财务助理的岗位了，如果张某入职，只能做人事助理工作。张某认为新公司拒绝录用的行为，构成了违约，遂将新公司诉至法院，要求新公司承担赔偿责任。

【审理结果】

法院经审理发现，新公司发放录用通知的行为应视为已经发出要约，后拒绝录用其为正式员工，存在明显的过错，属于缔约过失责任。因此，法院支持了张某的诉讼请求，判令新公司承担相应的赔偿责任。

【案例解析】

本案的焦点在于新公司的行为是否构成缔约过失，新公司的"Offer"约定了到岗时间，在法律意义上讲，一旦约定了承诺期限，就不可撤销，且张某已经为新公司做了财务报表，即为新公司提供了劳动，张某当然有理由相信新公司会如约聘用他。显然，新公司撤销要约的行为已经构成了缔约过失，理应承担相应的赔偿责任。

【律师手把手】

"缔约过失责任"是指在合同订立过程中，一方因违背诚实信用原则而导致另一方信赖利益的损失时所应承担的损害赔偿责任。

"Offer"被视为用人单位向劳动者发出的要约，是用人单位向劳动者发出的要建立劳动关系的意思表示，虽然双方并未正式建立劳动关系，签订劳动合同，但对用人单位而言同样具有法律约束力，且一般情况下，用人单位会在"Offer"中明示劳动者报到的日期，该要约即属于不可撤销的要约，只要劳动者同意并符合"Offer"中的要求，用人单位就应当按照"Offer"中承诺的内容如期与劳动者建立劳动关系，签订劳动合同，否则需要承担"缔约过失责任"。

"Offer"发出后，如果劳动者基于对用人单位的信任，为建立新的劳动关系做了某些准备，而因用人单位的过错未能建立劳动关系，用人单位则应当承担赔偿责任。

为防止发生上述问题，HR在发出"Offer"时，必须持谨慎态度，不得随意发放，以防发生诉讼风险：

1. "Offer"的内容必须与即将签订的劳动合同保持一致，尤其是薪资待遇及岗位等，或者在"Offer"中明示，一旦内容与劳动合同内容相左的，以劳动合同为准；

2. 在发放"Offer"时，一定要载明不予录用的条件，如携带个人资料、体检结果、满足某些录用条件，否则用人单位将不予录用；

3. 录用通知要约定有效期，明确约定如果应聘者在录用通知载明的时间未报到，录用通知将失效，用人单位可另招新人；

4. 录用通知也可载明违约责任。如果应聘者在录用通知约定的时间内未报到或者报到办理了入职，但是未实际到用人单位工作，用人单位可要求该应聘者承担相应的责任，如重新应聘该岗位所发生的必要费用；

5.《录用通知书》范本

录用通知书

（先生／女士）：

欢迎您加入本公司！

根据您个人的愿望，结合您的个人条件以及公司业务的需要，现安排您自　　年　　月　　日起担任____一职。在此期间您的岗位职责及有关待遇如下：

一、主要职责：

详见岗位职位说明书。

二、工作地点：

三、直接领导（绩效考核人）：

四、您的薪酬待遇如下：

月度：

薪酬：a. 工资：____元

b. 岗位津贴：____元

c. 午餐补助：____元

d. 其他补助：____元

e. 关键业绩指标 KPI 奖金：____元 / 月（按照公司绩效考核相关执行）

A. 发放时间：每月 25 日发放上月 20 日至本月 19 日的工资和补助。

B. 凡缺勤和请假均按照公司相关规定扣除相应天数的基本工资和午餐补助。

C. 扣除项目：试用期薪酬按照薪酬约定的 80% 计算，与劳动合同约定不一致的，以劳动合同或其他公司文件为准。

i. 工资收入所得税；

ii. 社会保险等相关福利个人支付项目；

iii. 其他必要扣款。

其他：

社会保险基数及住房公积金缴费基数：____元，如有变动，以公司文件为准。

A. 在原单位已参保的人员，按照相关规定，社会保险缴费基数只能在每年的 4 月进行变更，在变更前，需保持原缴费基数不变；

各项社会保险、住房公积金的缴费比例如下：

B. 在原单位已参保的人员，在每月 15 日前，持原单位提供的社会保险转移单和医疗蓝本才能在本公司参保，因员工个人原因无法办理社会保险增员的，公司不承担责任；

C. 新参保人员，在每月 15 日前，要求提供相关资料［两张一寸彩色照片、身份证复印件、户籍证明（本埠人员户口本复印件，外埠当地公安机关开具的户籍证明），北京市社会保险个人信息登记表，基本医疗参加人员登记表］，因员工个人原因无法办理社会保险增员的，公司将不予补缴；

D. 当月 15 日（含 15 日）前入职的员工，自试用期当月开始社会保险和住房公积金的缴纳；当月 15 日后入职的员工，自第二月开始社会保险和住房公积金的缴纳。

员工应对薪资履行保密义务，不得探听其他员工的薪资，不得泄露自己及他人的薪资。如有违反者，属于严重违反公司规章制度的行为，公司有权进行处罚或者以严重违反公司规章制度为由，解除劳动关系，并不予支付解除劳动关系的经济补偿金。

五、合同期：1年至3年，以双方签订的劳动合同为准。

岗前培训期：岗前培训期限自报到之日起7个工作日。

试用期：试用期限自报到之日起3—6个月。试用期间员工有病假、事假或者因其他原因影响公司对试用期员工的考核的，可适当延长试用期，公司也可根据员工的工作情况，适当缩短试用期（最短不少于1个月，最长不超过6个月）。

六、本Offer与签订的劳动合同以及本公司的规章制度条款相左的，以劳动合同与公司规章制度为准。

七、请您在____年____月____日9:00到公司报到，逾期未报到的，视为您自愿放弃本岗位，本Offer失效，公司有权另聘他人或者取消该应聘岗位。

我已阅读并且接受以上条款。

签名：____________身份证号码：____________________________________

日期：____________

【法条链接】

《中华人民共和国合同法》

第十九条 有下列情形之一的，要约不得撤销：

（一）要约人确定了承诺期限或者以其他形式明示要约不可撤销；

（二）受要约人有理由认为要约是不可撤销的，并已经为履行合同作了准备工作。

第四十二条 当事人在订立合同过程中有下列情形之一，给对方造成损失的，应当承担损害赔偿责任：

（一）假借订立合同，恶意进行磋商；

（二）故意隐瞒与订立合同有关的重要事实或者提供虚假情况；

（三）有其他违背诚实信用原则的行为。

3.4 录用条件必须书面约定

【典型问题】

试用期员工不能胜任岗位职责，如何辞退才能防止违法辞退？

辞退试用期员工能以不符合录用条件为由吗？

与试用期员工解除劳动关系，员工要求 1.5 个月的经济补偿金，合法吗？

【经典案例】 没有约定录用条件，辞退试用期员工需要支付违法解除劳动关系补偿金吗？

钱某应聘至某传媒公司工作，担任市场部专员，签订了为期 3 年的劳动合同，试用期为 3 个月，入职时签订了公司的员工手册，员工手册中没有约定录用条件，但是明确标明“月累计迟到 5 次（含 5 次）的，属于严重违反公司规章制度的行为”，钱某自第二个月开始迟到次数很多，第三个月累计迟到了 6 次，公司认为其严重违反了公司的规章制度，并以此为由解除了与钱某的劳动关系。钱某认为公司应先通知其改正，改正无果后才能解聘，遂诉至劳动争议仲裁委员会，要求公司支付其违法解除劳动关系的经济赔偿金。

【审理结果】

钱某认为公司以不符合录用条件为由解除劳动关系于法无据，且单位从未向其公示过录用条件，公司认为，钱某已经严重违反了公司的规章制度，以此为由解除劳动关系不应支付赔偿金。审理机关经审理发现，公司发放的通知书中明确表明是以严重违纪为由解除的劳动关系，并未以不符合录用条件为由解除，而且钱某也认可其存在严重违纪的行为，因此公司无须支付钱某解除劳动关系的经济赔偿金，遂驳回了钱某的申请请求。

【案例解析】

本案的焦点在于，公司解聘钱某以不符合录用条件为由合法还是以严重违反公司规章制度为由更合法，显而易见，公司并未与钱某约定录用条件，当然不能以不符合录用条件为由解除劳动关系，但是公司的规章制度中明确约定了严重违纪的行为，一旦钱某有严重违纪的行为，公司自然可以以此为由与其解除劳动关系。所以，试用期员工一定要约定录用条件，如果没有约定录用条件的，公司则只能考虑其他解聘理由。

【律师手把手】

在HR的实践工作中，解聘试用期员工并不是只有不符合录用条件一个理由，而是比正式员工的解聘理由多了一个理由，即对试用期员工也可以严重违纪或者其他法定理由为由解除劳动关系。《劳动合同法》明确约定，解聘试用期员工需要证明不符合录用条件，也即必须有法定理由才能辞退试用期员工，因此录用条件的设定与应用就显得很重要。

1. 录用条件的内容必须明确具体，各岗位应有不同的录用条件，如果涉及绩效考核的，绩效考核的考核项要求可量化。如行政岗位等对准确度要求高的岗位，可以将差错率作为录用条件；业务岗位，可以将销售业绩作为录用条件；餐厅服务员、售后客服等有服务客户的岗位，可以将服务客户的投诉率作为录用条件。这样便于计算是否符合岗位要求，而不能泛泛地约定公司领导认为不符合录用条件的等主观意愿比较强的考核项。

2. 用人单位的录用条件必须向员工公示才能生效，否则发生纠纷时，员工以不知晓该录用条件为由，将使得用人单位增加赔偿风险。

3. 用人单位将录用条件告知劳动者的方式多种多样：

（1）在招聘启事中明示录用条件，并要求员工签字确认后留存。

（2）在“Offer”中向员工明示录用条件，要求签字确认后留存。

（3）在薪资确认表中标注录用条件，员工签字确认后留存。

（4）在岗位说明或描述中标明录用条件，员工签字确认后留存。

（5）在绩效考核表中标明录用条件，员工签字确认后留存。

（6）在劳动合同或规章制度中明确约定录用条件或者不符合录用条件的情形，员工签字确认后留存。

【法条链接】

《中华人民共和国劳动合同法》

第三十九条 劳动者有下列情形之一的，用人单位可以解除劳动合同：

（一）在试用期间被证明不符合录用条件的；

（二）严重违反用人单位的规章制度的；

（三）严重失职，营私舞弊，给用人单位造成重大损害的；

（四）劳动者同时与其他用人单位建立劳动关系，对完成本单位的工作任务造成严重影响，或者经用人单位提出，拒不改正的；

（五）因本法第二十六条第一款第一项规定的情形致使劳动合同无效的；

（六）被依法追究刑事责任的。

3.5 背景调查可将争议风险拒之门外

【典型问题】

背景调查可以规避哪些风险？

背景调查主要涉及哪些方面？

【经典案例】 用人单位能凭借员工的免责承诺规避风险吗？

A公司招聘李某进入公司任技术经理，但李某所属的原单位B公司不同意李某离职，需要李某在职一个月后再办理离职手续。A公司要求李某即刻上班，但李某表示一个月后才能拿到离职证明，并同意向A公司出具声明信，明确承诺李某已与原单位B公司解除了劳动关系，如因不属实而导致B公司追究法律责任的，责任由李某自负。有了此声明信，A公司放心地同李某签订了劳动合同。结果A公司突然收到传票，B公司起诉要求李某承担解除劳动合同而给B公司造成的培训费损失50余万元，A公司承担连带责任。原来李某应聘进入B公司后即被公司派往国外进行了付费培训，B公司为此支付了培训费50余万元，双方签有培训协议，约定李某为B公司服务5年。

【审理结果】

审理机关经审理认为，李某与 A 公司共同导致 B 公司遭受损失，理应承担连带责任。虽然 A 公司已经与李某约定所有责任由李某承担，但是仅为双方的约定，B 公司并不知晓，因此不能对抗 B 公司的请求，故 A 公司应与李某负连带赔偿责任。

【案例解析】

本案的焦点在于，A 公司不知晓李某与 B 公司的培训协议约定，虽然李某出具了声明信，但是因为双方约定不能对抗第三方。因此，A 公司并不能因此而免责。

【律师手把手】

在上述案例中，如果 A 公司对李某做了必要的背景调查就不会成为被告。因此，背景调查可以防止用人单位成为竞业限制或者培训协议违约的连带责任人，也可以防止用人单位与未解除劳动关系的劳动者建立劳动关系，给原单位造成损失而成为被诉人。

那么我们的背景调查需要包含哪些方面呢?

1. 劳动者的学历是否真实。

2. 劳动者的工作履历是否真实。

3. 劳动者与原单位是否签有竞业限制协议、保密协议、培训协议等可能承担违约责任的协议，如果签有竞业限制协议，用人单位是否属于被限制就职的用人单位。

4. 劳动者是否与原单位解除了劳动关系。

5. 劳动者与原单位是否存在劳动争议或者其他经济纠纷，一旦员工与原单位存在争议，那么非常有可能将来也会与新单位产生争议，因此这样的劳动者，建议谨慎录用，一旦录用，必须将所有必需手续办齐，如规章制度等，以防发生诉讼。

背景调查的方式多种多样，无外乎与劳动者原属单位沟通、劳动者毕业院校查询等。

为防止发生赔偿风险，用人单位可以采取如下补救措施：

1. 在劳动合同中约定，如果员工与其他企业尚有法定或者约定义务的，视为不符合录用条件，企业可以此为由与其解除劳动关系，试用期过后，可以员工存在欺诈为由与其解除劳动合同。

2. 用人单位可以书面形式与劳动者约定，如果因此而致使企业承担赔偿责任的，用人单位可以向劳动者追偿。

【法条链接】

《中华人民共和国劳动合同法》

第二十二条 用人单位为劳动者提供专项培训费用，对其进行专业技术培训的，可以与该劳动者订立协议，约定服务期。

劳动者违反服务期约定的，应当按照约定向用人单位支付违约金。违约金的数额不得超过用人单位提供的培训费用。用人单位要求劳动者支付的违约金不得超过服务期尚未履行部分所应分摊的培训费用。

用人单位与劳动者约定服务期的，不影响按照正常的工资调整机制提高劳动者在服务期期间的劳动报酬。

第九十条 劳动者违反本法规定解除劳动合同，或者违反劳动合同中约定的保密义务或者竞业限制，给用人单位造成损失的，应当承担赔偿责任。

第九十一条 用人单位招用与其他用人单位尚未解除或者终止劳动合同的劳动者，给其他用人单位造成损失的，应当承担连带赔偿责任。

《最高人民法院关于审理劳动争议案件适用法律若干问题的解释》

第十一条 用人单位招用尚未解除劳动合同的劳动者，原用人单位与劳动者发生的劳动争议，可以列新的用人单位为第三人。

原用人单位以新的用人单位侵权为由向人民法院起诉的，可以列劳动者为第三人。

原用人单位以新的用人单位和劳动者共同侵权为由向人民法院起诉的，新的用人单位和劳动者列为共同被告。

3.6 入职培训代表存在着劳动关系

【典型问题】

入职培训期间用人单位与劳动者可以约定双方不存在劳动关系吗?

入职培训期间可以不发工资吗?

入职培训期间可以约定员工不参加培训即视为自动离职吗?

【经典案例】 用人单位与劳动者约定培训期间不到岗视为自动离职，合法吗?

孙某入职一家公司，该企业入职培训为7天，双方签订了培训期间暂行协议。协议约定，如果孙某在培训期间擅自离岗，则视为自动离职且放弃领取培训期间的工资，孙某在协议上签字确认。在入职培训第3天，孙某接到另外一家公司的入职通知，就决定旷工一天到另一家公司去查探一下，但此事被公司知晓，公司便以孙某自动离职为由，解除了劳动关系，孙某不服，要求公司支付解除劳动关系的经济赔偿金且支付其3天的工资。

【审理结果】

审理机关经审查认为，虽然孙某与公司达成了一致意见，但是协议本身已经侵害了孙某的权益，违反了法律的规定，属于无效规定。显然，公司据此作出的处理决定属于违法行为，故应该支付孙某解除劳动关系的经济赔偿金及工资。

【案例解析】

本案的焦点在于，孙某与公司签订的暂行协议是否具有法律效力。本案中孙某一方面在入职公司接受入职培训，另一方面又到另一家公司打探情况，已经违背了诚实信用原则，但因法律法规并未严格禁止此行为，公司原本是正义一方，却因签订的协议存在瑕疵，功败垂成。其实，工资是必须要支付给劳动者的，但是解除劳动关系的补偿金却可以通过制度规定避免支付。比如，可以在规章制度中规定员工入职培训期间缺勤的，属于严重违反公司规章制度的行为或者不符合录用条件的行为，公司可以此为由解除劳动关系，并不予支付解除劳动关系的经济补偿金。

【律师手把手】

实务中，很多用人单位会遇到这种情况：参加入职培训的员工中途突然消失了，过了一段时间，用人单位就收到传票，消失的员工又回来要求单位支付其违法解除劳动关系的经济赔偿金。为避免这种情况，一方面用人单位在招聘时一定要火眼金睛，避免招用这样的员工入职；另一方面还应在规章制度或者劳动合同中对此类行为进行约束，通过制度规定尽快解除劳动关系，避免因劳动关系存续而被要求支付在岗期间工资及解除劳动关系经济赔偿金的损失。

【法条链接】

《中华人民共和国合同法》

第五十二条 有下列情形之一的，合同无效：

（一）一方以欺诈、胁迫的手段订立合同，损害国家利益；

（二）恶意串通，损害国家、集体或者第三人利益；

（三）以合法形式掩盖非法目的；

（四）损害社会公共利益；

（五）违反法律、行政法规的强制性规定。

3.7 入职登记表包含信息重要且不可或缺

【典型问题】

入职登记表需要包含哪些内容？

不填入职登记表会带来什么风险？

入职登记表需要员工签字确认吗？

【经典案例】 员工两次入职同一公司，如何计算工作年限？

王某入职一家软件公司工作，1年后离职，到新公司工作4个月后又回到软件公司工作，第二次入职时未填写《入职登记表》，仅签订了劳动合同，8个月后，因王某无故与领导发生争执，公司以此为由将其辞退，公司同意支付其一个月的工资作为经济补偿金。王某多次向软件公司要求解除劳动关系的补偿金应为2.5个月的工资，软件公司不同意支付，双方发生纠纷，于是，王某诉至劳动争议仲裁委员会，要求软件公司支付其解除劳动关系的经济补偿金。

【审理结果】

审理机关经审理发现，王某签订了两份劳动合同，两份合同签订的时间间隔是5个月，软件公司主张王某曾经离职一次，第二次在岗时间未满12个月，但是软件公司并无相关的证据予以证明。王某称是软件公司要求其签订两份劳动合同，不知是何原因，其在软件公司的工作年限超过2年，依照法律规定，解除劳动关系的补偿金应为2.5个月的工资。因为软件公司无王某离职的证据，也无王某再次入职的证据，因此审理机关采信王某的主张，支持了2.5个月的工资作为解除劳动关系补偿金。

【案例解析】

本案的焦点在于，软件公司有无证据证明王某离职后再次入职该公司，因为软件公司既无王某离职的证据，也无法证明王某第二次在岗的时间，所以只能承担败诉的不利后果。

【律师手把手】

上述案例中，软件公司败诉的最大原因在于王某第一次离职与第二次入职均未办理相应的离职、入职手续，没有辞职信、离职交接单，更无《入职登记表》用以证明其主张，可见《入职登记表》的重要性。

1.《入职登记表》的内容应该详细具体，包含与入职员工有关的所有信息，如个人身份信息、学历、通信地址、工作经历等，如果单位明示了该内容将会影响用人单位决定是否录用该员工，如果发现员工填写的内容虚假，可以欺诈为由，主张合同无效。

2. 用人单位还需注意，入职登记表中的所有信息均应由本人填写，并在表中设置承诺条款由员工签字确认。

3. 每一项需要劳动者填写的内容均不能忽略，都有各自的用途，如个人信息部分，包括学历、年龄等，方便用人单位核查劳动者是否符合录用条件，通信地址便于用人单位确定文件的快递地址，工作经历便于用人单位做背景调查，避免产生诉讼风险。

4.《入职登记表》模板

入职登记表

姓 名		性 别		年 龄		
出生日期		民 族		籍 贯		
身 高		血 型		健康状况		
原工作单位				是否与原单位存在劳动关系	□是 □否	

身份证号码		是否已参加过社保	□是 □否
家庭住址		邮编	
户口所在地址		邮编	

本人承诺，上述地址均属真实，且本人能够直接收到相关通知，一旦公司与本人失去联系，公司可直接将相关通知发到□家庭住址 □户口所在地，一旦快递送出，即视为已经送达本人。本人签字：
工作经历（按时间顺序填写），必填写应聘前工作单位

单位名称	工作时间		工作职位	最终薪金	离职原因	所在部门	
	起	止				经理	联系方式

学习经历（请从大学开始填写，包括所受过的重要培训或训练）：

学校 / 学院名称	学习时间		就读专业及所获文凭	证明人	证明人联系方式
	起	止			

家庭状况及主要社会关系：

续表

姓名	关系	年龄	工作单位	职 务
本人声明： 以上所述问题均会直接影响公司劳动合同签署与否，公司要求每位应聘人员所提供之一切资料及答案，均属真实准确，如有任何虚假信息，将导致与公司的劳动关系无效而被撤销，公司可直接解除劳动关系，并不予支付经济补偿金。 应聘人签字：　　　　日期：　年　月　日				

【法条链接】

《中华人民共和国劳动合同法》

第四十七条 经济补偿按劳动者在本单位工作的年限，每满一年支付一个月工资的标准向劳动者支付。六个月以上不满一年的，按一年计算；不满六个月的，向劳动者支付半个月工资的经济补偿。

劳动者月工资高于用人单位所在直辖市、设区的市级人民政府公布的本地区上年度职工月平均工资三倍的，向其支付经济补偿的标准按职工月平均工资三倍的数额支付，向其支付经济补偿的年限最高不超过十二年。

本条所称月工资是指劳动者在劳动合同解除或者终止前十二个月的平均工资。

《最高人民法院关于审理劳动争议案件适用法律若干问题的解释》

第十三条 因用人单位作出的开除、除名、辞退、解除劳动合同、减少劳动报酬、计算劳动者工作年限等决定而发生的劳动争议，用人单位负举证责任。

3.8 单位应杜绝任何担保

【典型问题】

用人单位在员工领取笔记本电脑时要求员工留下押金，属于担保吗？

用人单位要求入职员工的亲属承担保证责任，属于担保吗？

【经典案例】 用人单位可以与员工约定由员工承担导购工作服费用吗？

邓小姐入职某化妆品有限公司，成为该化妆品公司在某商场化妆品专柜的导购，约定月工资为 5000 元，并依照销售额的 1% 作为提成。但化妆品公司要求邓小姐自己购买商场要求的统一服装，称必须在转正以后，才能凭借商场的缴费凭证报销，一旦提前离职，包括辞职和被公司辞退，均视为自动放弃报销工作服购买费用的权利，邓小姐觉得工资待遇可以接受，就自费购买了工作服，并办理了入职手续。不久，因邓小姐母亲生病需要家人照顾，无奈，邓小姐向化妆品公司提交了辞职信，但因其工作服确实没有用处，提出要化妆品公司回购工作服，却遭到拒绝。于是邓小姐诉至劳动争议仲裁委员会，要求公司回购工作服。

【审理结果】

劳动争议仲裁委员会经审理认定，化妆品公司要求邓小姐自费购买工作服属于变相地向其收取财物，应由化妆品公司支付该费用，因此最终支持了邓小姐的申诉请求，裁决化妆品公司返还工作服购买费用。

【案例解析】

本案的焦点在于，化妆品公司要求邓小姐自费购买工作服的行为经过邓小姐的同意，是否属于变相收取财物行为。因为该工作服是为了便于邓小姐工作，最终的受益人是化妆品公司，理应由化妆品公司承担该费用，虽然经过了邓小姐的同意，但属于变相收取财物的行为。

【律师手把手】

HR 在实际工作过程中，应避免上述行为或者其他变相收取员工财物的行为。比如，扣押员工身份证件、司机需要缴纳交通事故预处理抵押金、财务人员缴纳诚信押金、扣除员工工服费、报名费、保险公司要求员工的亲属购买保险份数达到某一数额才能入职等行为，均属违法行为。

用人单位一旦未依照法律规定，私自收取上述费用给劳动者造成损失的，不仅需要承担赔偿责任，还有可能受到劳动行政部门的处罚。

【法条链接】

《中华人民共和国劳动合同法》

第九条 用人单位招用劳动者，不得扣押劳动者的居民身份证和其他证件，不得要求劳动者提供担保或者以其他名义向劳动者收取财物。

第八十四条 用人单位违反本法规定，扣押劳动者居民身份证等证件的，由劳动行政部门责令限期退还劳动者本人，并依照有关法律规定给予处罚。

用人单位违反本法规定，以担保或者其他名义向劳动者收取财物的，由劳动行政部门责令限期退还劳动者本人，并以每人五百元以上二千元以下的标准处以罚款；给劳动者造成损害的，应当承担赔偿责任。

劳动者依法解除或者终止劳动合同，用人单位扣押劳动者档案或者其他物品的，依照前款规定处罚。

第 4 章

劳动合同争议误区及应对策略

- 劳动争议中用工主体如何确定?
- 签订劳动合同的时间有限制吗?
- 劳动合同的条款包含哪些内容?
- 什么是无固定期限劳动合同?
- 什么是竞业限制和保密协议?

《劳动合同法》第十条第一款明确规定："建立劳动关系，应当订立书面劳动合同。"可见劳动合同在调整用人单位与劳动者权利义务关系的重要性。劳动合同，是用人单位（包括企业、事业、国家机关、社会团体等组织）同劳动者之间确定劳动关系，明确相互权利义务的协议。劳动合同有两个关键作用，一是确认劳资双方的用工关系，二是明确双方的权利义务。但在司法实践中，用人单位签订劳动合同不仅可规避因未签订劳动合同支付二倍工资差额的风险，还可约定某些约束劳动者的条款，便于用人单位对"问题"员工进行处理，但是用人单位却往往容易忽略劳动合同签订的时间、劳动合同的内容设定等相关细节，无形中增加了用人单位的用工风险。

4.1 劳资双方主体确定以便员工管理

【典型问题】

劳动合同主体与用工主体必须一致吗？

社会保险缴纳主体与劳动合同主体必须一致吗？

企业在注册地之外的地区设立的分支机构如何签订员工劳动合同？

在劳动争议中，用工主体有何确定原则？

【经典案例】 与总公司存在劳动关系，分公司是否会成为被申请人？

周某入职北京某装饰公司烟台分公司工作，但与总公司签订了劳动合同，用工地点在烟台，其考勤由分公司管理，其工资、社会保险缴纳由总公司统一负责。1年后，因为经营不善，烟台分公司解散，周某无办公地点，遂找到北京总公司，要求总公司支付其解除劳动关系的经济补偿金，但总公司称其在烟台办公，不属于总公司的直管员工，让其找烟台分公司协商。周某无奈，将总公司与烟台分公司作为共同被告诉至烟台有管辖权的劳动争议仲裁委员会，要求支付解除劳动关系的经济补偿金。

【审理结果】

审理机关经审理发现，周某的劳动合同是与总公司签订，且周某的工资与社会保险均由总公司负责，应确认周某与总公司存在劳动关系，视为周某接受总公司的指派到烟台工作，总公司委托分公司对其考勤等进行管理，因此应由北京装饰总公司向周某支付经济补偿金。

【案例解析】

本案的焦点在于周某与北京总公司、烟台分公司二者中的哪个用人单位存在劳动关系。审理机关确认用工主体的一般原则为：有劳动合同的，以劳动合同为准；无劳动合同的，以工资支付记录作为考量标准，现金支付工资的，以其他记录如社会保险缴纳记录、缴税记录为准。周某虽然在烟台办公，但是由总公司为其发放工资、缴纳社会保险，且劳动合同中用人单位一方的主体为总公司。所以，审理机关认定周某与北京总公司存在劳动关系。

【律师手把手】

一般情况下，在劳动合同中盖章的单位即为用工主体，但现实中确实存在劳动合同主体与用工主体分离的情况，如用人单位设立分支机构如分店、分公司、分厂等，如果该机构没有独立的法人资格，虽然实际用工主体为分支机构，但是劳动合同的主体仍为总公司。至于社会保险缴纳单位与劳动合同主体是否必须一致的问题，答案也是否定的，如果劳动者的办公地点与劳动合同主体的办公地点分离，为了便于管理，经劳动者同意，劳动合同主体可以委托劳动者办公地点所在地的其他机构，如社会保险代理服务机构代为缴纳社会保险。

2005 年国家曾针对用工主体的确定专门出台过相关法律规定，依照下述原则确认劳动关系：

1. 用人单位和劳动者符合法律、法规规定的主体资格；

2. 用人单位依法制定的各项劳动规章制度适用于劳动者，劳动者受用人单位的劳动管理，从事用人单位安排的有报酬的劳动；

3. 劳动者提供的劳动是用人单位业务的组成部分；

4. 工资支付凭证或记录（职工工资发放花名册）、缴纳各项社会保险费的记录可据以判断双方是否存在劳动关系；

5. 用人单位向劳动者发放的“工作证”“服务证”等能够证明身份的证件可据以判断双方是否存在劳动关系；

6. 劳动者填写的用人单位招工招聘“登记表”“报名表”等招用记录可据以判断双方是否存在劳动关系；

7. 考勤记录可据以判断双方是否存在劳动关系；

8. 其他劳动者的证言等可据以判断双方是否存在劳动关系。

还有一个关键点需要提及，用人单位的分支机构如果依法取得营业执照或者登记证书，则可独立聘用劳动者，否则，除非经用人单位授权方可独立聘用劳动者。如果未经注册的分支机构存在实际用工的情况，其法律责任将由用人单位承担。因此，用人单位在具体人事管理实务中应注意：

1. 未注册的分支机构，如办事处聘用员工必须经总公司同意并备案，由总公司与其签订劳动合同，由总公司授权分公司进行员工管理。

2. 为防止分支机构未经注册，私自招用员工使用人单位利益受损，用人单位可与分支机构负责人签订承包协议，并且明确约定员工录用及解聘均由分支机构负责人承担相应责任，与用人单位无关，然后由办事处负责人以个人名义签订雇佣协议，确认劳资双方的劳务关系，但是此办法不得用于建筑装饰行业。

3. 分支机构员工劳动争议的法律适用，如最低工资标准以及社会保险缴纳地等以合同履行地的法律法规为准。

【法条链接】

《关于确立劳动关系有关事项的通知》

各省、自治区、直辖市劳动和社会保障厅（局）：

近一个时期，一些地方反映部分用人单位招用劳动者不签订劳动合同，发生劳动争议时因双方劳动关系难以确定，致使劳动者合法权益难以维护，对劳动关系的和谐稳定带来不利影响。为规范用人单位用工行为，保护劳动者合法权益，促进社会稳定，现就用人单位与劳动者确立劳动关系的有关事项通知如下：

一、用人单位招用劳动者未订立书面劳动合同，但同时具备下列情形的，劳动关系成立。

（一）用人单位和劳动者符合法律、法规规定的主体资格；

（二）用人单位依法制定的各项劳动规章制度适用于劳动者，劳动者受用人单位的劳动管理，从事用人单位安排的有报酬的劳动；

（三）劳动者提供的劳动是用人单位业务的组成部分。

二、用人单位未与劳动者签订劳动合同，认定双方存在劳动关系时可参照下列凭证：

（一）工资支付凭证或记录（职工工资发放花名册）、缴纳各项社会保险费的记录；

（二）用人单位向劳动者发放的“工作证”、“服务证”等能够证明身份的证件；

（三）劳动者填写的用人单位招工招聘“登记表”、“报名表”等招用记录；

（四）考勤记录；

（五）其他劳动者的证言等。

其中，（一）、（三）、（四）项的有关凭证由用人单位负举证责任。

三、用人单位招用劳动者符合第一条规定的情形的，用人单位应当与劳动者补签劳动合同，劳动合同期限由双方协商确定。协商不一致的，任何一方均可提出终止劳动关系，但对符合签订无固定期限劳动合同条件的劳动者，如果劳动者提出订立无固定期限劳动合同，用人单位应当订立。

用人单位提出终止劳动关系的，应当按照劳动者在本单位工作年限每满一年支付一个月工资的经济补偿金。

四、建筑施工、矿山企业等用人单位将工程（业务）或经营权发包给不具备用工主体资格的组织或自然人，对该组织或自然人招用的劳动者，由具备用工主体资格的发包方承担用工主体责任。

五、劳动者与用人单位就是否存在劳动关系引发争议的，可以向有管辖权的劳动争议仲裁委员会申请仲裁。

劳动和社会保障部

二〇〇五年五月二十五日

《中华人民共和国劳动合同法》

第九十三条 对不具备合法经营资格的用人单位的违法犯罪行为，依法追究法律责任；劳动者已经付出劳动的，该单位或者其出资人应当依照本法有关规定向劳动者支付劳动报酬、经济补偿、赔偿金；给劳动者造成损害的，应当承担赔偿责任。

《中华人民共和国劳动合同法实施条例》

第四条 劳动合同法规定的用人单位设立的分支机构，依法取得营业执照或者登记证书的，可以作为用人单位与劳动者订立劳动合同；未依法取得营业执照或者登记证书的，受用人单位委托可以与劳动者订立劳动合同。

4.2 劳动合同是劳资双方的保护伞，必须及时签订

【典型问题】

未签订书面劳动合同支付双倍差额工资是指除了每月已经支付的工资外，再支付二倍工资吗？

签订书面劳动合同的时间点有限制吗？

用人单位在员工离职时补签了劳动合同，还需支付二倍工资吗？

用人单位再行支付二倍工资差额的“工资”如何界定？

只要未签订劳动合同，员工就可以要求二倍工资差额吗？

用人单位的人力资源主管未签订劳动合同的，可以要求二倍工资差额吗？

【经典案例】 离职时补签劳动合同，单位能否免除二倍工资差额支付义务？

吴某入职到某科技公司工作，因其未提交原单位的离职证明，科技公司

为规避风险，一直未与其签订书面劳动合同。1 年后，吴某离职，科技公司要求其必须补签书面劳动合同，否则将不予办理离职手续，吴某补签了劳动合同，但是吴某的落款时间为办理离职手续当日，双方办理了离职手续，劳动关系于当日解除。很快，科技公司收到了传票，吴某诉至劳动争议仲裁委员会，要求科技公司支付其未签订劳动合同的二倍工资差额。

【审理结果】

审理机关经审理发现，吴某在职期间，双方并未订立劳动合同，虽然离职当日补签了劳动合同，但是不能就此认定吴某放弃了获得二倍工资差额的权利，因此不能免除科技公司支付二倍工资差额的义务。

【案例解析】

本案的焦点在于，补签的劳动合同能否免除用人单位支付二倍工资差额的义务？从本案中可以看出，答案是否定的，只要劳动者入职后，在岗超过一个月后用人单位未与其签订书面劳动合同就需要支付其二倍工资差额，所以在实务中，用人单位事后补签劳动合同的方法并不能免除二倍工资支付义务。

【律师手把手】

根据《劳动合同法》的相关规定，用人单位自用工之日起超过 1 个月不满 1 年未与劳动者订立书面劳动合同的，应当向劳动者每月支付二倍的工资；用人单位违反规定不与劳动者订立无固定期限劳动合同的，应当自订立无固定期限劳动合同之日起向劳动者每月支付二倍的工资，因此在两种情况下需要支付二倍工资：一种是超过 1 个月不满 1 年未签订劳动合同；另一种是应签订之日未签订无固定期限劳动合同。

针对未签订劳动合同二倍工资差额问题梳理如下：

1. 二倍工资差额的仲裁追索时效为 1 年，自劳动者知道或者应当知道权利受到侵害之日起计算；

2. 用人单位自用工之日起超过 1 个月不满 1 年未与劳动者订立书面劳动合同的，应当向劳动者每月支付二倍工资差额，并及时补签书面劳动合同，最长支持不超过 12 个月的二倍工资差额；

3. 用人单位自用工之日起满 1 年未与劳动者订立书面劳动合同的，应当向劳动者每月支付二倍工资差额，并视为双方已订立无固定期限劳动合同，并应及时补签书面劳动合同，劳动者要求用人单位支付用工之日满 1 年后的二倍工资的，不予支持；

4. 劳动合同约定期限届满未终止，且自期限届满之日起未与劳动者续签书面劳动合同的，应当向劳动者每月支付二倍工资差额，并及时补签书面劳动合同（依据北京市的相关规定，劳动合同中明确约定“劳动合同到期顺延”的，可以依照原劳动合同期限到期后，再行签订，劳动者主张此期间内二倍工资差额的，不予支持）；

5. 用人单位违反规定不与劳动者订立无固定期限劳动合同的，应当自订立无固定期限劳动合同之日起向劳动者每月支付二倍的工资，同时需要补签书面劳动合同，除非用人单位有证据证明是劳动者主张签订固定期限劳动合同的，可以免除二倍工资差额支付责任；

6. 关于二倍工资差额的计算基数问题，法律实务中存在两种不同理解，一种观点认为，双倍工资的基数，支付期间的应发的所有劳动报酬均属于劳动者的工资收入，不做任何排除。另外一种观点认为，双倍工资基数以劳动者正常出勤的工资为准，不应包括加班工资、提成工资等，审理机关一般在用人单位有证据证明员工实际收入构成的情况下，剔除加班工资以及提成工资，后一种观点为主流观点；

7. 关于“倒签”劳动合同是否有效的问题，在员工入职几个月后补签劳动合同，那么用人单位就需承担自劳动合同签订之日起向前追溯至员工入职满 1 个月之日的二倍工资差额，除非用人单位能够证明在员工入职后满 1 个月内已经向员工发放了劳动合同，要求员工签订，是员工自身原因导致劳动合同签订期限迟延，可以免除二倍工资差额支付风险，如发放劳动合同的签领单或者让员工将劳动合同签订期限提前至员工入职未满 1 个月之内；

8. 关于高级管理人员或者人事行政管理人员未签订劳动合同的二倍工资差额问题，未签订书面劳动合同的，用人单位仍需支付二倍工资差额，除非用人单位有证据证明，该员工的岗位职责中有代理用人单位与员工签订劳动合同的工作职责，如岗位说明书或者其他员工的劳动合同，用人单位代理人处有该管理人的亲笔签名等。

【法条链接】

《中华人民共和国劳动合同法》

第十四条　无固定期限劳动合同，是指用人单位与劳动者约定无确定终止时间的劳动合同。

用人单位与劳动者协商一致，可以订立无固定期限劳动合同。有下列情形之一，劳动者提出或者同意续订、订立劳动合同的，除劳动者提出订立固定期限劳动合同外，应当订立无固定期限劳动合同：

（一）劳动者在该用人单位连续工作满十年的；

（二）用人单位初次实行劳动合同制度或者国有企业改制重新订立劳动合同时，劳动者在该用人单位连续工作满十年且距法定退休年龄不足十年的；

（三）连续订立二次固定期限劳动合同，且劳动者没有本法第三十九条和第四十条第一项、第二项规定的情形，续订劳动合同的。

用人单位自用工之日起满一年不与劳动者订立书面劳动合同的，视为用人单位与劳动者已订立无固定期限劳动合同。

第八十二条　用人单位自用工之日起超过一个月不满一年未与劳动者订立书面劳动合同的，应当向劳动者每月支付二倍的工资。

用人单位违反本法规定不与劳动者订立无固定期限劳动合同的，自应当订立无固定期限劳动合同之日起向劳动者每月支付二倍的工资。

《中华人民共和国劳动争议调解仲裁法》

第二十七条　劳动争议申请仲裁的时效期间为一年。仲裁时效期间从当事人知道或者应当知道其权利被侵害之日起计算。

前款规定的仲裁时效，因当事人一方向对方当事人主张权利，或者向有关部门请求权利救济，或者对方当事人同意履行义务而中断。从中断时起，仲裁时效期间重新计算。

因不可抗力或者有其他正当理由，当事人不能在本条第一款规定的仲裁时效期间申请仲裁的，仲裁时效中止。从中止时效的原因消除之日起，仲裁时效期间继续计算。

劳动关系存续期间因拖欠劳动报酬发生争议的，劳动者申请仲裁不受本条第一款规定的仲裁时效期间的限制；但是，劳动关系终止的，应当自劳动关系终止之日起一年内提出。

《北京市劳动合同规定》

第五十一条 用人单位违反本规定第八条规定，未与劳动者订立劳动合同的，由劳动和社会保障行政部门责令限期改正，逾期不改的，按照未签订劳动合同的人数，对用人单位处以每人500元罚款。

《北京市高级人民法院、北京市劳动争议仲裁委员会关于劳动争议案件法律适用问题研讨会会议纪要（二）》

27. 劳动合同期满后未订立劳动合同，劳动者仍在原用人单位继续工作，如何处理？

劳动合同期满后未订立劳动合同，劳动者仍在原用人单位继续工作，应适用《劳动合同法》第十条、第十四条第三款、第八十二条，《中华人民共和国劳动合同法实施条例》第六条、第七条的规定进行处理。在此情况下，因为用人单位对原劳动合同期满和继续用工的法律后果均有预期，因此不需要再给予一个月的宽限期，原劳动合同期满次日，即是用人单位应当订立劳动合同之日和承担未订立劳动合同的法律后果之日。

28.《劳动合同法》第八十二条“二倍工资”的认定与起止时间、计算方法？

（1）依据《劳动合同法》第十条、第八十二条第一款规定，用人单位自用工之日起超过一个月不满一年未与劳动者订立书面劳动合同的，自用工之日满一个月的次日起开始计算二倍工资，截止点为双方订立书面劳动合同的前一日，最长不超过十一个月。

（2）用人单位因违反《劳动合同法》第十四条第三款规定，自用工之日满一年不与劳动者订立书面劳动合同，视为用人单位与劳动者已订立无固定期限劳动合同的情况下，劳动者可以向仲裁委、法院主张确认其与用人单位之间属于无固定期限劳动合同关系。在此情况下，劳动者同时主张用人单位支付用工之日满一年后的二倍工资的不予支持。

（3）如果劳动合同期满后，劳动者仍在用人单位工作，用人单位未与劳动者订立书面劳动合同的，计算二倍工资的起算点为自劳动合同期满的次日，截止点为双方补订书面劳动合同的前一日，最长不超过十二个月。

（4）用人单位违反《劳动合同法》第十四条第二款、第八十二条第二款规定，不与劳动者订立无固定期劳动合同的，二倍工资自应订立无固定期限劳动合同之日起算，截止点为双方实际订立无固定期限劳动合同的前一日。

（5）二倍工资中属于劳动者正常工作时间劳动报酬的部分，适用《调解仲裁法》第二十七条第四款的规定；增加一倍的工资属于惩罚性赔偿的部分，不属于劳动报酬，适用《调解仲裁法》第二十七条第一款的规定，即一年的仲裁时效。

二倍工资适用时效的计算方法为：在劳动者主张二倍工资时，因未签劳动合同行为处于持续状态，故时效可从其主张权利之日起向前计算一年，据此实际给付的二倍工资不超过十二个月，二倍工资按未订立劳动合同所对应时间用人单位应当正常支付的工资为标准计算。

29. 用人单位与劳动者补签劳动合同，劳动者主张未订立劳动合同二倍工资可否支持？

用人单位与劳动者建立劳动关系后，未依法自用工之日一个月内订立书面劳动合同，在劳动关系存续一定时间后，用人单位与劳动者在签订劳动合同时将日期补签到实际用工之日，视为用人单位与劳动者达成合意，劳动者主张二倍工资可不予支持，但劳动者有证据证明补签劳动合同并非其真实意思表示的除外。

用人单位与劳动者虽然补签劳动合同，但未补签到实际用工之日的，对实际用工之日与补签之日间相差的时间，依法扣除一个月订立书面劳动合同的宽限期，劳动者主张未订立劳动合同二倍工资的可以支持。

30. 存在劳动者患病或者非因工负伤在规定的医疗期内，女职工在孕期、产期、哺乳期期间等《劳动合同法》第四十二条规定的情形，劳动合同期满时，用人单位未与劳动者续订劳动合同，是否认定为未订立劳动合同而支付二倍工资？

劳动合同期满，有《劳动合同法》第四十二条规定的情形的，劳动合同应当续延至相应的情形消失时终止，故在续延期间用人单位与劳动者无须订立书面劳动合同，故不应支付二倍工资。

31. 用人单位法定代表人、高管人员、人事管理部门负责人或主管人员未与用人单位订立书面劳动合同并依据《劳动合同法》第八十二条规定向用人单位主张二倍工资的，应否支持？

用人单位法定代表人依据《劳动合同法》第八十二条规定向用人单位主张二倍工资的，一般不予支持。

用人单位高管人员依据《劳动合同法》第八十二条规定向用人单位主张二倍工资的，可予支持，但用人单位能够证明该高管人员职责范围包括管理订立劳动合同内容的除外。对有证据证明高管人员向用人单位提出签订劳动合同而被拒绝的，仍可支持高管人员的二倍工资请求。

用人单位的人事管理部门负责人或主管人员依据《劳动合同法》第八十二条规定向用人单位主张二倍工资的，如用人单位能够证明订立劳动合同属于该人事管理部门负责人的工作职责，可不予支持。有证据证明人事管理部门负责人或主管人员向用人单位提出签订劳动合同，而用人单位予以拒绝的除外。

32. 用人单位与劳动者约定劳动合同到期续延，在劳动合同到期后劳动者继续工作，并主张未签订劳动合同的二倍工资是否支持？

因用人单位与劳动者在劳动合同中已经约定劳动合同到期续延，但未约定续延期限，在劳动合同到期后，劳动者仍继续工作，双方均未提出解除或终止劳动合同时，属于双方意思表示一致续延劳动合同，可视为双方订立一份与原劳动合同内容和期限相同的合同，故劳动者主张未签订劳动合同的二倍工资不应支持。

33. 用人单位与劳动者约定劳动合同到期续延，此后劳动者以连续订立两次固定期限劳动合同为由，提出或者同意续订、订立无固定期限劳动合同，如何处理？

用人单位与劳动者约定劳动合同到期续延，且实际续延劳动合同的，合同约定了续延期限的，续延期限届满时，劳动者以连续订立两次固定期限劳动合同为由，提出或者同意续订、订立无固定期限劳动合同，用人单位应当与劳动者订立无固定期限劳动合同。用人单位不与劳动者订立无固定期限劳动合同的，可以依劳动者的主张确认存在无固定期限劳动合同关系。

《上海市劳动合同条例》

第五十六条　用人单位未按照本条例规定与劳动者订立书面劳动合同的，由劳动保障行政部门责令限期改正，并可以按每人五百至一千元处以罚款。

4.3　劳动合同条款设计以规避风险为第一要务

【典型问题】

劳动合同的条款包含哪些内容？

劳动合同的内容涉及违法内容，但是劳动者签字认可，有效吗？

劳动合同内容可以与公司规章制度相抵触吗？以哪个为准？

用人单位与劳动者出示的劳动合同存在差异，以谁提交的劳动合同为准？

【经典案例】单位与员工提交了两份不同的劳动合同，单位能否胜诉？

郑小姐入职某集团公司工作，任职行政人事总监，双方约定的月工资为 14000 元 / 月，试用期为 6 个月，试用期工资为 11200 元 / 月，双方签订了书面的劳动合同，但劳动合同中关于薪酬一栏为空白，由公司财务统一填写。郑小姐转正后不到 1 个月，集团公司就收到了一封快递书，内容是一份解除劳动合同通知书，显示因为该集团公司拖欠工资，郑小姐因此解除与该集团公司的劳动关系。郑小姐诉至当地劳动争议仲裁机构，要求该集团公司补发拖欠的工资，并因此要求支付解除劳动关系的经济补偿金。

【审理结果】

庭审中郑小姐提交了一份劳动合同，劳动合同的薪酬一栏，手填 20000 元 / 月，试用期 16000 元 / 月；集团公司提交了一份劳动合同，劳动合同的薪酬一栏是空白的，郑小姐称工资数额是自己填写的，但是公司的那一份，公司不让填，所以是空白的，公司辩称，劳动合同两份都是空白的，应该以工资单发放的金额为准，随后提交了给郑小姐发送的工资单邮件，上面明确写明试用期月工资为 11200 元，郑小姐认可收到了工资单，但不认可工资单显示的是其全额工资。审理机关经审理认为，依据法律的规定，劳动者的月工资数额由用人单位负举证责任，因为集团公司未能举证与郑小姐约定的工资数额，因此承担败诉后果：补齐工资并支付解除劳动关系的经济补偿金。

【案例解析】

从本案例来看，集团公司非常委屈，明明约定了工资数额，只是在劳动合同中没有填写，还有工资单证明工资收入，都不能胜诉，其实则不然，集团公司犯了致命错误：劳动合同有空白项、工资单没有员工签字确认。因此，用人单位管理者在工作中一定要事无巨细，妥善处理，否则失之毫厘，谬以千里。

【律师手把手】

劳动合同的必备条款在法律中已经明确规定，这也是判断是否是一份劳动合同的最关键因素。比如，劳动合同期限、工作内容和工作地点、工作时间和休息休假、劳动报酬、社会保险等是必备条款，不能省略。

在 HR 管理中，经常遇到如下问题，笔者在这里释明一下：

1. 劳动合同的内容涉及违法内容，如约定用人单位无须或者依照最低基数为劳动者缴纳社会保险，女员工在就职期间不得怀孕生子，用人单位的薪酬中已经包含加班费，劳动者加班无须另行支付等条款，但是劳动者签字认可有效吗？答案是否定的，这些条款因侵犯劳动者权利或者违反法律的禁止性规定而无效，无论合同双方当事人是否同意或者认可。

2. 劳动合同内容与公司的规章制度或者员工手册的内容需保持一致，或者在其他文件中标明，与劳动合同内容或者规章制度内容有差异的，以某一文件为准，免得因为文件内容冲突，增加用人单位的用工风险。

除此之外，在劳动合同的条款中可以考虑如下附加条款，为日后的员工管理提供便利：

1. 试用期员工不符合录用条件的情形。

2. 员工严重违反规章制度的情形，可以写明严重违反公司规章制度的行为或者公示规章制度的某一条款，可以此为由予以解聘，无须另行提供规章制度内容及公示文件，就可以在劳动争议中占据主动。

3. 劳动合同附件公示还可作为规章制度公示的一种途径。

4.《劳动合同》范本

劳动合同

公司注册地址：________________________________

乙方：________ 国籍：________ 性别：________ 文化程度：________

居民身份证号码：________________________________

其他有效身份证件名称：________ 证件号码：________________

出生日期：________ 年____ 月____ 日

户口所在地：________________________ 邮政编码：________

经常居住地（可经中国邮政特快专递送达）：________________

邮政编码：____________

户籍类型：(　　) 非农业 (　　) 农业

根据《中华人民共和国劳动法》《中华人民共和国劳动合同法》和国家的有关规定，甲乙双方为建立劳动关系，明确权利义务，在平等自愿、协商一致的基础上签订本劳动合同（以下简称本合同），以资共同遵守。

乙方在签订本劳动合同时，已经仔细阅读、充分理解与知悉本合同及甲方的各项规章制度（包括员工手册）并同意受其约束。

一、劳动合同期限及试用期

本合同期限类型为____期限合同。

本合同期限为____个月，自________年____月____日至________年____月____日止。其中，试用期____个月，自________年____月____日至________年____月____日止，试用期间如发生事假、病假等，按实际发生天数相应顺延，乙方拒绝签订试用期顺延通知书的，视为拒绝签订公司文件，表明乙方不符合录用条件。

在试用期内，乙方被证明不符合录用条件的，甲方可立即解除本合同，并不支付乙方经济补偿金。乙方在试用期内出现下列情形之一的，即视为不符合录用条件：

1. 乙方违反诚实守信原则，未能通过甲方进行的背景调查或乙方对本人履历及与工作相关的信息存在欺瞒行为，包括但不限于身份证明、教育背景、身体状况、工作经历、联系方式、离职证明、婚育状况、户口信息、与其他用人单位竞业限制约定等；

2. 乙方的信息材料与文件不完备给甲方的录用办理带来影响的（如未在指定时间内提交甲方需要的必备资料等）；

3. 乙方被证明不符合录用条件的；

4. 乙方被证明不能胜任工作的，经过培训或者调整工作岗位，仍不能胜任工作的；

5. 乙方违反甲方规章制度及管理办法的；

6. 乙方因患病或者非因工负伤，在规定的医疗期满后不能从事原工作，也不能从事由甲方另行安排的工作的；

7. 被追究刑事责任的，包括但不限于受到行政处罚、行政处分。

二、工作内容及其职责、工作地点

乙方在本合同有效期限内的工作内容详见《岗位说明书》。乙方应按照甲方安排的工作内容及要求履行工作义务，按时完成规定的工作数量，达到《岗位说明书》以及公司规定的工作要求。

乙方的工作地点为____________，乙方同意以上工作地点为可调整地点，乙方同意甲方因业务发展需要而进行同一城市内工作地点的变更，经双方协商可以进行跨区域工作地点的变更。双方就工作地点变更未达成一致的，甲方有权以客观情况发生重大变化为由，解除劳动关系。

三、工作时间、劳动保护和劳动条件

甲方实行国家规定的工作时间制度。

乙方享有国家规定的法定节假日和休息日，并享有年休假、婚假、丧假、产假等法定假期，假期申请流程及休假期间的各项待遇根据甲方的有关规定执行。

甲方应为乙方提供符合国家规定的劳动安全卫生条件和必要的劳动保护

用品。

四、劳动报酬

1. 甲方按照双方约定的标准工资向乙方支付劳动报酬，其中税前月基本工资____元（大写：____元），如有其他工资构成的员工，其工资构成详见其他附件之相关约定。

2. 试用期内按不低于甲乙双方约定标准工资的 80% 支付。

3. 甲方支付给乙方的工资中已包含按国家和工作地当地政府有关规定企业应向员工发放的各项补贴和津贴。

4. 甲方按月支付乙方工资，工资的核算周期为自然月。发薪日不晚于次月 15 日，甲方支付乙方的工资，应不违反国家有关最低工资的规定。

5. 甲方根据国家和所在地政府的相关规定，从乙方工资中代扣代缴个人所得税、住房公积金以及其他应由乙方承担的各项社会保险。

6. 乙方病假、事假以及其他假期期间的工资按国家及甲方的规章制度执行。

有以下情形之一出现时，乙方同意甲方可以对其工资进行调整：

____

7. 甲方可以在不降低乙方收入的情况下对整体薪资结构进行调整：

（1）乙方的工作岗位或职责范围发生变动的；

（2）乙方不胜任工作或者未完成合理工作任务的；

（3）乙方违反劳动纪律或因乙方原因给甲方造成经济损失的；

（4）当甲方发生经营困难时，在不解除劳动合同的情况下，甲乙双方可以协商新的工资标准，国家或者本市另有规定的，从其规定；

（5）按照甲方或国家的相关规定，应调整乙方工资的其他情形出现。

8. 乙方承诺不得向其直接上级领导和公司薪酬福利相关负责人以外的人员泄露乙方的劳动报酬的相关内容，否则按严重违反甲方规章制度行为处理。

五、社会保险和福利

甲方将按照国家和所在地政府规定的标准为乙方缴纳社会保险。

乙方其他保险福利待遇，按国家和当地有关规定执行。

六、劳动纪律

1. 乙方在合同期内，不得同任何第三方建立任何形式的劳动或劳务关系。

2. 乙方应遵守和服从其上级主管领导和工作指示，遵守职业道德。积极参加甲方组织的培训，提高职业素养和职业技能。

3. 乙方应遵守甲方制定的各项规章制度，包括但不限于公司各项工作规则、工作流程要求和员工手册。

4. 乙方在职期间应按公司规章制度及管理办法的要求，参加指定的岗位培训，如经甲方要求仍拒绝参加培训的，属于严重违反公司规章制度的行为。

七、保密义务与培训

1. 在甲方任职期间，乙方除遵守本条规定外，必须同时遵守与甲方签订的《保密协议》以及其他附件的规定。乙方必须遵守甲方制定的有关保密方面的规章、制度，履行与其工作岗位相应的保密职责。

2. 乙方的工作岗位涉及甲方商业秘密或对甲方的经营产生重大影响的，甲方有权单方在解除或终止合同前 6 个月内，调整乙方工作岗位，变更劳动合同中相关内容。

3. 甲方为乙方提供专项培训费用的，双方应签订《培训协议》。解除劳动合同时，协议约定的乙方服务期限未满的，乙方应按《培训协议》的约定向甲方支付违约金。

4.《培训协议》约定的乙方服务期限长于本合同期限的，本合同期限将变更至约定的服务期满。

八、劳动合同的变更、解除、终止、续订

1. 订立本合同所依据的客观情况发生重大变化，致使本合同无法履行的，经双方协商同意，可以变更本合同相关内容。

2. 经甲乙双方协商一致，本合同可以解除。

3. 乙方有下列行为之一的，属于严重违反甲方规章制度的行为，甲方有权以此为由解除本合同，并不支付乙方经济补偿：

（1）在试用期间被证明不符合录用条件的；

（2）严重违反甲方的规章制度的；

（3）严重失职，营私舞弊，给甲方造成重大损害的；

（4）乙方同时与其他用人单位建立劳动关系的；

（5）乙方在录用时有欺骗甲方的行为，致使甲方在违背真实意愿的情况下与之签订劳动合同的，如隐瞒病史、提供虚假的证件、学历学位、职业技能证明和工作经历的；

（6）乙方在工作期间隐瞒工作失误或事件，或者有其他行为给公司造成影响的；

（7）在工作中提供虚假资料或者不实报告的；

（8）公司员工手册或者国家法律规定的其他情形。

4. 乙方有甲方《员工手册》相关规定情形之一或者有以下情况发生的，甲方可以提前30日以书面形式通知乙方本人或者额外支付乙方1个月工资后，可以单方解除本合同，按照相关法律规定或者《员工手册》规定，支付经济补偿金。

（1）劳动者患病或者非因工负伤，在规定的医疗期满后不能从事原工作，也不能从事由用人单位另行安排的工作的；

（2）劳动者不能胜任工作，经过培训或者调整工作岗位，仍不能胜任工作的；

（3）劳动合同订立时所依据的客观情况发生重大变化，致使劳动合同无法履行，经用人单位与劳动者协商，未能就变更劳动合同内容达成协议的。

本合同期满前1个月，甲乙双方应对是否终止或续订劳动合同达成书面意向，并及时办理有关手续。

5. 本合同到期，甲乙双方均未提出解除或终止劳动合同，乙方仍继续在甲方工作，属于双方意思表示一致续延本劳动合同，视为双方的劳动合同到期续延，双方的权利义务依照原劳动合同履行。

6. 在试用期内，乙方须提前3日向甲方书面提出离职申请。乙方提出解除劳动合同时，应提前30日向甲方提交书面申请，若乙方未提前30日通知甲方擅自离职给甲方造成损失的，应当赔偿相应的损失（损失计算方法包括但不限于重新聘用该岗位员工所发生的费用，因该员工离职造成客户流失或客户投诉所发生的费用，以及甲方为主张该权利所花费的律师费、差旅费、诉讼费等费用）。

7. 有下列情形之一的，劳动合同终止：

（1）劳动合同期限届满的；

（2）乙方开始依法享受基本养老保险待遇的；

（3）乙方死亡，或者被人民法院宣告死亡或者宣告失踪的；

（4）甲方被依法宣告破产的；

（5）甲方被吊销营业执照、责令关闭、撤销或者甲方决定提前解散的；

（6）法律、行政法规规定的其他情形。

九、经济补偿和赔偿

1. 甲方违反本合同约定解除劳动合同，给乙方造成直接经济损失的，应承担赔偿责任。

2. 乙方违反本合同约定解除劳动合同或违反本合同约定的保守商业秘密事项，给甲方造成经济损失的，应当赔偿如下损失：

（1）乙方对甲方生产、经营和工作造成的直接经济损失；

（2）甲方为录用乙方直接支付的费用（如猎头服务费用等）。

十、劳动争议处理

因履行本合同发生的劳动争议，甲乙双方可以先行调解。调解不成，当事人一方要求仲裁的，应当自劳动争议发生之日起 1 年内向甲方注册地所属劳动争议仲裁委员会申请仲裁。对仲裁裁决不服的，可以向人民法院提起诉讼。

十一、通知

1. 根据本合同需要一方向另一方发出的全部通知以及双方的文件往来及与本合同有关的通知和要求等，必须以书面形式，可采用中国邮政特快专递、当面签收等方式传递。以上方式无法送达的，方可采取公告送达的方式。

2. 一方变更本合同中的通信地址（经常居住地或公司注册地址），应自变更之日起 3 日内，以书面形式通知对方；否则，对约定的经常居住地地址或公司注册地址的送达仍视为有效送达，送达的时间以中国邮政特快专递交寄邮政部门之日起的第 3 日为准。由未通知方承担由此而引起的相关责任和不利后果。

十二、其他

本合同的附件及补充协议是本合同不可分割的组成部分，与本合同具有同等的法律效力。

本合同经甲、乙双方签字或者盖章后生效，一式两份，双方各执 1 份。

附：本合同附件

（以下为劳动合同正文签章页）

甲方（盖章）：　　　　年　　月　　日

乙方（签字）：　　　　年　　月　　日

【法条链接】

《中华人民共和国劳动合同法》

第十七条　劳动合同应当具备以下条款：

（一）用人单位的名称、住所和法定代表人或者主要负责人；

（二）劳动者的姓名、住址和居民身份证或者其他有效身份证件号码；

（三）劳动合同期限；

（四）工作内容和工作地点；

（五）工作时间和休息休假；

（六）劳动报酬；

（七）社会保险；

（八）劳动保护、劳动条件和职业危害防护；

（九）法律、法规规定应当纳入劳动合同的其他事项。

劳动合同除前款规定的必备条款外，用人单位与劳动者可以约定试用期、培训、保守秘密、补充保险和福利待遇等其他事项。

第十八条　劳动合同对劳动报酬和劳动条件等标准约定不明确，引发争议的，用人单位与劳动者可以重新协商；协商不成的，适用集体合同规定；没有集体合同或者集体合同未规定劳动报酬的，实行同工同酬；没有集体合同或者集体合同未规定劳动条件等标准的，适用国家有关规定。

第四十条　有下列情形之一的，用人单位提前三十日以书面形式通知劳动者本人或者额外支付劳动者一个月工资后，可以解除劳动合同：

……

（二）劳动者不能胜任工作，经过培训或者调整工作岗位，仍不能胜任工作的；

……

4.4 员工拒签书面合同，用人单位果断辞退为上策

【典型问题】

用人单位发放劳动合同后，劳动者拒绝签订如何处理？

员工出具不愿签订劳动合同的证明，单位还需承担责任吗？

入职员工不愿签订劳动合同，能以不符合录用条件为由解除劳动关系吗？

【经典案例】员工拒绝签订劳动合同，单位持有签订通知书能免责吗？

何某入职某公司担任行政经理，公司通知其签订劳动合同，何某以各种理由拖延，拒绝签订劳动合同。且何某在工作中表现不佳，时常拖延完成各项工作任务，入职2个月后，公司领导找到何某沟通，看能否协商一致解除劳动关系，何某要求5个月工资的解除劳动关系的补偿金：4个月的双倍工资差额，1个月的违法解除劳动合同经济赔偿金。公司认为正在与何某协商解除劳动关系，并不存在违法解除的情况，不应支付解除的赔偿金，且公司多次要求与何某签订劳动合同，何某故意拖延，错不在公司，公司无理由支付5个月工资的补偿，双方沟通不欢而散。公司经与律师沟通，最后确认向其发放书面签订劳动合同通知书及劳动合同，通知书中声明：希望何某在接到通知后3日内，签订劳动合同，否则视其为主动提出离职。1个月后，公司收到了当地劳动仲裁委员会的传票，何某在申请书中称他认为公司出具的劳动合同条款不适合，故不签订劳动合同，要求公司支付未签订劳动合同的二倍工资差额及违法解除劳动关系的经济赔偿金。

【审理结果】

审理机关经审理认为，在本案中双方均无过错，公司为维护公司的利益，可以要求员工限期内签订劳动合同，员工也有权对劳动合同条款提出异议，但是员工并未在限期内书面提出异议，公司有权认为员工有拒绝签订合同的

可能。因为双方无再履行劳动合同的可能，因此认定双方协商一致解除劳动关系。至于未签订劳动合同的二倍工资差额，因为公司确实未与何某签订书面的劳动合同，且公司未因此解除与何某的劳动关系，因此应该支付未签订劳动合同的二倍工资差额。

【律师手把手】

诉讼实务中，确实存在劳动者为了能够获得未签劳动合同的二倍工资差额，以种种理由拖延签订劳动合同的情况。用人单位可以这样处理：如果劳动者在入职后拒绝签订劳动合同，且无正当理由的，用人单位应尽量避免招聘该员工；或者用人单位发放劳动合同文本时，要求员工签字认可已收到劳动合同，也可以避免支付双倍工资差额。

如果员工出具声明书，声明因自身原因未签订劳动合同，一旦员工在仲裁庭审中表示出具声明书是用人单位授意的，也不能免除用人单位支付二倍工资差额的义务，签订书面劳动合同是用人单位的法定义务，不以劳动者是否同意为理由而免除。

在员工办理入职手续之后，用人单位应该及时发现问题，及时应对，免得错过处理"问题"员工的最佳时机，如果用人单位能够掌握如下法律规定，就可以有效降低赔付风险：

1. 自用工之日起 1 个月内，用人单位有证据证明劳动者拒绝订立书面劳动合同的，用人单位应当书面通知劳动者解除劳动关系，无须向劳动者支付经济补偿。

2. 自用工之日起超过 1 个月不满 1 年，用人单位有证据证明劳动者拒绝订立书面劳动合同的，用人单位应当书面通知劳动者解除劳动关系，并依照《劳动合同法》第四十七条的规定支付经济补偿。

3. 自用工之日起超过 1 年未签订书面劳动合同的，视为双方已经建立了无固定期限的劳动合同，无论用人单位是否有证据证明因劳动者原因未订立书面劳动合同，用人单位均不得以劳动者不签订劳动合同为由单方解除劳动关系。

【法条链接】

《中华人民共和国劳动合同法》

第七条 用人单位自用工之日起即与劳动者建立劳动关系。用人单位应当建立职工名册备查。

第十条 建立劳动关系，应当订立书面劳动合同。

已建立劳动关系，未同时订立书面劳动合同的，应当自用工之日起一个月内订立书面劳动合同。

用人单位与劳动者在用工前订立劳动合同的，劳动关系自用工之日起建立。

《中华人民共和国劳动合同法实施条例》

第五条 自用工之日起一个月内，经用人单位书面通知后，劳动者不与用人单位订立书面劳动合同的，用人单位应当书面通知劳动者终止劳动关系，无需向劳动者支付经济补偿，但是应当依法向劳动者支付其实际工作时间的劳动报酬。

第六条 用人单位自用工之日起超过一个月不满一年未与劳动者订立书面劳动合同的，应当依照劳动合同法第八十二条的规定向劳动者每月支付两倍的工资，并与劳动者补订书面劳动合同；劳动者不与用人单位订立书面劳动合同的，用人单位应当书面通知劳动者终止劳动关系，并依照劳动合同法第四十七条的规定支付经济补偿。

前款规定的用人单位向劳动者每月支付两倍工资的起算时间为用工之日起满一个月的次日，截止时间为补订书面劳动合同的前一日。

第七条 用人单位自用工之日起满一年未与劳动者订立书面劳动合同的，自用工之日起满一个月的次日至满一年的前一日应当依照劳动合同法第八十二条的规定向劳动者每月支付两倍的工资，并视为自用工之日起满一年的当日已经与劳动者订立无固定期限劳动合同，应当立即与劳动者补订书面劳动合同。

4.5 无固定期限劳动合同单位应依法签订

【典型问题】

无固定期限劳动合同与固定期限劳动合同存在哪些区别？

在何种情况下，用人单位必须与劳动者签订固定期限劳动合同?

劳动者经用人单位指派到新单位工作，重新签订劳动合同的，能够认定为二次订立吗?

【经典案例】用人单位无法解聘已经签订无固定期限合同的员工吗?

吕某入职某电脑公司，签订了为期3年的劳动合同，3年后双方续签了为期5年的劳动合同；5年后，电脑公司通知吕某，劳动合同到期后将终止与吕某的劳动关系。吕某认为双方已经订立了两次劳动合同，电脑公司无权单方终止劳动合同，应签订劳动合同且必须签订无固定期限劳动合同，遂诉至劳动争议仲裁委员会，要求恢复双方的劳动关系，劳动争议仲裁委员会支持了吕某的主张。复职后，吕某认为已签订了无固定期限劳动合同，用人单位无权解除劳动关系，因此出现连续几个月旷工的情况，已经严重违反电脑公司的规章制度，很快，电脑公司以严重违反公司规章制度为由，解除了与吕某的劳动关系，吕某认为电脑公司不能单方解除已经订立无固定期限劳动合同的员工，遂诉至劳动争议仲裁委员会，要求恢复劳动关系。

【审理结果】

审理机关经审理发现，双方确属无固定期限劳动合同，没有劳动合同的终止期限，但是法律法规并没有限制公司以严重违反公司规章制度为由解除劳动关系的权利，因此驳回了吕某的请求。

【案例解析】

本案很典型，涉及两个争议焦点，一是用人单位有无权力终止第二次订立的劳动合同?答案是否定的，在用人单位已经与劳动者签订的第二次劳动合同到期后，用人单位只能签订无固定期限劳动合同，而无法单方终止劳动关系；二是无固定期限的劳动合同，能否因为劳动者严重违纪解除?可以，依据《劳动合同法实施条例》的相关规定，无固定期限劳动合同可以因严重违反公司规章制度而解除。

【律师手把手】

劳动合同分为固定期限劳动合同、无固定期限劳动合同和以完成一定工作任务为期限的三种劳动合同。很多劳动者把无固定期限劳动合同视为“铁饭碗”，而用人单位则将无固定期限劳动合同看成“眼中钉，肉中刺”。其实，无固定期限劳动合同只是无终止期限的劳动合同，具有法律所规定的一切劳动合同的属性。因此，只要不违反《劳动合同法》等有关法律的规定，无固定期限的劳动合同也可以解除。

对于必须签订无固定期限劳动合同的法定情形以及签订无固定期限劳动合同时的注意事项，HR 在实际工作中应该注意：

1. 劳动者在该用人单位连续工作满 10 年的，如果经用人单位指派到新单位工作的，工龄连续计算。

2. 用人单位初次实行劳动合同制度或者国有企业改制重新订立劳动合同时，劳动者在该用人单位连续工作满 10 年且距法定退休年龄不足 10 年的。

3. 自 2008 年 1 月 1 日之后，劳动者与用人单位连续订立两次固定期限劳动合同，且劳动者没有《劳动合同法》第三十九条和第四十条第（一）项、第（二）项规定的情形，续订劳动合同的。

4. 用人单位自用工之日起满 1 年不与劳动者订立书面劳动合同的，视为用人单位与劳动者已订立无固定期限劳动合同。

5. 在符合订立无固定期限劳动合同的条件下，如果劳动者提出要求订立固定期限劳动合同的，一定要要求劳动者提出书面申请，以防劳动者要求用人单位改签无固定期限劳动合同或者支付二倍工资差额。

6. 关于第二次签订固定期限劳动合同到期后，能否终止的问题，司法实践的主流观点认为：用人单位不能再以劳动合同到期为由终止劳动关系，除非劳动者存在《劳动合同法》第三十九条和第四十条第（一）项、第（二）项规定的情形，用人单位在实务中，应该注意收集并保存相关证据。

7. 广东省辖区内的用人单位应注意省内的相关法律法规有不同规定，须经劳动者提出签订无固定期限劳动合同时，用人单位才有义务签订，需要区别对待。

8. 在用人单位连续工作满 10 年的，用人单位应当订立无固定期限劳动合同，强调必须连续工作满 10 年，如果员工工作满 5 年后，去其他单位工作了 2 年，又回到本单位工作满 3 年，不能认定为连续工作满 10 年，用人单位需要保留员工入职、离职的相关证据。

9. 如果劳动者在劳动合同履行期间工作年限满 10 年，应在固定期限劳动合同到期后签订无固定期限劳动合同。

10. “双十”规则，劳动者既要满足在该用人单位连续工作满 10 年的规定，同时还要满足距法定退休年龄不足 10 年的规定，才需签订无固定期限劳动合同。

【法条链接】

《中华人民共和国劳动合同法》

第十四条 无固定期限劳动合同，是指用人单位与劳动者约定无确定终止时间的劳动合同。

用人单位与劳动者协商一致，可以订立无固定期限劳动合同。有下列情形之一，劳动者提出或者同意续订、订立劳动合同的，除劳动者提出订立固定期限劳动合同外，应当订立无固定期限劳动合同：

（一）劳动者在该用人单位连续工作满十年的；

（二）用人单位初次实行劳动合同制度或者国有企业改制重新订立劳动合同时，劳动者在该用人单位连续工作满十年且距法定退休年龄不足十年的；

（三）连续订立二次固定期限劳动合同，且劳动者没有本法第三十九条和第四十条第一项、第二项规定的情形，续订劳动合同的。

用人单位自用工之日起满一年不与劳动者订立书面劳动合同的，视为用人单位与劳动者已订立无固定期限劳动合同。

《中华人民共和国劳动合同法实施条例》

第十九条 有下列情形之一的，依照劳动合同法规定的条件、程序，用人单位可以与劳动者解除固定期限劳动合同、无固定期限劳动合同或者以完成一定工作任务为期限的劳动合同：

（一）用人单位与劳动者协商一致的；

（二）劳动者在试用期间被证明不符合录用条件的；

（三）劳动者严重违反用人单位的规章制度的；

（四）劳动者严重失职，营私舞弊，给用人单位造成重大损害的；

（五）劳动者同时与其他用人单位建立劳动关系，对完成本单位的工作任务造成严重影响，或者经用人单位提出，拒不改正的；

（六）劳动者以欺诈、胁迫的手段或者乘人之危，使用人单位在违背真实意思的情况下订立或者变更劳动合同的；

（七）劳动者被依法追究刑事责任的；

（八）劳动者患病或者非因工负伤，在规定的医疗期满后不能从事原工作，也不能从事由用人单位另行安排的工作的；

（九）劳动者不能胜任工作，经过培训或者调整工作岗位，仍不能胜任工作的；

（十）劳动合同订立时所依据的客观情况发生重大变化，致使劳动合同无法履行，经用人单位与劳动者协商，未能就变更劳动合同内容达成协议的；

（十一）用人单位依照企业破产法规定进行重整的；

（十二）用人单位生产经营发生严重困难的；

（十三）企业转产、重大技术革新或者经营方式调整，经变更劳动合同后，仍需裁减人员的；

（十四）其他因劳动合同订立时所依据的客观经济情况发生重大变化，致使劳动合同无法履行的。

《北京市高级人民法院、北京市劳动争议仲裁委员会关于劳动争议案件法律适用问题研讨会会议纪要（二）》

42. 固定期限劳动合同履行过程中，用人单位与劳动者协商对劳动合同终止时间作出变更，是否认定属于签订了两次劳动合同？

用人单位与劳动者协商一致变更固定期限合同终止时间的，如变更后的终止时间晚于原合同终止时间，使整个合同履行期限增加，视为用人单位与劳动者连续订立两次劳动合同。对初次订立固定期限合同时间变更的，按连续订立两次固定期限劳动合同的相关规定处理，对两次及多次订立固定期限合同时间变更的，按订立无固定期限劳动合同的相关规定处理。如变更后的终止时间比原合同终止时间提前，使整个合同履行期限减少，则仅视为对原合同终止时间的变更。

《广州市劳动争议仲裁委员会、广州市中级人民法院关于劳动争议案件研讨会会议纪要》

15. 连续订立二次固定期限劳动合同，且双方当事人同意续订劳动合同，劳动者提出订立无固定期限劳动合同的，应当订立无固定期限劳动合同。

4.6　竞业限制与保密条款约定明确以防泄密风险

【典型问题】

只要是公司员工都可以签订竞业限制协议吗？

只要签订了竞业限制协议，劳动者离职后就需遵守吗？

主张竞业限制违约金，用人单位应承担何种举证责任？

竞业限制协议中约定竞业限制经济补偿金随工资一并发放，合法吗？

用人单位无须该员工承担竞业限制义务，需要书面通知解除吗？

用人单位无须该员工承担竞业限制义务，何时通知能够避免法律风险？

竞业限制协议与保密协议都签订，两者会有冲突吗？

【经典案例】 未支付竞业限制经济补偿金，单位能否要求员工承担竞业限制义务？

施某在某保险公司任资料员，与该公司签订了 3 年的劳动合同。工作中施某能接触到公司的大客户资料，属于保密信息，故该公司和施某签订了《竞业限制协议》，协议约定公司在设定施某工资时已经充分考虑竞业限制经济补偿金的额度，支付给施某的工资中已包含竞业限制经济补偿金，施某如从该公司离职，2 年内不得到同行业就职。1 年后，施某离开该公司，到一家保险经纪公司工作。

保险公司认为施某到同行业竞争企业工作，违反了《竞业限制协议》。为此，该公司到劳动争议仲裁委员会提起申诉，要求施某支付违约金。

【审理结果】

审理机关经审理发现,《竞业限制协议》中未约定竞业限制补偿金的金额,且施某的工资表不能证明公司已向施某支付了竞业限制经济补偿金。该保险公司也未在施某离职后按月向他支付竞业限制经济补偿金。因此，施某无须承担竞业限制义务，且无须向保险公司支付竞业协议违约金。

【案例解析】

本案的争议焦点在于，保险公司在竞业限制协议中载明的竞业限制经济补偿金已经包含在工资中是否产生法律效力？实务中，这样的约定是无效的，竞业限制补偿金在劳动关系解除之后仍需支付，所以保险公司在本案中败诉。

【经典案例】竞业限制协议可以约束在用人单位就职的任何人吗?

冯某在某广告公司担任日常保洁工作，双方在签订劳动合同时，广告公司的人事专员拿出两份协议，一份是劳动合同，另一份是竞业限制协议，竞业限制协议中约定:“乙方（指劳动者）若合同期限届满后不再续签或离职，乙方自离开甲方公司之日起 2 年内不得从事与甲方经营范围所做项目相关联的相同工作，否则，需要支付广告公司 20 万元作为竞业限制违约金。”人事专员称是例行公事，每个人都需要签，冯某就签订了劳动合同和竞业限制协议。劳动合同到期后，广告公司解除了与冯某的劳动关系，很快，冯某收到了另一家广告公司的 Offer，但是冯某因为竞业限制协议的事情，拒绝了邀请，未再到广告行业的公司去工作。

离职半年后，冯某认为自己履行了竞业限制义务，要求广告公司支付其竞业限制补偿金未果，遂诉至劳动争议仲裁委员会，要求广告公司支付其竞业限制补偿金，并要求解除双方的竞业限制协议。

【审理结果】

审理机关认为双方约定的竞业限制条款不属于法定的竞业限制协议适用的对象，属于无效的协议，冯某无须承担竞业限制义务，广告公司也无义务支付冯某竞业限制补偿金。

案例分析

本案的焦点在于，冯某是否属于竞业限制协议所覆盖的人群，劳动合同法明确规定，竞业限制的人员只限于用人单位的高级管理人员、高级技术人员和其他负有保密义务的人员。虽然用人单位对于其他负有保密义务的人员有解释权，但是本案中的保洁员明显不属于用人单位中负有保密义务的人员，因此双方签订的竞业限制协议无效。

【律师手把手】

竞业限制协议与保密协议都签订，两者会有冲突吗？

《劳动合同法》第二十三条第二款明确规定，“对负有保密义务的劳动者，用人单位可以在劳动合同或者保密协议中与劳动者约定竞业限制条款，并约定在解除或者终止劳动合同后，在竞业限制期限内按月给予劳动者经济补偿。劳动者违反竞业限制约定的，应当按照约定向用人单位支付违约金”。这条法律规定明确了竞业限制协议适用对象是负有保密义务的劳动者，而且竞业限制生效要件是用人单位在竞业限制期限内，必须按月给予劳动者经济补偿，上述条件缺一不可。

明确了竞业限制协议的生效要件，现在就针对用人单位在处理竞业限制纠纷时，发生的一些问题，如竞业限制协议中经济补偿金的数额确定以及支付、竞业限制的法定期限、违反竞业限制行为应承担违约金数额的确定以及竞业限制协议的解除、竞业限制违约金诉讼的举证规则等一一说明。

1. 竞业限制期内的补偿标准、支付时间

我国劳动合同法对补偿金的支付时间作了规定，但对补偿金的数额并没有具体规定，因此可由双方当事人约定，但经济补偿金的约定不得显失公平，否则权利受损方可要求法院依法裁定合同条款无效，在确定补偿金数额时应参照地方政府的法规来确定，因此如果出现有的用人单位在竞业限制中约定竞业限制经济补偿金的数额为 1 元钱的约定，即使劳动者签字确认，也会被认定为无效。

用人单位如果在协议中约定，竞业限制经济补偿金随工资一并发放，也属于无效条款，视为未支付竞业限制补偿金，竞业限制补偿金必须在离职后仍按月支付才能发生法律效力。

2. 竞业限制的期限

自2008年1月1日起，在解除或者终止劳动合同后，劳动者到与本单位生产或者经营同类产品、从事同类业务的有竞争关系的其他用人单位，或者自己开业生产或者经营同类产品、从事同类业务的竞业限制期限，不得超过2年，即使竞业限制协议约定了超过2年的竞业限制期限，也属无效约定。

3. 竞业限制违约金数额

在竞业限制协议中约定的违约金数额明显高于用人单位实际损失的，劳动者可以要求审理机关降低违约金数额，因此约定高额的违约金仅有震慑作用，无法律效力。

但仍然建议用人单位在竞业限制协议中约定金额较高的违约金，这样在庭审中用人单位无须提交证据证明经济损失，会减少用人单位的诉讼义务和诉讼成本。

4. 竞业限制协议的解除

法律规定，用人单位可以随时解除竞业限制协议，但根据新的司法解释，用人单位提出解除的，需要额外支付3个月的补偿金。因此，建议用人单位在解除劳动关系时，针对无须履行竞业限制义务的员工，一并解除竞业限制协议。

依照《最高人民法院关于审理劳动争议案件适用法律若干问题的解释（四）》的规定，如果用人单位满3个月未支付经济补偿金或者经劳动者要求仍未支付的，劳动者可以解除竞业限制协议；但是如果用人单位与劳动者在竞业限制协议中未明确约定经济补偿金的数额与支付形式，则劳动者不能直接要求解除竞业限制协议，只能就具体的补偿数额争议提起诉讼，由审理机关依照法律规定裁定。用人单位一定要将竞业限制的对象与范围限定在必要范围内，一旦某些商业秘密公开，即刻解除相关联的竞业限制协议，免得受其所累，增加不必要的管理成本。

5. 竞业限制协议与保密协议的区分

保密是一种法定义务，不管用人单位与劳动者是否签订保密协议，劳动者均有保守用人单位商业秘密的义务，竞业限制协议是为了履行保密义务而对劳动者就业的一种限制，双方目的相同，但存在一些差异。

（1）保密义务无论用人单位是否支付保密费，劳动者均需履行，而竞业限制义务，如果用人单位未支付竞业限制补偿金，劳动者可不予履行竞业限制义务。

（2）违反了保密义务不仅要承担侵权责任，严重的还会构成侵犯商业秘密的刑事犯罪，竞业限制仅需支付违约金。

（3）保密义务在保密信息未公开前，劳动者均需承担，竞业限制义务的履行期限最长不超过 2 年。

6. 用人单位在竞业限制纠纷中的举证责任

竞业限制诉讼中，用人单位负有很大的举证责任，一是要举证签有竞业限制协议，并按月支付竞业限制经济补偿金，一般提交协议与银行的转账记录即可；二是要证明劳动者存在违约的行为。用人单位在竞业限制协议中约定：劳动者提供其守约的相关证据，如领取失业金的记录、保险停缴记录等，以掌握这些员工的就业情形；三是如果竞业限制协议未约定违约金的，用人单位需要证明自身的损失，如客户损失、营业损失等。

7.《竞业限制协议》范本

竞业限制协议

本竞业限制协议（以下简称本协议）由如下双方于　　年　　月　　日在　　签订。

甲方（以下简称公司）：

乙方（以下简称乙方）：有效身份证件号为：________，目前的经常居住地（可经中国邮政特快专递送达）为：________，在公司工作期间领取工资的银行卡账户为：________。

鉴于：

甲乙双方已经签订了《劳动合同》，建立了合法的劳动关系；

双方通过友好协商，本着共同合作和互惠互利的原则，同意按照下列条款与条件达成本协议如下：

一、定义

1.1 “关联公司”：指任何控制本协议任何一方或被该方控制或与该方共同受其控制的任何公司、合伙企业、合资公司或者任何其他实体。

1.2 “关联人”：父母，配偶，子女，兄弟姐妹，配偶的父母、兄弟姐妹，以及其他血亲、姻亲，或虽无亲属关系但实际受其控制或为其利益服务的个人或实体。

1.3 “实体”：指任何个人、公司、法人企业、非法人企业、合资企业、合伙、独资企业、单位、信托或其他实体或组织，包括但不限于任何政府或非政府机构，或政府或非政府机构的代理人或分支机构和其他法人或非法人团体；实体还包括其法定代表、受让人、后继人或继承人。

二、竞业限制

乙方承诺，除非经甲方事先书面同意，乙方不得直接或间接从事，或通过任何关联人直接或间接从事，或与其他个人或实体合资、合作，或通过任何乙方控制的其他个人或实体，或者通过类似安排，直接或间接从事任何与甲方的利益或业务有冲突或竞争的活动，包括但不限于：

1. 不得出任：

（i）竞争公司（定义见下）的合伙人、雇员、顾问、官员、董事、经理、代理、职员、投资人或其他职位；

（ii）直接或间接拥有、购买、组织或预备筹建任何竞争公司；

（iii）建造、设计、融资、收购、出租、经营、管理、投资任何竞争公司，或为其工作或提供咨询，或以其他方式与其有关联。

竞争公司是指从事与甲方所从事或被合理认为将从事相竞争的业务或相

似的业务的公司、企业或其他实体，或者被合理地认为将从事与上述甲方业务相竞争的业务或相似的业务的公司、企业或其他实体。

2. 不得直接或通过其他实体或个人生产、销售或提供与甲方生产的产品或服务相同、类似或有竞争关系的产品或服务，不得直接或间接从事与甲方所从事业务相同、类似或有竞争关系的任何业务；

3. 不得直接或通过其他实体或个人以任何方式向甲方的任何先前、现有及潜在的客户提供与公司相同或类似的产品或服务；

4. 不得直接或通过其他实体或个人以任何方式要求或诱使甲方的雇员离职；

5. 不得直接或通过其他实体或个人雇用任何甲方的在职雇员，或任何未经正式解聘、离职程序而终止与甲方劳动、聘用或服务关系的甲方前雇员；

6. 不得以攻击甲方的业务能力或其他任何方式损害公司的商业声誉和名誉。

三、竞业限制期限

3.1　本协议在乙方受聘于甲方期间，及从甲方离职之后的 24 个月内有效。

3.2　甲方有权根据第 4.2 条的规定，调整离职后竞业限制期限。

四、补偿金

作为乙方从甲方离职后在本协议规定的期限内不从事与公司相竞争活动的补偿，公司根据本协议约定的金额和方式向乙方支付竞业禁止补偿金（以下简称补偿金）。

4.1　补偿金数额

双方同意补偿金的数额由公司根据相关规定，参照乙方离开企业单位前 1 年的工资收入的三分之一；不满 1 年的按月平均工资推算，确定为其竞业禁止补偿金。

4.2　竞业禁止期限的调整

双方一致同意，甲方可以根据乙方实际离职时的情况，对竞业禁止期限进行调整。

4.3　支付时间

本协议项下的补偿金，由甲方在乙方离职后竞业禁止期限内按月平均支付给乙方，具体支付时间为每月的 30 日以前。

4.4 支付方式

4.4.1 甲方将到期的补偿金付至乙方在公司工作期间领取工资的银行卡账户内。

4.4.2 如因任何原因（包括但不限于储蓄卡被注销、银行系统故障等原因），乙方的前述银行账户未能在前述每月的30日以前收到补偿金，乙方应当立即以书面形式向甲方提供新的银行账户，或者在到期日后的10个工作日内亲自或书面委托授权代表到甲方所在地，领取到期的补偿金。除非在乙方提供新的账号或到甲方所在地领取补偿金时，甲方明确拒绝依照本协议支付补偿金，乙方不得以未收到补偿金而拒绝履行其在本协议项下之义务。

4.4.3 如果乙方在甲方工作期间或离职后违反了本协议的规定，则甲方有权停止向乙方支付尚未支付的离职补偿金，并有权向其追索已经支付的补偿金，并要求其承担违约及赔偿责任。

五、违约责任

5.1 乙方违反本协议的约定从事任何本协议禁止其从事的行为，由此产生的权利和利益归甲方所有，但是，由此产生的任何义务和责任均由乙方承担。乙方并应赔偿因其违反本协议约定而给甲方造成的损失。

5.2 乙方违反本协议的约定从事任何本协议禁止其从事的行为，应当一次性向公司支付违约金，金额相当于员工离开企业单位前1年的工资收入的10倍。

六、法律适用与争议解决

6.1 如因本协议的解释和适用产生纠纷，任何一方均有权向有甲方住所地有管辖权的人民法院提起诉讼。

6.2 双方同意，在争议解决期间继续遵守并履行本协议，但争议涉及的条款除外。

七、其他

7.1 本协议构成各方就本协议内容所达成的全部协议，并取代各方以前与此相关的所有讨论、记录、备忘录、谈判、谅解以及文件和协议。本协议签订前各方签订的有关本协议事项的全部协议、合同以及其他文件自本协议生效之日起自动失效或无效。

7.2　本协议的任何修改须经各方正式授权的代表签订书面协议。

7.3　依据任何有关法律，本协议的一条或多条条款，或所签订的与本协议有关的任何文件无效、非法或无法执行，则本协议其他条款的效力、合法性和可执行性不应受到任何影响或妨碍，并应仍具有完全效力本协议自双方合法授权代表签字盖章之日起生效。本协议一式两份，甲方执一份，乙方执一份，每份具有同等法律效力。

鉴于此，双方已亲自或责成其各自法定代表人或合法授权代表于文首所示日期签订本协议，并愿共同遵守之。

八、《竞业限制协议通知》范本

竞业限制协议通知

____先生 / 女士：

鉴于您与公司已签订竞业限制协议，在您离职之际，就有关竞业限制约束特向您通知如下：

1. 公司□要求 / □不要求您承担竞业限制义务。如承担竞业限制义务，期限为____个月，时间为________年____月____日至________年____月____日；

2. 公司给予您竞业限制补偿金数额为________元 / 月。

签收人（签字）：

年　　月　　日

【法条链接】

《中华人民共和国劳动合同法》

第二十三条　用人单位与劳动者可以在劳动合同中约定保守用人单位的商业秘密和与知识产权相关的保密事项。

对负有保密义务的劳动者，用人单位可以在劳动合同或者保密协议中与劳动者约定竞业限制条款，并约定在解除或者终止劳动合同后，在竞业限制期限内按月给予劳动者经济补偿。劳动者违反竞业限制约定的，应当按照约定向用人单位支付违约金。

第二十四条　竞业限制的人员限于用人单位的高级管理人员、高级技术人员和其他负有保密义务的人员。竞业限制的范围、地域、期限由用人单位与劳动者约定，竞业限制的约定不得违反法律、法规的规定。

在解除或者终止劳动合同后，前款规定的人员到与本单位生产或者经营同类产品、从事同类业务的有竞争关系的其他用人单位，或者自己开业生产或者经营同类产品、从事同类业务的竞业限制期限，不得超过二年。

第二十五条 除本法第二十二条和第二十三条规定的情形外，用人单位不得与劳动者约定由劳动者承担违约金。

《最高人民法院关于审理劳动争议案件适用法律若干问题的解释（四）》

第六条 当事人在劳动合同或者保密协议中约定了竞业限制，但未约定解除或者终止劳动合同后给予劳动者经济补偿，劳动者履行了竞业限制义务，要求用人单位按照劳动者在劳动合同解除或者终止前十二个月平均工资的30%按月支付经济补偿的，人民法院应予支持。

前款规定的月平均工资的30%低于劳动合同履行地最低工资标准的，按照劳动合同履行地最低工资标准支付。

第七条 当事人在劳动合同或者保密协议中约定了竞业限制和经济补偿，当事人解除劳动合同时，除另有约定外，用人单位要求劳动者履行竞业限制义务，或者劳动者履行了竞业限制义务后要求用人单位支付经济补偿的，人民法院应予支持。

第八条 当事人在劳动合同或者保密协议中约定了竞业限制和经济补偿，劳动合同解除或者终止后，因用人单位的原因导致三个月未支付经济补偿，劳动者请求解除竞业限制约定的，人民法院应予支持。

第九条 在竞业限制期限内，用人单位请求解除竞业限制协议时，人民法院应予支持。

在解除竞业限制协议时，劳动者请求用人单位额外支付劳动者三个月的竞业限制经济补偿的，人民法院应予支持。

第十条 劳动者违反竞业限制约定，向用人单位支付违约金后，用人单位要求劳动者按照约定继续履行竞业限制义务的，人民法院应予支持。

《北京市高级人民法院、北京市劳动争议仲裁委员会关于劳动争议案件法律适用问题研讨会会议纪要》

39. 用人单位与劳动者在劳动合同或保密协议中约定了竞业限制条款，但未就补偿费的给付或具体给付标准进行约定，不应据此认定竞业限制条款无效，双方可以通过协商予以补救，经协商不能达成一致的，可按照双方劳动关系终止前最后一个年度劳动者工资的20%-60%支付补偿费。用人单位明确表示不支付补偿费的，竞业限制条款对劳动者不具有约束力。

劳动者与用人单位未约定竞业限制期限的，应由双方协商确定，经协商不能达成一致的，限制期最长不得超过两年。

《上海高级人民法院关于适用〈劳动合同法〉若干问题的意见》

第十三条　当事人对竞业限制条款约定不清的处理

劳动合同当事人仅约定劳动者应当履行竞业限制义务，但未约定是否向劳动者支付补偿金，或者虽约定向劳动者支付补偿金但未明确约定具体支付标准的，基于当事人就竞业限制有一致的意思表示，可以认为竞业限制条款对双方仍有约束力。补偿金数额不明的，双方可以继续就补偿金的标准进行协商；协商不能达成一致的，用人单位应当按照劳动者此前正常工资的20%-50%支付。协商不能达成一致的，限制期最长不得超过两年。

《江苏省劳动合同条例》(2003年通过，已修订)

第十七条　用人单位与负有保守商业秘密义务的劳动者，可以在劳动合同或者保密协议中约定竞业限制条款，并应当同时约定在解除或者终止劳动合同后，给予劳动者经济补偿。其中，年经济补偿额不得低于该劳动者离开用人单位前十二个月从该用人单位获得的报酬总额的三分之一。用人单位未按照约定给予劳动者经济补偿的，约定的竞业限制条款对劳动者不具有约束力。

竞业限制的范围仅限于劳动者在离开用人单位一定期限内，不得自营或者为他人经营与原用人单位有直接竞争的业务。竞业限制的期限由当事人约定，最长不得超过三年。当事人约定竞业限制的，不得再约定第十六条所规定的解除劳动合同的提前通知期。

《浙江省技术秘密保护办法》

第十五条　竞业限制补偿费的标准由权利人与相关人员协商确定。没有确定的，年度补偿费按合同终止前最后一个年度该相关人员从权利人处所获得报酬总额的三分之二计算。

《深圳经济特区企业技术秘密保护条例》

第十七条 竞业限制协议约定补偿费，按年计算不得少于该员工离开企业前最后一个年度从该企业获得的报酬总额的三分之二。

竞业限制协议中没有约定补偿费的，补偿费按照前款规定的最低标准计算。

《珠海市企业技术秘密保护条例》

第二十二条 企业与员工约定竞业限制的，在竞业限制期间应当按照竞业限制协议中的约定向该员工支付补偿费；没有约定的，年补偿费不得低于该员工离职前1年从该企业获得的年报酬总额的二分之一。

《宁波市企业技术秘密保护条例》

第十七条 在竞业限制期间，企业应当按照竞业限制协议中的约定，向被竞业限制人员支付一定的补偿费。年补偿费不得低于该员工离职前一年从该企业获得的年报酬总额的二分之一。

双方也可以根据约定或协商提前终止竞业限制协议。

4.7 用人主体变更员工合同如何处理取决于单位

【典型问题】

用人单位被并购后，工龄是否连续计算？

用人单位如不想接收被并购单位的员工，应如何操作？

用人单位并购后，如欲重新签订劳动合同，应如何操作？

【经典案例】 企业并购后，因个人原因离职的员工工龄还能连续计算吗？

陈某进入某环保公司工作，签订了一份为期5年的劳动合同，3年后该公司被另一家集团公司收购，陈某应集团公司的要求，递交了辞职信，并在环保公司办理了离职手续，离职原因写明因个人原因离职，环保公司随后注销。陈某与集团公司签订了为期2年的劳动合同。第二年，集团公司通知陈某，因集团公司部分业务扩大，要调整他的工作岗位，新岗位的工作与陈某原有工作职责完全不同，陈某不同意，集团公司则通知陈某，劳动关系将解除，同意支付陈某一个月工资作为解除劳动关系的经济补偿金。陈某认为，其是受环保公司指派到集团公司工作的，其工龄应该连续计算，集团公司应支付其4个半月的工资。集团公司不认可陈某的主张，陈某无奈，诉至劳动争议仲裁委员会，要求集团公司支付其 4 个半月的工资作为解除劳动关系的经济补偿金。

【审理结果】

审理机关经审理发现，集团公司将环保公司收购，属于公司之间的合并，虽然集团公司主张陈某属于因个人原因离职，但是陈某与环保公司离职日期与集团公司的入职日期为同一天，可以视为非本人原因从原用人单位被安排到新用人单位工作，工龄应连续计算，且陈某自环保公司离职时没有获得环保公司的经济补偿金，因此，集团公司应该支付其 4 个半月的工资作为解除劳动关系的经济补偿金。

【案例解析】

本案的焦点在于，陈某因个人原因离职能否被认定工龄不连续计算？答案是不能，司法界的主流意见是，因为用人单位被并购，除非在原有用人单位已经领取了解除劳动关系的经济补偿金或者用人单位有证据证明劳动者放弃了解除劳动关系的经济补偿金的，否则工龄一律连续计算。

【律师手把手】

用人单位因改制、资产重组或者合并、分立等原因而导致用工主体发生变化时，安置员工可以从以下途径中择一适用：

1. 新的用工主体不接收原单位员工的，需要与该员工解除劳动关系，并支付其解除劳动关系的经济补偿金。

2. 新的用工主体如需使用新的劳动合同，不太建议重签劳动合同，建议用人单位对劳动合同主体、岗位、薪资或者期限进行变更，且将用人单位增加或者改变的条款添加到劳动合同变更书中即可，这样可以规避二次签订劳动合同到期不能终止的风险。

3. 权利义务全部承继，即完全依照原单位签订的劳动合同履行，如果被并购单位被注销的，不能适用该方式，否则将来没有被并购单位的授权，新的用工主体将会在解除劳动关系方面受到诸多限制。

【法条链接】

《最高人民法院关于审理劳动争议案件适用法律若干问题的解释（四）》

第五条 劳动者非因本人原因从原用人单位被安排到新用人单位工作，原用人单位未支付经济补偿，劳动者依照劳动合同法第三十八条规定与新用人单位解除劳动合同，或者新用人单位向劳动者提出解除、终止劳动合同，在计算支付经济补偿或赔偿金的工作年限时，劳动者请求把在原用人单位的工作年限合并计算为新用人单位工作年限的，人民法院应予支持。

用人单位符合下列情形之一的，应当认定属于"劳动者非因本人原因从原用人单位被安排到新用人单位工作"：

（一）劳动者仍在原工作场所、工作岗位工作，劳动合同主体由原用人单位变更为新用人单位；

（二）用人单位以组织委派或任命形式对劳动者进行工作调动；

（三）因用人单位合并、分立等原因导致劳动者工作调动；

（四）用人单位及其关联企业与劳动者轮流订立劳动合同；

（五）其他合理情形。

4.8 专业培训协议约定合理合法，防核心员工流失

【典型问题】

培训协议签了就有效吗？

培训协议约定高额的违约金，能达到预期的效果吗？

用人单位主张劳动者的违约责任，需要提交哪些证据？

用人单位为劳动者办理户口，因此约定服务期的，能主张违约责任吗？

【经典案例】没有证据证明履行培训义务，巨额的违约金等于零？

褚某到某钢铁厂工作。双方签订了为期 5 年的劳动合同，2 年后某钢铁厂因政府帮扶计划而遇到免费技术交流的机会，鉴于褚某的业务能力较扎实，学历也较高，于是，决定派褚某到宝钢进行技术交流，双方签订了培训服务协议，该协议约定：某钢铁厂派褚某到宝钢进行技术交流，褚某交流期满到岗上班后必须为某钢铁厂服务 5 年；交流费用由某钢铁厂全额出资，交流出资金额包括：差旅费、培训期间的工资、岗位津贴、福利及劳保等；若褚某有服务期内自动离职、申请辞职或终止劳动合同等违约行为，应付给某钢铁厂违约金 10 万元，且不以服务年限增加而递减，即一旦褚某提出离职，就需支付违约金 10 万元。后褚某赴宝钢进行了为期半年的技术交流，交流结束后，返回工厂工作，2 年后，褚某向某钢铁公司书面申请解除劳动合同，某钢铁公司书面回复褚某，同意其解除劳动合同的申请，但要求褚某承担 10 万元违约金及交流的出资额。

【审理结果】

在庭审中，褚某否认到宝钢属于培训，称只是受钢铁厂的指派，到宝钢去工作半年。为此，钢铁厂支付了其工资及差旅费用，因为钢铁厂并未履行培训义务，因此不同意承担违约金及交流费用。审理机关经审理发现，钢铁厂无法提交证据证明其为褚某提供了付费的培训，因此驳回了钢铁厂的主张。

【案例解析】

本案的焦点在于，钢铁厂指派褚某参加技术交流，是否支付了相关的费用，且褚某因此受到了技术培训，因为钢铁厂无法提交证据证明，如付费凭证、转账记录或者培训课程表或者证书，因此承担了败诉风险。实务中，用人单位一定要注意此类证据的收集与保管。

【律师手把手】

培训协议并不是签订即有效，用人单位需要为该培训支付培训费用，且劳动者确实参加了用人单位安排的付费培训，用人单位才能依据此培训协议获得违约金的赔偿。

签有培训协议的劳动者违反服务期约定的，应当按照约定向用人单位支付违约金，但法律明确规定了限制条件，即违约金的数额不得超过用人单位提供的培训费用，如果劳动者已经履行了部分期限的，则用人单位要求劳动者支付的违约金不得超过服务期尚未履行部分的培训费用。该费用有具体计算办法，如果劳动者提前解除劳动合同，对于违约金的计算一般按服务期等分金额，以劳动者已履行的合同期限递减，如约定服务期为 3 年违约金为 6 万元，若劳动者工作 1 年后要求解除合同，则应承担 4 万元的违约金。

另外，还有一个问题需要注意，很多一线城市的公司为员工落户后，签订了服务协议，约定了高额的违约金，但最终无法获得支持，用人单位可以选择签订民事合同，约定一定的服务期，一旦员工违反诚实信用原则，就需要承担相应的违约责任。《专项培训服务协议》可参考下面内容。

专项培训服务协议

甲方：

住所地：

乙方：

身份证号码：

联系电话：

鉴于：

1. 甲方根据企业发展需要，安排乙方参加培训，并承担乙方全额或部分的培训费用；

2. 乙方同意接受培训，并承诺按本协议相关规定履行服务期。

为明确双方的权利义务，根据我国《劳动法》《劳动合同法》等法律法规的规定，甲乙双方经协商，签订本协议，共同信守。

双方陈述与声明：本协议系双方在平等自愿、诚实信用的基础上充分且逐条协商之结果：本协议及其中任何条款，均不存在任何重大误解和显失公平的情形，亦不存在任何一方采取胁迫和欺诈之手段而达成之情形，双方均承诺将全面履行本协议，以资共同信守。

第一条 培训内容、目标、时间与地点

甲方同意乙方自________年____月____日至________年____月____日，共计________年____月____日，参加由________________（培训单位）在________________（地点）举办的________________（培训内容）培训（学习）。培训目标为：________________________。

鉴于培训单位培训形式的不同，乙方将以如下第____种形式参加培训：

□脱产培训，乙方按照甲方的要求接受指定培训单位的培训或者教育，并在培训期内，因培训需要，不能到岗上班；

□定时培训：在一定周期内，按照培训单位的要求到培训单位指定地点参加培训课程，其他时间，仍在甲方单位工作；

□日常培训：一定周期内，在甲方工作的同时，接受培训单位的相关培训，培训与工作同时进行，即在甲方工作是培训单位培训内容的一部分。

第二条 甲方权利及义务

1. 甲方承担乙方因按照甲方要求参加培训所产生的培训费用，包括：______。

2. 甲方按《薪酬管理制度》及薪酬支付办法支付乙方学习培训期间的薪资。

第三条 乙方权利及义务

1. 乙方应在甲方指定或与甲方约定的地点及培训事项就学，据实提交培训签到记录，否则视为旷工。如需要变更培训时间或地点，乙方应事先通知甲方，并得到甲方的书面批准，否则视为旷工。培训结束后，乙方应在合理时间内或应甲方要求返回工作岗位，不得随意在外逗留，否则，由此产生的费用由乙方承担，同时对逾期上班的行为按旷工处理，旷工将按照公司的相关制度扣发工资或者进行其他处罚。

2. 乙方学习期间因个人原因或患有疾病不能继续培训时，应按照甲方《考勤管理制度》办理请假手续，并依有关规定处理。

3. 培训过程中，乙方应遵守培训纪律，否则按照甲方《相关制度》处理。

4. 乙方参加培训，必须完成此次培训的目标。乙方同意如果未按照本协议约定参加培训或参加本次培训但最终未能达到培训目标、未通过培训结果测评或未取得相应的资质证书，甲方有权要求乙方返还培训期间支出的费用

及薪资，并有权在乙方发放的工资中扣除，此种行为不构成拖欠工资。培训期间员工因个人原因而产生的额外费用，由乙方自行支付。乙方的学习时间，计入工作时间之内，工龄累计计算。

5. 乙方在培训结束后，应在培训结束之日（包括但不限于课程结束、考试结束、发放资质证书等）5个工作日内向甲方提交书面的培训报告，及时与其他同事分享培训知识。

6. 乙方同意在培训结束后，将所取得的资质证书交予甲方保管，甲方应尽到妥善保管的义务，并在乙方服务期（本协议第四条之约定）满后归还资质证书。

7. 乙方在培训期间从事与培训无关的任何活动所造成的影响，均与甲方无关，由乙方自行承担责任。

第四条 关于服务期的约定

1. 乙方同意参加甲方指定的培训，并承诺其在甲方的服务期为3年，该服务期自本协议签订之日起计算，包含参加培训的时间段（若乙方最终未能取得相应资质证书的，取消服务期约定）。

2. 如乙方的劳动合同期限于本协议服务期内届满，则甲乙双方应当续签劳动合同直至该服务期满。

3. 如乙方在其承诺的服务期届满前同甲方解除劳动关系，甲方有权依据本协议第五条之约定追究乙方的违约责任。

第五条 违约条款

1. 有以下情形之一的，视为乙方违约，乙方应向甲方支付违约金：

（1）在服务期未届满时，乙方单方解除劳动合同的；

（2）在服务期未届满时，因乙方违反《劳动合同法》《劳动合同》的规定，甲方依法解除劳动合同的；

（3）因乙方严重违反甲方规章制度，甲方依法解除劳动合同的；

（4）因其他正当理由甲方解除劳动关系的；

（5）甲方已经为乙方支付培训费，但乙方未参加培训或未能全程参加培训的，不影响甲方根据本协议之约定要求乙方承担违约责任。

2. 如乙方于服务期不满1年时（不包含1年）发生上述情形，应向甲方交纳公司负担培训费及相关费用的 100% 作为违约金。

3. 如乙方于服务期不满 2 年时（不包含 2 年）发生上述情形，应向甲方交纳公司负担培训费及相关费用的 70% 作为违约金；如乙方于服务期不满 3 年时（不包含 3 年）辞职，应向甲方交纳公司负担培训费及相关费用的 40% 作为违约金。

4. 本条款所示培训费及相关费用包括但不限于由承担本次课程培训的学校收取的学费（以发票金额为准），不包括教材费、考试费、答辩费、差旅费以及由本次培训所产生的其他费用，其他费用由乙方个人承担。

5. 乙方在培训期间从事的与培训无关的任何活动所造成的责任，均与甲方无关，由乙方自行承担相应责任。

第六条　不可抗力

1. 若由于任何不可预见、无法避免、无法克服和超出各方合理控制之外的原因（包括但不限于火灾、战争、暴乱、破坏、政府行为或法律法规变更）造成任何一方未能履行其义务，任何一方均无须对另一方承担本协议项下的责任。

2. 若任何一方由于不可抗力无法履行本协议，该方须及时通知另一方以便减轻另一方可能遭受的损失，并应在合理的时间内提供不可抗力的证明。

3. 若自上述通知之日起，该不可抗力的情形持续或预计持续超过 1 个月，任何一方可通过提前 15 天发出书面通知的方式终止本协议。

第七条　本协议一式三份，甲方执二份，乙方执一份，双方签字盖章后生效。

第八条　本协议作为劳动合同的附件，同劳动合同具有同等的效力，如有争议，双方应充分调解、协商；协商不成的，甲乙双方均有权向当地劳动争议仲裁委员会申请仲裁，对仲裁裁决不服的，可以向甲方所在地有管辖权的人民法院提起诉讼。

（以下无正文，为本协议签字盖章处）

甲方：（盖章）　　　　　　　　　　　　乙方：（签字）

法定 / 授权代表人签名：

联系方式：　　　　　　　　　　　　　　联系方式：

年　　月　　日　　　　　　　　　　　　年　　月　　日

【法条链接】

《劳动部办公厅关于试用期内解除劳动合同处理依据问题的复函》

三、关于解除劳动合同涉及的培训费用问题

用人单位出资（指有支付货币凭证的情况）对职工进行各类技术培训，职工提出与单位解除劳动关系的，如果在试用期内，则用人单位不得要求劳动者支付该项培训费用。如果试用期满，在合同期内，则用人单位可以要求劳动者支付该项培训费用，具体支付方法是：约定服务期的，按服务期等分出资金额，以职工已履行的服务期限递减支付；没约定服务期的，按劳动合同期等分出资金额，以职工已履行的合同期限递减支付；没有约定合同期的，按5年服务期等分出资金额，以职工已履行的服务期限递减支付；双方对递减计算方式已有约定的，从其约定。如果合同期满，职工要求终止合同，则用人单位不得要求劳动者支付该项培训费用。如果是由用人单位出资招用的职工，职工在合同期内（包括试用期）解除与用人单位的劳动合同，则该用人单位可按照《违反〈劳动法〉有关劳动合同规定的赔偿办法》（劳部发［1995］223号）第四条第（一）项规定向职工索赔。

《中华人民共和国劳动合同法》

第二十二条第二款 劳动者违反服务期约定的，应当按照约定向用人单位支付违约金。违约金的数额不得超过用人单位提供的培训费用。用人单位要求劳动者支付的违约金不得超过服务期尚未履行部分所应分摊的培训费用。

《中华人民共和国劳动合同法实施条例》

第十六条 劳动合同法第二十二条第二款规定的培训费用，包括用人单位为了对劳动者进行专业技术培训而支付的有凭证的培训费用、培训期间的差旅费用以及因培训产生的用于该劳动者的其他直接费用。

第5章

试用期管理争议误区及应对策略

- 试用期可以不与劳动者签订劳动合同吗?
- 什么情况下用人单位不得约定试用期?
- 经员工认可，单位可以延长试用期吗?
- 试用期员工解聘劳动争议如何举证?
- 单独签订试用期劳动合同有哪些风险?

经常会有用人单位的管理人员问我，试用期既然是单位与劳动者的双向选择期，为什么法律还要对单位在试用期裁人进行诸多限制？法律这样规定，无非是为了防止用人单位借“试用期”的幌子，多次无限制裁人，尤其是一些劳动密集型、对劳动者技术能力要求较低的行业，以达到平衡劳动者权利的目的。所以，依据劳动合同法的相关规定，对试用期的期限、薪酬水平以及试用期辞退均有限制性规定，用人单位与 HR 从业者需要了解并熟知这些法律规定及适用方法。

5.1 试用期随意约定不可取易致单位担责

【典型问题】

试用期与劳动合同期限有哪些对应关系？

试用期内可以不为员工缴纳社会保险吗？

试用期内可以不与员工签订劳动合同吗？

转正后工资为最低工资，试用期可以低于最低工资吗？

什么情况下，用人单位不得与劳动者约定试用期？

【经典案例】 转正后工资比试用期还低，能要求工资差额吗？

谢某到某信息公司工作，合同期限为 1 年，约定试用期工资 4000 元 / 月，试用期 2 个月，转正签订劳动合同时，单位提出，因为谢某的工作能力有限，而且同岗位员工的工资也没有 5000 元 / 月那么高，因此准备在合同中约定转正后工资为 3800 元 / 月，若谢某同意，就签订合同，若不同意，就视为谢某没有转正，双方的劳动关系即可解除，谢某可以办理离职手续。谢某认为，法律规定试用期工资不得低于转正后工资的 80%，转正后工资应该为 5000 元 / 月，公司降低其工资不符合法律的规定。公司则认为法律并未规定转正后的工资一定要比试用期的工资高，只规定了试用期工资的下限，没有规定转正后工资的下限，因此公司的行为属于合法行为。无奈，谢某以公司违法解聘为由，要求公司支付解除劳动关系的经济补偿金。

【审理结果】

审理机关经审理发现，信息公司在谢某的试用期到期前，与谢某协商，降低工资与解除劳动关系二选其一，实为与谢某协商解除劳动关系的过程，可以视为信息公司要求与谢某协商一致解除劳动关系，并不属于违法辞退，因此，审理机关支持了谢某以半个月工资作为解除劳动关系的经济补偿金的请求。

【案例解析】

本案的焦点在于，转正后的工资能否低于试用期工资？主流观点认为是不可以的，该案例的审理机关也沿袭了此观点，认为信息公司降低谢某工资的行为，属于协商解除劳动关系，显然，审理机关不认可信息公司降低谢某转正后工资的行为。因此，用人单位设定工资时，需要把握相应的原则，转正后工资需高于试用期工资，否则可能增加拖欠工资的风险。

【律师手把手】

关于试用期的各种禁止性规定非常明确，用人单位一定要把握以下关键点：

1. 关于试用期的期限

试用期的长短与劳动合同期限的长短相互关联，一旦用人单位超出法定的试用期限，则将视为试用期已经结束，试用员工转为正式员工，用人单位再以不符合录用条件为由解除劳动关系，将可能支付违法解除劳动关系经济赔偿金。

（1）劳动合同期限不满 3 个月或者劳动合同中约定以完成一定工作任务为期限的，不得约定试用期。

（2）劳动合同期限 3 个月以上不满 1 年的，试用期不得超过 1 个月。

（3）劳动合同期限 1 年以上不满 3 年的，试用期不得超过 2 个月。

（4）3 年以上固定期限劳动合同和无固定期限的劳动合同，试用期不得超过 6 个月。

法律规定上述“不满”“以外”不包括本数，“以上”“以下”包括本数。

2. 试用期的薪酬数额不得低于转正后薪酬数额的 80%，且不得低于当地最低工资标准，否则可能构成拖欠工资，劳动者以此为由解除劳动关系的，用人单位还需支付解除劳动关系的经济补偿金。

3. 试用期约定无须缴纳社会保险的行为也不可取，如果确因某些地区社会保险缴纳增员、减员有时间限制，则用人单位可以在劳动合同中明示，在某一段期限内入职的员工为其缴纳社会保险。

4. 有的用人单位存在认识误区，试用期员工不是正式员工，签订劳动合同就确认了双方的劳动关系，也是错误的，是不是试用期员工与是否签订劳动合同是两码事，一定不要混为一谈，入职后的员工，一定要签订劳动合同，否则要支付未签订劳动合同的二倍工资差额。

【法条链接】

《中华人民共和国劳动合同法》

第十九条 劳动合同期限三个月以上不满一年的，试用期不得超过一个月；劳动合同期限一年以上不满三年的，试用期不得超过二个月；三年以上固定期限和无固定期限的劳动合同，试用期不得超过六个月。

同一用人单位与同一劳动者只能约定一次试用期。

以完成一定工作任务为期限的劳动合同或者劳动合同期限不满三个月的，不得约定试用期。

试用期包含在劳动合同期限内。劳动合同仅约定试用期的，试用期不成立，该期限为劳动合同期限。

第八十三条 用人单位违反本法规定与劳动者约定试用期的，由劳动行政部门责令改正；违法约定的试用期已经履行的，由用人单位以劳动者试用期满月工资为标准，按已经履行的超过法定试用期的期间向劳动者支付赔偿金。

5.2　试用期延长要合法单位切忌随心所欲

【典型问题】

试用期可以延长吗？

延长试用期需要员工确认吗？

什么情况下延长的试用期，员工签字认可仍无效？

【经典案例】试用期员工因病请假多日，单位延长试用期有效吗？

卫某入职某公司任专卖店的店员，双方签订了为期 3 年的劳动合同，在合同中明确约定，卫某的试用期为 3 个月，卫某入职一星期，就因患胃炎请假 1 个月，假期结束到岗 20 日后，卫某又休病假 1 个月，卫某到岗后没几天试用期就面临结束。公司认为，卫某请假时间过长，虽然是病假，但是公司无法对其工作能力与态度进行考核，决定延长卫某的试用期 3 个月，卫某不同意，公司则认为卫某不服从公司的经营安排，以严重违反公司规章制度为由，解除了与卫某的劳动关系。卫某不服，诉至劳动争议仲裁委员会，要求单位支付违法解除劳动关系的经济赔偿金。

【审理结果】

审理机关经审理认为，延长试用期属于对劳动合同的变更，应征得劳动者卫某的同意，但在本案中，公司并未就劳动合同变更事宜取得员工的同意，以此为由解聘卫某是违法行为，理应支付卫某违法解除劳动关系的经济赔偿金。

【律师手把手】

用人单位的误区在于认为试用期可以随意单方延长，只要公司认为试用期员工无法胜任工作，就可以不符合录用条件为由解除劳动关系。实际上，试用期属于劳动合同的主要内容，对劳动合同进行变更有效与否取决于两个因素：一是必须要劳动合同双方达成一致意见，二是内容必须符合法律的规定。因此用人单位不得随意单方延长试用期。

还有一点需要注意，试用期延长不得超过法定试用期的上限且一定要在已约定试用期期限届满前完成延长书面确认，以免视为员工已经转正而不能约定试用期。

【法条链接】

《中华人民共和国劳动合同法》

第二十一条 在试用期中，除劳动者有本法第三十九条和第四十条第一项、第二项规定的情形外，用人单位不得解除劳动合同。用人单位在试用期解除劳动合同的，应当向劳动者说明理由。

5.3 录用条件与考核共同助力试用期解聘

【典型问题】

试用期员工解聘有哪些方式？

试用期解聘劳动争议需如何提交证据？

【经典案例】 试用期员工只能以不符合录用条件为由解聘吗？

蒋某入职某传媒集团任编辑，约定试用期为6个月，在劳动合同中，集团公司公示了规章制度，称月度内连续迟到5次，年度内连续迟到10次，属于严重违反公司规章制度的行为，单位可以严重违纪为由解除劳动关系。蒋某入职后的第二个月，连续迟到了6次，并依照流程在考勤表中标明连续迟到6次且有员工签字确认，后集团公司认为试用期内蒋某严重违纪，不符合录用条件，欲将其辞退，集团公司欲草拟一份辞退通知书，请问如何草拟辞退通知书，才能最大限度地维护集团公司的利益？

【案例解析】

本案中，有两种辞退原因，一种是以严重违纪为由，解除劳动关系；另一种是以不符合录用条件为由，解除劳动关系。选择哪一种更能降低用人单位的败诉风险呢？答案是前者。原因何在？很简单，集团公司已经向员工公示了规章制度，且员工认可了其迟到的行为，公司以此为由辞退更稳妥，如果集团公司的录用条件中明确表明，严重违反公司规章制度就证明不符合录用条件，当然也可以不符合录用条件为由解除劳动关系。

【律师手把手】

试用期员工的解聘原因比正式员工多了一项，就是以不符合录用条件为由，其他与正式员工相同，下面将常用的三种途径作简要说明。

《劳动合同法》明确规定，在试用期被证明不符合录用条件，用人单位可以单方辞退劳动者，且无须支付解除劳动关系的经济补偿金。因此，为避免支付解除劳动关系的经济补偿金，有两种途径，一种是发现试用期员工在工作过程中做出的行为严重违反了用人单位的规章制度；另一种是发现试用期员工不符合录用条件，且均需有书面证据加以佐证，并以此为由解除试用期员工的劳动关系。

还有一种方式，需要提前 30 日通知，并依照员工工作时间的长短支付解除劳动关系的经济补偿金。用人单位可依照考核结果认定试用期的员工经考核不适合工作岗位，再依据《劳动合同法》第四十条的相关规定解除劳动关系即可，准备的证据如绩效考核制度、绩效考核结果通知书等。

【法条链接】

《中华人民共和国劳动合同法》

第三十九条　劳动者有下列情形之一的，用人单位可以解除劳动合同：

（一）在试用期间被证明不符合录用条件的；

（二）严重违反用人单位的规章制度的；

（三）严重失职，营私舞弊，给用人单位造成重大损害的；

（四）劳动者同时与其他用人单位建立劳动关系，对完成本单位的工作任务造成严重影响，或者经用人单位提出，拒不改正的；

（五）因本法第二十六条第一款第一项规定的情形致使劳动合同无效的；

（六）被依法追究刑事责任的。

5.4 单签试用期劳动合同对单位百害无一利

【典型问题】

单独签订试用期劳动合同有哪些风险？

【经典案例】用人单位与劳动者签订的试用期劳动合同，能以劳动者不符合录用条件为由解除吗？

沈某入职某装饰公司任项目经理，装饰公司表示依照制度，首先仅与沈某签订为期 3 个月的试用期劳动合同，如果在试用期后公司认为还需用试用期来考虑是否转正的，公司可以选择解聘或者再行签订 3 个月的试用期劳动合同，沈某同意，当日，双方签订了试用期劳动合同。3 个月后，装饰公司找到沈某，称公司将延长试用期 3 个月，再行与其签订正式劳动合同，沈某同意。在二次约定的试用期内，沈某负责的项目结项后，回款发生问题，公司称沈某在项目中工作不负责任，项目质量存在问题，随即以不符合录用条件为由解除了与沈某的劳动关系。沈某认为，仅凭客户的一面之词，不能说明其工作能力有问题，不同意装饰公司的处理意见，遂将装饰公司诉至劳动争议仲裁委员会，要求支付违法解除劳动合同的经济赔偿金。

【审理结果】

在庭审过程中，双方均未对试用期劳动合同的签订与适用提出异议，但是审理机关认为，依据法律的规定，用人单位与劳动者不能单独签订试用期劳动合同，一旦双方单独签订试用期劳动合同，视为未约定试用期。因此，装饰公司不能以不符合录用条件为由解除与沈某的劳动关系，审理机关遂支持了沈某的请求。

【案例解析】

本案的焦点在于，公司与沈某签订的劳动合同是否有效，因为法律明确规定，仅约定试用期的劳动合同，试用期不成立，视为未约定试用期，因此属于无效合同，公司依据无效合同作出的决定，显然不符合法律规定，需要承担不利后果。

【律师手把手】

用人单位单独签订试用期劳动合同，原本是希望一方面可以约定试用期，另一方面还可以与员工协商签订次数，随时解除劳动关系，以维护用人单位的利益，但法律风险被用人单位忽略：一是双方签订的试用期合同被认定为正式劳动合同，约定的试用期无效，用人单位无法以不符合录用条件为由解聘员工；二是双方在试用期合同履行完毕后，如果用人单位与劳动者另行签订正式合同，视为签订了二次劳动合同，在劳动合同到期后用人单位无法通过劳动合同终止解除与劳动者的劳动关系，只能与员工续签无固定期限劳动合同。风险之大，可想而知，因此用人单位切忌聪明反被聪明误！

【法条链接】

《中华人民共和国劳动合同法》

第十九条 劳动合同期限三个月以上不满一年的，试用期不得超过一个月；劳动合同期限一年以上不满三年的，试用期不得超过二个月；三年以上固定期限和无固定期限的劳动合同，试用期不得超过六个月。

同一用人单位与同一劳动者只能约定一次试用期。

以完成一定工作任务为期限的劳动合同或者劳动合同期限不满三个月的，不得约定试用期。

试用期包含在劳动合同期限内。劳动合同仅约定试用期的，试用期不成立，该期限为劳动合同期限。

5.5 同一单位与员工不得多次约定试用期

【典型问题】

同一单位可以与员工多次约定试用期吗？

同一单位的分支机构可以与员工多次约定试用期吗？

员工在用人单位离职一段时间后，重返原岗位工作，可否二次约定试用期？

员工重返原单位工作，但是岗位变更后，可否二次约定试用期？

【经典案例】重返原单位工作，可以二次约定试用期吗？

韩某在某电力公司担任销售工作，签订了一份为期3年的劳动合同，而后韩某离职到另一城市发展。1年后，韩某回到电力公司工作，担任市场主管，公司人力资源部通知韩某：按照公司的规定，新上任人员必须有半年的试用期。公司与韩某约定了半年的试用期。不想，韩某做销售工作成绩优秀，在做市场方面却难出成绩。于是，公司以韩某不符合录用条件为由解除了与她的劳动合同。韩某不同意，认为法律规定，用人单位与同一劳动者只能约定一次试用期，公司与其二次约定试用期的行为违反了法律规定，要求公司支付其违法解除劳动合同的经济赔偿金，公司不同意支付，认为韩某再次入职到公司，岗位已经发生变化，公司有权与韩某重新约定试用期，韩某将公司诉至劳动争议仲裁委员会。

【审理结果】

审理机关经审理认为，公司与韩某虽然属于同一单位与同一劳动者二次约定试用期，但是韩某二次入职的岗位发生了变化，不能认定该行为违反了法律的禁止性规定，公司有权以不符合录用条件为由解除劳动关系，驳回了韩某的申请请求。

【案例解析】

本案的焦点在于，同一用人单位与同一劳动者能否二次约定试用期？依据《劳动合同法》的相关规定，同一用人单位与同一劳动者只能约定一次试用期。但是依据1996年的《劳动部关于实行劳动合同制度若干问题的通知》第四条的规定，如果岗位发生变更的，用人单位可以与劳动者二次约定试用期，因此公司的做法是合理合法的。

【律师手把手】

依据法律的相关规定，用人单位只能与劳动者约定一次试用期，包括劳动者接受用人单位的指派到用人单位的分支机构如分公司去工作，而且员工在离职一段时间后，重返用人单位工作，只要岗位没有发生变化，都只能约定一次试用期，否则约定的试用期属于无效试用期，用人单位不能以不符合录用条件为由解除劳动关系。

【法条链接】

《最高人民法院关于审理劳动争议案件适用法律若干问题的解释（四）》

第五条 劳动者非因本人原因从原用人单位被安排到新用人单位工作，原用人单位未支付经济补偿，劳动者依照劳动合同法第三十八条规定与新用人单位解除劳动合同，或者新用人单位向劳动者提出解除、终止劳动合同，在计算支付经济补偿或赔偿金的工作年限时，劳动者请求把在原用人单位的工作年限合并计算为新用人单位工作年限的，人民法院应予支持。

用人单位符合下列情形之一的，应当认定属于“劳动者非因本人原因从原用人单位被安排到新用人单位工作”：

（一）劳动者仍在原工作场所、工作岗位工作，劳动合同主体由原用人单位变更为新用人单位；

（二）用人单位以组织委派或任命形式对劳动者进行工作调动；

（三）因用人单位合并、分立等原因导致劳动者工作调动；

（四）用人单位及其关联企业与劳动者轮流订立劳动合同；

（五）其他合理情形。

《劳动部关于实行劳动合同制度若干问题的通知》

4. 用人单位对工作岗位没有发生变化的同一劳动者只能试用一次。

第 6 章

员工薪酬管理争议误区及应对策略

- 劳动合同中不约定薪酬构成有效吗？
- 迟延发放工资多少日构成拖欠工资？
- 单位发放奖金能否约定限制条件？
- 产前检查单位应支付全额工资吗？
- 单位能规定病假期间不发工资吗？

劳动者付出劳动，用人单位支付工资，多劳多得，少劳少得，这说起来顺理成章，用人单位为了实现这一目的，不免设计诸多门槛，如设立绩效工资制度，依据绩效考核的结果决定薪酬发放的额度；为了奖罚分明，会对违反公司规章制度的行为进行罚款而扣发员工的工资。司法实践中，一旦员工工资数额减少，用人单位如果无法证明存在法定或者约定的理由，极易发生赔付风险，那么如何避开这些涉诉风险呢？这就是本章所要讨论的问题。

6.1 员工薪酬约定明确防止出现工资差额争议

【典型问题】

劳动合同中不明确约定薪酬构成有效吗？

工资额度必须实现同工同酬吗？

工资构成如何约定才有效？

【经典案例】应员工避税要求，一部分工资以报销渠道领取，应付工资差额吗？

韩小姐入职某集团公司任财务总监，入职签订了薪资确认表，显示月工资为人民币25000元，韩小姐与公司协商，因为个人所得税太高，能否一部分工资走报销手续，凭发票领取，公司同意。每月韩小姐会提供某些品类的发票，在财务的办公费用支出凭单上，韩小姐会签字领取10000元的报销费。一年以后，集团公司因调整办公地点，韩小姐不同意到新的办公地点上班，公司遂与韩小姐协商解除劳动关系，并同意支付韩小姐数额相当于一个半月的工资作为解除劳动关系的经济补偿金，工资额度依照 25000 元核算。但是韩小姐坚称，公司每月拖欠了她 10000 元的工资，要求公司补齐工资，公司则认为此举纯属敲诈。韩小姐遂将集团公司诉至劳动争议仲裁委员会，要求集团公司补齐工资并支付解除劳动关系的经济补偿金。

【审理结果】

审理机关经审理发现，集团公司与韩小姐签订的薪资确认表中明确显示月工资为 25000 元整，与韩小姐主张相符，但是韩小姐的银行账户显示每月收入为 11000 多元，显然存在 14000 元的差距。集团公司主张每月分两笔支付，一笔是 15000 元，正常扣税、社会保险等，一笔是 10000 元，报销手续支付，实际是韩小姐的工资，但是韩小姐称这是办公费用，都是凭发票报销的，并不是工资，集团公司无法提交证据证明该报销款属于韩小姐的工资，因此审理机关判决集团公司补齐工资差额。

【案例解析】

本案的焦点在于，是不是打入员工账户的货币均能作为工资收入。答案显然是否定的。在诉讼中，法院一般会将员工账户来往信息作为一个最重要的判断工资收入的证据材料，除非用人单位能有相反的证据证明该明细不是工资收入。本案中，恰恰相反，集团公司需要证明该项明细是工资收入，如何证明？需要有员工确认的书面协议，约定该项收入为工资并不是报销款，否则，用人单位就会像本案中的集团公司一样，承担赔付责任。

【律师手把手】

何为工资？工资就是用人单位依据法律规定或者协议约定，以货币形式直接支付给本单位劳动者的劳动报酬。法定工资一般包括资金、津贴和补贴、延长工作时间的工资报酬、计时工资、计件工资以及特殊情况下支付的工资等。

当然，如果单位支付给劳动者个人的社会保障福利费、生活困难补助费、劳动保护方面的费用，一般不被当作工资收入计算。

在法律实践中，虽然用人单位将劳动者的工资划分为多项构成，如住房补助、交通补助、通信补助或者过节费、加班费等，一旦随工资打入员工账户或者通过其他途径发放给员工，均属员工工资收入。在此情况下，用人单位停止发放，将属于克扣工资。

那么劳动合同中明确约定薪酬构成有效吗？当然有效。比如，将工资分为基本工资、岗位工资、绩效工资、各种补助等，用人单位也可以根据自身公示过的规章制度对各项工资的发放设计发放的限制条件，在满足相应限制条件的情况下，再行发放相对应的工资，但用人单位必须注意，设计限制条件要合法，且需要经员工确认。

薪酬制度中确实约定了同工同酬制度，但是在司法实践中比较难实现，原因在于同一岗位学历、能力、工作技能及经验均不同的两名员工，不可能实现同工同酬，但有一点需要注意，如果员工与用人单位签订了集体合同，且集体合同明确约定了岗位工资，同岗位员工薪酬必须一致，否则，员工有权要求依照集体合同的约定补齐差额。

【法条链接】

《劳动部关于贯彻执行〈中华人民共和国劳动法〉若干问题的意见》

53. 劳动法中的“工资”是指用人单位依据国家有关规定或劳动合同的约定，以货币形式直接支付给本单位劳动者的劳动报酬，一般包括计时工资、计件工资、奖金、津贴和补贴、延长工作时间的工资报酬以及特殊情况下支付的工资等。“工资”是劳动者劳动收入的主要组成部分。劳动者的以下劳动收入不属于工资范围：（1）单位支付给劳动者个人的社会保险福利费用，如丧葬抚恤救济费、生活困难补助费、计划生育补贴等；（2）劳动保护方面的费用，如用人单位支付给劳动者的工作服、解毒剂、清凉饮料费用等；（3）按规定未列入工资总额的各种劳动报酬及其他劳动收入，如根据国家规定发放的创造发明奖，国家星火奖、自然科学奖、科学技术进步奖、合理化建议和技术改进奖、中华技能大奖等，以及稿费、讲课费、翻译费等。

《防暑降温措施管理办法》

第十七条 劳动者从事高温作业的，依法享受岗位津贴。

用人单位安排劳动者在35℃以上高温天气从事室外露天作业以及不能采取有效措施将工作场所温度降低到33℃以下的，应当向劳动者发放高温津贴，并纳入工资总额。高温津贴标准由省级人力资源社会保障行政部门会同有关部门制定，并根据社会经济发展状况适时调整。

6.2 用人单位如何掌控奖金发放与否决定权

【典型问题】

奖金未书面约定，但实际发放过，可要求再行发放吗？

年终奖金必须年底才能发放吗？

奖金发放能否约定限制条件？

【经典案例】用人单位可以对离职员工停发年终奖金吗？

杨某进入某公司工作，次年的年底向单位提出辞职并办理了离职交接手续。很快，杨某得知公司为全员发放了年终奖，杨某认为年终奖既然是公司对员工工作的奖励，如果员工当年完成了自己的工作任务，公司应当贯彻同工同酬的原则，付给员工相应数额的奖金，且公司的规章制度中明确规定，公司依经营情况，可以决定是否发放年终奖金及发放金额，公司向其他员工发放年终奖，即表明公司决定发放年终奖，自己前一年全年在岗，也应当得到年终奖金。公司则认为，年终奖只有员工在岗才有权利获得，不同意支付。杨某诉至当地仲裁委员会，要求公司支付其年终奖金。

【审理结果】

审理机关经审理发现，公司关于年终奖金的规章制度，有权自主制订年终奖是否发放及发放的方案，但规章制度没有对年终奖发放的时间、享有年终奖的员工范围及金额进行明确规定，劳动合同中也没有相关约定，公司既然全员发放了年终奖，按照同工同酬的原则，杨某也应得到相应的奖金。

【案例解析】

本案的焦点在于，通过考量用人单位的年终奖性质，看员工提前离职是否具备年终奖的领取条件，也即在没有规章制度规定或者协议约定的情况下，公司能否决定离职员工无权获得年终奖金。显然，本案中审理机关并未采信公司的观点，因为年终奖金本来是对员工的一种奖励，如果约定不明，或成为“年底工资”而必须发放，就会偏离用人单位的初衷。

【律师手把手】

国家的法律法规并未将年终奖金纳入工资的范畴，强制规定必须发放，用人单位设立年终奖，可以通过规章制度或者合同明确奖金的支付人员范围和支付条件，避免让“年终奖金”失去应有的奖励作用，成为用人单位对劳动者应尽的义务，如此看来，针对年终奖金明确一套稳妥合法的计发条件是关键。

常见的约定年终奖的方式为：一是属于工资，直接约定在工资构成中，如直接在劳动合同里明确“年收入为‘13薪’”；二是属于奖励金，明确规定在发放年终奖金当月仍在职的员工，才有权获得该奖金，为年终奖金的发放设立了限制条件；三是作为年底绩效奖金，根据年终的绩效考核结果决定是否获得年终奖金等。

如果在合同或规章制度中明确规定年收入为“13薪”，应视为员工工资，依照员工在用人单位工作的时长按比例获得年终奖金，无论约定是否在职均不影响年终奖金的支付；如果规定年终奖金仅发放给核算时仍在职的员工，则属于附条件的奖励金，年终前离职的员工无权要求年终奖，视为放弃了年终奖金；如果按年度考核结果决定是否支付年终奖，则为年底绩效奖，年度考核每年度进行一次，年底前离职的员工，因为工作未满一年，没有绩效考核结果，因此也无法发放年终奖。

上述是针对年终奖发放条件的设立方式，用人单位可以依据自身情况进行选择。“提成”作为对员工工作业绩的奖励，也需要进行明确约定，以防头绪混乱，发生赔付风险。

1. 需有完善的提成制度。约定提成的计算形式以及计发方式，并将制度公示给员工，防止因约定不明或者产生歧义而发生风险。

2. 有明确的业绩表单。表单中包括员工已签合同名称、合同额、回款额、回款比例、提成比例、提成金额等，要求员工签字确认。

3. 明确提成工资发放条件。比如，提成奖金需在回款后计发，如果劳动者在未回款也即条件没有达到时就辞职，公司将不予支付提成款，公司可以主张在回款到账后再行支付，但在诉讼中，用人单位需有证据证明回款真实情况，如银行的转账记录等。

【法条链接】

《中华人民共和国劳动法》

第四十七条 用人单位根据本单位的生产经营特点和经济效益，依法自主确定本单位的工资分配方式和工资水平。

6.3 迟延发放工资应协商，避免拖欠工资风险

【典型问题】

不约定发薪日期就不构成拖欠工资了吗？

迟延发放工资多少日构成迟延发放工资？

与员工协商一致迟延发放工资构成拖欠工资吗？

拖欠工资会承担哪些责任？

【经典案例】 员工因拖欠工资解除劳动关系的，单位应支付经济补偿金吗？

朱某入职某会计公司任行政专员，与会计公司签订劳动合同，期限是一年，合同中约定每月 15 日发放上一个自然月的工资，但朱某入职后不久，会计公司就一直拖延发放工资，并未按照合同的约定在每月 15 日前发放工资，而是在每月的 15 日后 25 日之前发放工资，入职半年后，会计公司已经连续 3

个月未发放工资，朱某经多次讨要未果，遂将会计公司诉至劳动争议仲裁委员会，要求会计公司补齐拖欠的工资，并要求会计公司支付因拖欠工资致使其离职而产生的解除劳动关系的经济补偿金。

【审理结果】

审理机关经审理发现，会计公司虽主张因资金紧张暂停发放工资，待公司资金充裕后再行补发，但其未与朱某协商并达成一致意见，已经构成拖欠工资，理应补齐工资并依法支付朱某解除劳动关系的经济补偿金。

【案例解析】

本案的焦点在于，会计公司是否构成拖欠工资及应否支付解除劳动关系的经济补偿金，显然本案中，会计公司就迟延发放工资问题未与劳动者协商一致，因此已经构成拖欠工资，依据劳动合同法的相关规定，用人单位需要支付朱某解除劳动关系的经济补偿金。

【律师手把手】

用人单位拖延发放工资，不仅要补齐差额，劳动者因此提出离职的，用人单位还需支付解除劳动关系的经济补偿金，所以如何规避此类风险显得尤为重要。

工资的数额、工资的构成、工资支付形式、工资的支付周期等必须与劳动者约定清楚，很多管理者认为只要不约定支付时间，就可以任意时间发放工资而不构成拖欠工资，其实不然，很多省市地方法规都规定拖延工资不能超过 30 日，HR 们需要依照公司办公地点确定当地的法律规定，工资迟发多少日构成拖欠工资，具体问题具体分析，用人单位应及时与员工进行沟通，达成一致意见，并留下书面证据，以防发生争议。

【法条链接】

《中华人民共和国劳动合同法》

第三十八条　用人单位有下列情形之一的，劳动者可以解除劳动合同：

（一）未按照劳动合同约定提供劳动保护或者劳动条件的；

（二）未及时足额支付劳动报酬的；

（三）未依法为劳动者缴纳社会保险费的；

（四）用人单位的规章制度违反法律、法规的规定，损害劳动者权益的；

（五）因本法第二十六条第一款规定的情形致使劳动合同无效的；

（六）法律、行政法规规定劳动者可以解除劳动合同的其他情形。

用人单位以暴力、威胁或者非法限制人身自由的手段强迫劳动者劳动的，或者用人单位违章指挥、强令冒险作业危及劳动者人身安全的，劳动者可以立即解除劳动合同，不需事先告知用人单位。

第四十六条 有下列情形之一的，用人单位应当向劳动者支付经济补偿：

（一）劳动者依照本法第三十八条规定解除劳动合同的；

（二）用人单位依照本法第三十六条规定向劳动者提出解除劳动合同并与劳动者协商一致解除劳动合同的；

（三）用人单位依照本法第四十条规定解除劳动合同的；

（四）用人单位依照本法第四十一条第一款规定解除劳动合同的；

（五）除用人单位维持或者提高劳动合同约定条件续订劳动合同，劳动者不同意续订的情形外，依照本法第四十四条第一项规定终止固定期限劳动合同的；

（六）依照本法第四十四条第四项、第五项规定终止劳动合同的；

（七）法律、行政法规规定的其他情形。

《北京市工资支付规定》

第二十六条 用人单位因生产经营困难暂时无法按时支付工资的，应当向劳动者说明情况，并经与工会或者职工代表协商一致后，可以延期支付工资，但最长不得超过30日。

6.4 最低工资法律规定优于协议约定

【典型问题】

待岗工资能否低于最低工资？

发放最低工资可以代扣个人部分社会保险金吗？

协议约定月工资低于当地最低工资标准合法吗？

【经典案例】 单位经营不善，与员工协议工资降至1000元，合法吗？

秦某在北京某科技公司任主管经理，后因公司项目亏损，难以维持日常开支，会议通知全体员工，自当日起，每位员工工资降至每月1000元，员工如有异议，需要在会后3日内书面提出，公司协商与其解除劳动关系，否则视为同意，3日后与公司签订降薪协议。秦某发邮件主张单位此声明属于拖欠工资，公司称经营亏损，没有办法，一旦公司业绩好转，会补齐差额，无奈秦某与公司签订了降薪协议，协议中约定，公司经营状况好转后，会补齐差额。

一年后，公司业绩好转，经营正常，秦某要求公司补齐工资差额，公司以所有员工都是发放1000元，且双方签有降薪协议为由，不予补齐差额。秦某诉至当地劳动争议仲裁委员会，要求用人单位补齐工资差额。

【审理结果】

审理机关经审理发现，公司确与秦某签订了降薪协议，但降薪协议存在违反法律禁止性规定的条款，1000元低于北京市最低工资标准，理应补齐至最低工资，且双方的降薪协议明确约定，公司经营状况好转后，会补齐差额，因此科技公司理应补齐拖欠秦某的工资。

【案例解析】

本案的焦点在于，科技公司与秦某签订的1000元的降薪协议是否有效。法律明确规定了最低工资标准，用人单位在发放工资时，不得低于用人单位所在地出台的最低工资标准，因此依据协议的约定，科技公司的经营状况好转后，需要补齐降低的工资差额。

【律师手把手】

法定的最低工资标准是用人单位发放工资的下限，即便用人单位与劳动者协议约定，也属无效约定，而无法得到实际履行。同时，关于最低工资标准还有一个强制规定，最低工资属于劳动者的实发工资，用人单位不得再行扣除社会保险、个人所得税等任何费用。

还有些省市规定了待岗期间的工资下限，如北京市规定待岗期间的工资不得低于当地最低工资标准的70%，也即用人单位在没有安排劳动者工作的情况下，也需支付劳动者基本生活费，这便是关于待岗工资的规定。

【法条链接】

《中华人民共和国劳动合同法》

第八十五条 用人单位有下列情形之一的，由劳动行政部门责令限期支付劳动报酬、加班费或者经济补偿；劳动报酬低于当地最低工资标准的，应当支付其差额部分；逾期不支付的，责令用人单位按应付金额百分之五十以上百分之一百以下的标准向劳动者加付赔偿金：

（一）未按照劳动合同的约定或者国家规定及时足额支付劳动者劳动报酬的；

（二）低于当地最低工资标准支付劳动者工资的；

（三）安排加班不支付加班费的；

（四）解除或者终止劳动合同，未依照本法规定向劳动者支付经济补偿的。

《最低工资规定》

第十二条 在劳动者提供正常劳动的情况下，用人单位应支付给劳动者的工资在剔除下列各项以后，不得低于当地最低工资标准：

（一）延长工作时间工资；

（二）中班、夜班、高温、低温、井下、有毒有害等特殊工作环境、条件下的津贴；

（三）法律、法规和国家规定的劳动者福利待遇等。

实行计件工资或提成工资等工资形式的用人单位，在科学合理的劳动定额基础上，其支付劳动者的工资不得低于相应的最低工资标准。

劳动者由于本人原因造成在法定工作时间内或依法签订的劳动合同约定的工作时间内未提供正常劳动的，不适用于本条规定。

《北京市工资支付规定》

第二十七条 非因劳动者本人原因造成用人单位停工、停业的，在一个工资支付周期内，用人单位应当按照提供正常劳动支付劳动者工资；超过一个工资支付周期的，可以根据劳动者提供的劳动，按照双方新约定的标准支付工资，但不得低于本市最低工资标准；用人单位没有安排劳动者工作的，应当按照不低于本市最低工资标准的70%支付劳动者基本生活费。国家或者本市另有规定的从其规定。

《上海市企业工资支付办法》

十一、劳动者与用人单位形成劳动关系后，在试用、实习期期间提供了正常劳动，用人单位支付的工资不得低于本市规定的最低工资标准。

十二、用人单位停工、停产在一个工资支付周期内的，应当按约定的标准支付劳动者工资。超过一个工资支付周期的，用人单位可根据劳动者提供的劳动，按双方新约定的标准支付工资，但不得低于本市规定的最低工资标准。

二十一、用人单位支付劳动者的工资低于本市最低工资标准的，要在补足低于标准部分的同时，另外支付相当于低于部分25%的补偿金。

二十二、劳动者因本人原因给单位造成经济损失，用人单位依法要其赔偿，并需从工资中扣除赔偿费的，扣除的部分不得超过劳动者当月工资收入的20%，且扣除后的剩余工资不得低于本市规定的最低工资标准。

6.5 “三期”工资发放应小心，以防核算出错

【典型问题】

产前检查工资应全额支付吗？

未按照公司指定的医院做产前检查可以扣工资吗？

保胎假期可以依照病假支付工资吗？

孕期、产期与员工签订协议约定工资数额，有效吗？

流产假需要发放全额工资吗？

产假工资与生育津贴需要同时发放吗？

哺乳期工资应如何发放？

【经典案例】 签订休假协议的女员工，产假结束后能否要求补发工资？

曹某入职某经纪公司任策划经理，其怀孕后多次出现先兆流产的迹象，经医院通知，需要休息待产，否则会影响胎儿发育。而后曹某向公司提出申请，能否与公司协商停止到岗工作，在家里办公直至产假结束，公司同意，但声明依据规章制度因其未到岗上班，只能对其发放最低工资。经纪公司还与曹某签订了休假协议，简要内容为：因曹某怀孕后先兆流产，无法提供正常工作，因此双方协商确定，曹某休假待产直至产假结束，在此期间，曹某无须为经纪公司提供劳动，经纪公司每月发放最低工资给曹某，保险缴纳至曹某产假结束到岗工作后另行协商。至此，曹某未再回到公司工作，公司每月发放最低工资至曹某账户。一年后，经纪公司收到诉状，曹某要求经纪公司补齐拖欠的工资差额，同时，曹某因为公司拖欠工资而申请离职，要求公司支付其被迫解除劳动关系的经济补偿金。

【审理结果】

审理机关在审理过程中发现，曹某称因其多次请病假，经纪公司要求曹某回家待岗，并签协议确定其孕期、产期工资数额为最低工资；经纪公司主张曹某因身体原因提出回家待岗，要求公司发放其最低工资。双方各执一词，经纪公司除协议外，未能提供其他有效证据证明是曹某提出签订休假协议的，因此审理机关采信了曹某的主张，即经纪公司要求曹某回家待岗，仅支付最低工资，且经纪公司在曹某产假期间也未支付其全额工资，因此经纪公司应补齐其产期的工资差额，因为曹某在孕期确实未向经纪公司提供劳动，因此经纪公司有权支付其最低工资。经纪公司拖欠曹某工资的行为导致曹某辞职，公司应向其支付解除劳动关系的经济补偿金。

【案例解析】

本案的焦点在于，经纪公司与曹某签订的休假协议是否有效。显然在本案中，审理机关否定了该协议的效力，认定该协议因侵犯了曹某的利益，违反了法律的规定而无效，因此裁定补齐产假工资差额，支付曹某解除劳动关系的经济补偿金。实际操作中，如有相同情况出现，用人单位可要求女员工提出书面申请，写明身体原因或者异地就医原因等休假理由，再行签订相关协议，以便有效维护单位的利益。

【律师手把手】

《女职工劳动保护特别规定》中明确规定，不得在女职工怀孕期、产期、哺乳期（以下简称“三期”）降低其工资、予以辞退或者与其解除劳动关系。那么女员工在“三期”期间工资到底如何发放，就成了用人单位应该特别关注的问题。

1. 产假工资的构成。

（1）《对〈工资支付暂行规定〉有关问题的补充规定》中明确了产假工资依照劳动合同的约定进行支付，而劳动合同未作约定或者约定不明确的，依据一些地方性法规的相关规定执行。比如，《北京市工资支付规定》规定，“三期”女员工的工资，依照劳动合同的约定支付，劳动合同没有约定或者约定不明确的，依照集体合同的约定确定，劳动合同、集体合同均未约定或者约定不明确的，依照劳动者正常劳动应得的工资确定。因此可以明确，在北京市辖区内的用人单位的工资构成无论被划分成基本工资、岗位工资或者住房补贴、交通补贴、通信补贴或者其他任何组成部分，产假工资全部包含在内，所以用人单位应注意根据公司所在地所属区域的地方性法规的相关规定来确定产假工资的发放规则。

（2）浮动的绩效奖金或者业务提成是否应纳入产假工资，司法界并无统一的意见，主流意见为用人单位是否就绩效奖金、业务提成进行了规定，在何种条件下可以发放、在何种条件下可不予发放。如果用人单位已经通过规章制度或者协议与劳动者约定，对绩效奖金、业务提成规定了限制发放的条件，如绩效考核分数低于某一分值就可扣除绩效奖金或者无业绩的员工无权获得业务提成等，“三期”女员工在产假期间，因未为用人单位提供劳动，其绩效考核项的相对分值可能低于发放分值，而没有销售业绩，也必然无业务提成之说了。

（3）依据相应的法律规定，产检计算在工作时间内，因此应该全额支付工资，有的用人单位单方规定，员工需到指定医院产检，否则不享受产检期间的全额工资，该规定因为违反了法律的禁止性规定而无效。

（4）怀孕女职工确实因身体原因需要休保胎假的，需要提交医院出具的诊断证明，保胎期间的工资依照病假工资发放，具体工资发放标准依据当地的法律法规关于病假的规定执行，但是最低不得低于当地最低工资的 80%。

（5）流产假应否发放产假工资？法律规定女职工享有的流产假是基于女职工怀孕未满 4 个月流产的，享受 15 天产假；怀孕满 4 个月流产的，享受 42 天产假，流产假期间依照产假工资执行，发放女员工正常出勤时的应得工资数额。

（6）产假工资与生育保险基金是否需要同时发放？女员工在产假期间，已经缴纳生育保险的女员工可以享受生育津贴，如果生育津贴低于女员工正常劳动所得的，由用人单位补齐。

2. 谈到哺乳期工资的发放，必须明确一个问题，哺乳期最长为一年，有的女员工哺乳 4 个月就断奶了，其哺乳期应如何计算？必须明确，该员工的哺乳期为 4 个月。

《女职工劳动保护特别规定》第九条明确规定，用人单位应当在每天的劳动时间内为哺乳期女职工安排 1 小时哺乳时间；女职工生育多胞胎的，每多哺乳 1 个婴儿每天增加 1 小时哺乳时间，因此用人单位不得在女员工哺乳期间克扣工资。当然地方政府有地方法规或者规章的，必须遵照执行，如上海市、广东省均有本地区的法规或部门规章，用人单位一定要区别对待。

【法条链接】

《女职工劳动保护特别规定》

第五条　用人单位不得因女职工怀孕、生育、哺乳降低其工资、予以辞退、与其解除劳动或者聘用合同。

第六条　女职工在孕期不能适应原劳动的，用人单位应当根据医疗机构的证明，予以减轻劳动量或者安排其他能够适应的劳动。

对怀孕 7 个月以上的女职工，用人单位不得延长劳动时间或者安排夜班劳动，并应当在劳动时间内安排一定的休息时间。

怀孕女职工在劳动时间内进行产前检查，所需时间计入劳动时间。

第八条第一款 女职工产假期间的生育津贴，对已经参加生育保险的，按照用人单位上年度职工月平均工资的标准由生育保险基金支付；对未参加生育保险的，按照女职工产假前工资的标准由用人单位支付。

《上海市劳动局关于〈上海市女职工劳动保护办法〉中有关问题的解释》

六、关于产前假、产假和哺乳假问题

《办法》第十二条规定的“产前假两个半月”，只能按预产期在产假前执行。第十四条中的“产假九十天”，不含计划生育规定的晚育产假十五天，其中“产前休息十五天”，系指预产期前十五天，除提前生育者外，不得放在产后休息。

女职工六个半月哺乳假期满后，确有困难，要求继续请假为婴儿哺乳的，各单位可按照上海市人民政府办公厅转发市劳动局《关于整顿企业劳动组织工作中若干具体政策的意见》（沪府办发〔1983〕67号），根据生产和女职工的实际情况，哺乳假可酌情延长，但不得超过一年，其中两个半月产前假，产假和六个半月哺乳假在增加工资时应作出勤对待。

请长病假女职工不享受产前假和哺乳假，产假期间工资照发。

七、关于按《办法》享受的产前假、哺乳假工资的计算基数问题

按《办法》享受的两个半月产前假和六个半月哺乳假的女职工，其工资按本人工资的百分之八十发给；若女职工仍有困难，继续请哺乳假，不超过一年的，其工资按本人工资的百分之七十发给（生活确实有困难的，可适当提高，但最高不超过本人工资的百分之八十）。这里的本人工资是指按女职工请产前假或请产假前正常出勤月的实得工资（不包括生产性津贴和奖金）计算。若女职工生活困难，符合本市生活困难补助标准的，单位应按有关规定给予困难补助。

《国家劳动总局保险福利司关于女职工保胎休息和病假超过六个月后生育时的待遇问题给上海市劳动局的复函》

一、女职工按计划生育怀孕，经过医师开具证明，需要保胎休息的，其保胎休息的时间，按照本单位实行的疾病待遇的规定办理。

二、保胎休息和病假超过六个月后领取疾病救济费的女职工，按计划生育时可以从生育之日起停发疾病救济费，改发产假工资，并享受其它生育待遇。产假期满后仍需病休的，从产假期满之日起，继续发给疾病救济费。

三、保胎休息的女职工，产假期满后仍需病休的，其病假时间应与生育

前的病假和保胎休息的时间合并计算。

四、不按计划生育怀孕的女职工，其保胎、病假休息和生育时的待遇，仍按省、市现行的有关规定办理。

6.6 病假工资不可以违反法律禁止性规定

【典型问题】

用人单位能规定病假期间不发工资吗？

用人单位能规定员工未在指定医院就诊，就依照事假处理吗？

用人单位能规定病假超过 30 日，按照主动离职处理吗？

【经典案例】 员工出具的诊断证明不是出自单位指定的医院，单位能否按事假处理？

华某入职某公司任电话客服，入职时签收了公司的规章制度，该制度中规定，员工请病假的，需要出具当地三级甲等资质以上的医院开具的诊断证明书方为有效病假，否则一律依照事假处理，不予发放病假工资。华某因突发阑尾炎，就近到居住地的一家二甲医院救治，医院出具了诊断证明，华某快递到单位申请病假，但直到华某入院两个月后出院，公司都未支付任何费用给华某。华某病愈出院后，要求公司补发病假工资，公司称华某未依照公司规定到三级甲等医院就诊，公司对二甲医院的诊断证明不予认可，因此只能按照事假处理，停发工资。华某无奈，诉至当地劳动争议仲裁委员会，要求公司补发其病假期间的工资。

【审理结果】

审理机关经审理认为，华某虽然未依照公司规章制度的规定到三级甲等医院就诊，但是华某是否到公司指定的医院就诊，并不是公司可以否认华某医疗期的法定理由，因此，公司理应支付华某病假期间的工资。

【案例解析】

本案的焦点在于，公司的规章制度经华某签收后，能否对华某产生约束力。正常情况下，是可以产生约束力的，但因为公司的规定侵害了华某的健康权，违反了法律的禁止性规定，因此而无效，用人单位据此扣发华某工资的行为不符合法律规定，故需要补发工资。

【律师手把手】

根据《劳动部关于发布〈企业职工患病或非因工负伤医疗期的规定〉的通知》（劳部发〔1994〕479号）第六条的规定，职工患病或非因工负伤治疗期间，在规定的医疗期内由企业按有关规定支付其病假工资或疾病救济费，病假工资或疾病救济费可以低于当地最低工资标准支付，但不能低于最低工资标准的80%，用人单位所在地有不同的地方性规定的，依照当地规定执行。

但在司法实务中，经常发生劳动者长期休病假的情况，为此用人单位必须通过规章制度约束劳动者，降低用工成本。

1. 用人单位可将薪酬构成添加一项全勤奖，一旦员工发生病假、事假或者其他休假情形时，用人单位可以不予发放这项工资，以防员工以生病为由，擅自缺勤。

2. 用人单位还应在制度中详细规定病假请假与销假的程序。对于没有履行请假手续或者请假未被批准擅自离岗的行为，均视为擅自缺勤，可依照用人单位的相应制度予以处理，并不予发放病假工资。当然，用人单位这样做一定要注意，一旦出现的确是患病但因客观情况无法请假的，用人单位应该给予员工补办请假手续的权利，而不应该一概而论，侵害员工的正当权益。

3. 用人单位一定要及时核查请假员工就诊的实际情况。实务工作中，经常出现病假员工所交假条或者诊断证明并非为医院真实开具的，而是虚假证明，因此用人单位必须在规章制度中明确对该项行为的处罚，加大惩罚力度，可以按严重违纪来处理。

【法条链接】

《劳动部关于贯彻执行〈中华人民共和国劳动法〉若干问题的意见》

59.职工患病或非因工负伤治疗期间，在规定的医疗期内由企业按有关规定支付其病假工资或疾病救济费，病假工资或疾病救济费可以低于当地最低工资标准支付，但不能低于最低工资标准的80%。

《上海市劳动局关于加强企业职工疾病休假管理保障职工疾病休假期间生活的通知》

四、职工疾病或非因工负伤连续休假在6个月以内的，企业应按下列标准支付疾病休假工资：连续工龄不满2年的，按本人工资的60%计发；连续工龄满2年不满4年的，按本人工资的70%计发；连续工龄满4年不满6年的，按本人工资的80%计发；连续工龄满6年不满8年的，按本人工资的90%计发；连续工龄满8年及以上的，按本人工资的100%计发。

职工疾病或非因工负伤连续休假超过6个月的，由企业支付疾病救济费，其中连续工龄不满1年的，按本人工资的40%计发；连续工龄满1年不满3年的，按本人工资的50%计发；连续工龄满3年及以上的，按本人工资的60%计发。

本人工资按职工正常情况下实得工资的70%计算。

五、职工疾病或非因工负伤休假待遇低于本企业月平均工资40%的，应补足到本企业月平均工资的40%。企业月平均工资的40%低于本市在职职工定期生活困难补助标准的，应补足到本市在职职工定期生活困难补助标准。

职工疾病或非因工负伤待遇高于本市上年度月平均工资的，可按本市上年度月平均工资计发。

《关于印发〈广州市职工患病或非因工负伤医疗期管理实施办法〉的通知》

第十一条 职工享受的疾病津贴（病假待遇）标准，按下列办法计发：

一、对在12个月内病假累计不满6个月的职工，本年的病假工资，以上年度本人月均工资总额（下称月均工资）为基数，如超过上年度市属（县级市，下同）职工月均工资，则以上年度市属职工月均工资为基数，连续工龄不满5年，按45%发；满5年不满10年，按50%发给；满10年不满20年，按55%发给；

满 20 年及以上，按 60% 发给。获得各级政府授予劳动模范（先进生产工作者）称号的职工，按 65% 发给。享受建国前参加革命工作离休、退休待遇的职工，按 70% 发给。

二、对在 12 个月内病假累计满 6 个月及以上的职工，本年的疾病救济费，以上年度本人月均工资总额为基数（如超过上年度市属职工月均工资，则以上年度市属职工月均工资为基数），连续工龄不满 10 年，按 40% 发给；满 10 年不满 20 年，按 45% 发；满 20 年及以上，按 50% 发给。

获得各级政府授予劳动模范（先进生产工作者）称号的职工，按 55% 发给。享受建国前参加革命工作离休、退休待遇的职工，按 60% 发给。从下年度起，单位按不低于本企业职工工资增长的 70% 水平，适当调整长期病休待遇。

三、单位根据实际，可在上述计发比例的基础上提高 5%—10% 的比例计发病假待遇。

四、按上述标准计发病假待遇后，如低于本市规定的最低工资标准 80% 的，需给予补足；如超过本人本年正常上班月（日）均工资收入的，按本人本年正常上班的工资收入的 80% 发给。

第 7 章

员工考勤管理争议误区及应对策略

- 考勤表具备什么条件才能有效?
- 综合工时制还需支付加班费吗?
- 年假工资发放有哪些注意事项?
- 可以辞退违反计划生育的女员工吗?
- 劳动者旷工由谁来负证明责任?

在劳动争议案件中，涉及考勤管理的占很大比例，如因迟到、早退扣发工资，因多次旷工解除劳动关系，年休假、法定节假日或休息日的加班，都与员工考勤息息相关。到底电子指纹打卡记录是否有效？如何才能使指纹打卡为用人单位所用？这都是降低用工风险亟待解决的问题，因此需要引起用人单位管理者的注意。

7.1　考勤管理如何发挥最大效用

【典型问题】

考勤表具备什么条件才能有效？

据考勤扣发工资合法有效应具备什么条件？

【经典案例】 员工出示指纹打卡记录，单位是否必须支付加班费？

秦某入职某广告公司任编辑，该广告公司员工出入必须有胸卡方可进入，胸卡既是钥匙也是员工电子打卡的工具，每天上午9点打卡到岗，下午6点打卡离岗，才视为正常出勤。在工作期间，秦某剪辑的广告存在重大失误，导致许多影像资料需要重新拍摄，广告公司多次找到秦某沟通其工作细节，秦某仍多次编辑失误导致广告公司利益受损。广告公司认为秦某的工作态度不端正，严重影响了公司的运营效率，一年后以秦某劳动合同到期为由，终止了与秦某的劳动关系。劳动关系终止后，秦某诉至劳动争议仲裁委员会要求广告公司支付其加班费，并提交了其在广告公司的出入打卡记录，该打卡记录显示每天秦某均为21点后离开公司，广告公司则认为公司从未要求秦某加班，并提交了秦某签字的规章制度，制度明确规定，员工加班必须填写加班申请单，经公司批准后方能视为加班，否则无故在公司逗留的，不计为加班。

【审理结果】

审理机关经审理发现，广告公司考勤方式确实为电子打卡，秦某当庭认可其提交的记录是出入公司的记录，但主张该记录可以证明其是在21点后才离开公司的，自己存在加班。秦某当庭认可广告公司存在规章制度的规定，加班需有加班申请，经公司同意方为有效加班，但是秦某未能提交加班申请单证明公司安排其加班，因此审理机关驳回了秦某的诉讼请求。

【案例解析】

本案的焦点在于，秦某提交的电子打卡记录能否作为直接证据证明秦某存在加班。虽然秦某在本案中败诉了，但就证据而言，电子打卡记录确实可以证明秦某存在加班情况，广告公司之所以能够胜诉，关键在于广告公司提交了相反的证据，即规章制度，用以证明打卡记录不仅是考勤工具，更是公司出入的记录，因此秦某需要再行提交证据证明广告公司安排其加班，秦某无证据证明，因此败诉。由此可见，电子打卡记录虽然可以作为证据提交用以证明存在加班，但也不是不可反驳的，关键在于用人单位能否将手续做完整，不仅有考勤记录，还有规章制度对其是否存在加班加以约束。

【律师手把手】

用人单位的考勤管理主流方式有三种：一为手写打卡，一般适用于人数较少的用人单位，这种考勤办法，要求必须本人手写，不许他人代写，否则失去法律效力；二为电子打卡，一般适用于员工办公比较集中的用人单位，要求每天、每周或者每月都有员工的书面确认，方可有效；三为网络打卡，一般适用于办公地比较分散，尤其是多地办公的用人单位，要求对员工的账号进行书面确认，并对其打卡记录保存两年，发生诉讼时只有进行网页公证，才具有法律效力。

对于迟到、早退、旷工的确认，迟到、早退涉及扣发员工工资的，一定要求员工进行书面确认，或对考勤确认，或对扣发工资确认，二者均可。对于旷工，需要对员工发放书面的催告函（可参考下面的模板），催告其到岗上班，员工仍未到岗的，才可以旷工论处，否则仅凭一纸考勤表，将无法达到用人单位预期的目的。

催 告 函

先生／女士：

你自　　年　　月　　日至今未到公司上班，现将公司规章制度公示于你，请你收到本催告函后，慎重考虑，即日起到公司上班，如果对此有任何异议，请于接到本通知之日到公司说明情况并办理请假手续。否则公司有权依照旷工追究你的相关责任。

现将公司的考勤规章制度再次公示如下：

1. 员工有如下行为视为旷工：

（1）员工未经请假，擅自离岗的；

（2）员工请假未经公司批准，擅自离岗的；

（3）确有特殊情况，但未到公司说明缘由或者未办理相关请假手续，擅自离岗的；

（4）到岗但是未办理考勤登记的；

（5）到岗但是未向公司提供劳动的；

（6）其他未经公司批准或者未向公司说明，擅自离岗的。

2. 连续旷工超过 3 天（含 3 天）或在连续 12 个月内累计旷工超过 5 天，属于严重违反公司规章制度行为，公司将与你解除劳动关系并不予支付经济补偿金。

催告人：

年　　月　　日

【法条链接】

《中华人民共和国劳动争议调解仲裁法》

第六条　发生劳动争议，当事人对自己提出的主张，有责任提供证据。

与争议事项有关的证据属于用人单位掌握管理的，用人单位应当提供；用人单位不提供的，应当承担不利后果。

《最高人民法院关于民事诉讼证据的若干规定》

第七十五条　有证据证明一方当事人持有证据无正当理由拒不提供，如果对方当事人主张该证据的内容不利于证据持有人，可以推定该主张成立。

《最高人民法院关于审理劳动争议案件适用法律若干问题的解释（三）》

第九条　劳动者主张加班费的，应当就加班事实的存在承担举证责任。但劳动者有证据证明用人单位掌握加班事实存在的证据，用人单位不提供的，由用人单位承担不利后果。

《北京市工资支付规定》

第十三条　用人单位应当按照工资支付周期编制工资支付记录表，并至少保存二年备查。工资支付记录表应当主要包括用人单位名称、劳动者姓名、支付时间以及支付项目和金额、加班工资金额、应发金额、扣除项目和金额、实发金额等事项。

劳动者有权查询本人的工资支付记录。

7.2　三种工时制

【典型问题】

现行法律框架下的工时制有几种？

标准工时制如何计算加班费？

综合工时制就无须再行支付加班费了吗？

不定时工时制的适用有何要求？

【经典案例】用人单位能否认定适用“不定时工时制”的劳动者旷工？

许某入职某通信公司任工程部总监，公司称因许某为企业高管，对其不再实行传统的考勤管理，而是实行不定时工时制，可以不做考勤打卡，与许某签订的劳动合同中也明确约定许某实行不定时工作制。工作一年后，通信公司的新负责人到岗后大幅变更了规章制度，取消了不定时工作制，全体员工均改为标准工时制。许某不同意对其工作制进行变更，认为该条款的变更属于对劳动合同的重大变更，员工可以不同意，因此拒绝在劳动合同变更书上签字。但公司仍然要求他自收到通知之日起每天到公司打卡上下班，否则，依照规章制度按旷工处理。许某拒绝打卡。几天后，许某收到了公司的解聘通知书，称许某因连续旷工超过3天，严重违反了公司的规章制度，公司因此解除与许某的劳动关系。许某则认为，虽然他未依照标准工时制到岗上班，但是他确实为公司提供了劳动，且双方劳动合同约定实行不定时工作制，因此公司不能认定其存在旷工行为。而后许某诉至劳动争议仲裁委员会，要求公司支付其违法解除劳动关系的经济赔偿金。

【审理结果】

审理机关经审理发现，通信公司与许某签订的劳动合同中明确约定许某的考勤方式为不定时工作制，虽然公司主张内部考勤制度作了重大变更，该制度经过了民主程序，但是考勤制度的变更属于对许某劳动合同的变更，应该征得许某的同意，许某不同意变更，应该继续履行原有的工作制。通信公司以许某违反了新的考勤制度为由解除与许某的劳动关系，属于违法解除劳动关系的行为，因此裁定通信公司支付许某违法解除劳动关系的经济赔偿金。

【案例解析】

本案的焦点在于，一是双方在劳动合同中约定的不定时工作制能否由用人单位单方变更？二是实行不定时工作制的劳动者未依照标准工时制到岗上班，可否认定旷工？前面章节已经说得很清楚，任何基于劳动合同的变更均需经过劳动合同双方协商一致通过。本案中，一是双方将工时制约定在劳动合同中，一旦要进行变更，必须双方达成一致意见；二是不定时工作制因为其工作时间存在不确定性，一般情况之下，不能被认定为旷工。

【经典案例】实行综合工时制后，用人单位无须再支付加班费了吗?

尤某入职某羊蝎子连锁酒店，担任火锅师，负责配置火锅底料，连锁酒店称公司内部实施综合工时制，并要求尤某签字领取了规章制度，规章制度中规定：公司实行的综合工时制以周为核算周期，火锅师是倒休制，尤某工作的店有 5 位火锅师傅，每天上班的火锅师傅有 2 位，休一天，上一天，每天工作时间是早 10 点至晚 10 点，中午、晚上各有 1 个小时的休息时间，公司称该制度已经报劳动局备案。尤某工作后，一直依照公司规章制度进行作息，但是尤某上班的中午与晚上各 1 小时的休息时间根本无法保证，且公司也无法保证尤某在晚上 10 点以后正常下班，基本要到午夜 12 点后才能下班，尤某遂与公司商量要求支付加班费。公司则称内部实施综合工时制，是没有加班费的，拒绝支付加班费。尤某无奈，3 个月后，诉至劳动争议仲裁委员会，要求支付其延时加班的加班工资。

【审理结果】

审理机关经审理发现，连锁酒店实施综合工时制，且其计算周期为一周，那尤某每天工作 14 小时，每周 3 天工作日的工作时数为 42 小时，每周 4 天工作日的工作时数为 56 小时，超出法定的 40 小时的规定，连锁酒店应支付尤某加班费。

【案例解析】

本案的焦点在于，综合工时制是否还存在加班？答案是肯定的，综合工时制与标准工时制的区别在于核算周期不同，综合工时制的核算周期为周、月、季或年等，标准工时制的核算周期为一日，在周期内的工作时长如果超出法定的时长，仍要支付加班费。

【律师手把手】

我国目前存在三种工时制度：标准工时制、不定时工时制以及综合工时制。标准工时制是指每天工作 8 小时，每周工作 40 小时，一般适用于工作时间比较固定的岗位，如文员、行政、后勤、财务等；不定时工时制是指劳动者的工作时间不受固定时数的限制，在满足完成工作量的情况下，无确定的上下班时间，一般基于工作职责与工作性质的限制，多适用于企业高管及出租车司机等特殊的人群；综合工时制是指以标准工时为基础，以一定的期限为周期，综合计算工作时间，可分别采取以周、月、季、年为周期，但平均日与周工作时间仍受标准工时制日与周工作时长的限制。三种工时制各有利弊，用人单位应该依据自身的特点，择一适用或者混合适用，便于对员工进行管理且有效降低用工成本。对于各种工时制度，一定要把握如下要点：

1. 有的地区特殊工时制度需要到当地劳动局报备。

综合工时制要求用人单位必须报批或者备案，不定时工作制一般要求用人单位与劳动者协议约定，而无须报备。

报批需要提交的资料根据地域的不同，略有差异，一般需提交申请报告、向员工公示的实施方案、工时管理、向员工公示的规章制度以及申请适用特殊工时制的职工名册及职工签名表。

在实务操作中，用人单位切记要与劳动者书面约定实行的特殊工时制，并保留书面材料以备不时之需。

2. 不定时工时制适用岗位依法定，用人单位不能单方确定。

《劳动部关于企业实行不定时工作制和综合计算工时工作制的审批办法》中规定，企业对符合下列条件之一的职工，可以实行不定时工作制：

（1）企业中的高级管理人员、外勤人员、推销人员、部分值班人员和其他因工作无法按标准工作时间衡量的职工；

（2）企业中的长途运输人员、出租汽车司机和铁路、港口、仓库的部分装卸人员以及因工作性质特殊，需机动作业的职工；

（3）其他因生产特点、工作特殊需要或职责范围的关系，适合实行不定时工作制的职工。

除上述规定明示外，用人单位不得自行确定不定时工作制的适用对象。

3. 劳动合同法定内容之一就是工作时间，用人单位在劳动合同中与劳动者约定了工作时间，如果不能征得员工的同意，将无法再行变更，因此用人单位在确定工作时间时，一定要慎重。再者，已经依照不定时工时制进行考勤管理的员工，用人单位不能再以旷工、迟到早退等为由，进行处罚。

【法条链接】

《中华人民共和国劳动法》

第三十九条　企业因生产特点不能实行本法第三十六条、第三十八条规定的，经劳动行政部门批准，可以实行其他工作和休息办法。

《工资支付暂行规定》

第十三条　用人单位在劳动者完成劳动定额或规定的工作任务后，根据实际需要安排劳动者在法定标准工作时间以外工作的，应按以下标准支付工资：

（一）用人单位依法安排劳动者在日法定标准工作时间以外延长工作时间的，按照不低于劳动合同规定的劳动者本人小时工资标准的 150% 支付劳动者工资；

（二）用人单位依法安排劳动者在休息日工作，而又不能安排补休的，按照不低于劳动合同规定的劳动者本人日或小时工资标准的 200% 支付劳动者工资；

（三）用人单位依法安排劳动者在法定休假节日工作的，按照不低于劳动合同规定的劳动者本人日或小时工资标准的 300% 支付劳动者工资。

实行计件工资的劳动者，在完成计件定额任务后，由用人单位安排延长工作时间的，应根据上述规定的原则，分别按照不低于其本人法定工作时间计件单价的 150%、200%、300% 支付其工资。

经劳动行政部门批准实行综合计算工时工作制的，其综合计算工作时间超过法定标准工作时间的部分，应视为延长工作时间，并应按本规定支付劳动者延长工作时间的工资。

实行不定时工时制度的劳动者，不执行上述规定。

《劳动部关于〈国务院关于职工工作时间的规定〉问题解答》

五、问：哪些企业职工可实行不定时工作制？答：不定时工作制是针对因生产特点、工作特殊需要或职责范围的关系，无法按标准工作时间衡量或需要机动作业的职工所采用的一种工时制度。例如：企业中从事高级管理、推销、货运、装卸、长途运输驾驶、押运、非生产性值班和特殊工作形式的个体工作岗位的职工，出租车驾驶员等，可实行不定时工作制。鉴于每个企业的情况不同，企业可依据上述原则结合企业的实际情况进行研究，并按有关规定报批。

六、问：哪些企业职工可实行综合计算工时工作制？答：综合计算工时工作制是针对因工作性质特殊，需连续作业或受季节及自然条件限制的企业的部分职工，采用的以周、月、季、年等为周期综合计算工作时间的一种工时制度，但其平均日工作时间和平均周工作时间应与法定标准工作时间基本相同。主要是指：交通、铁路、邮电、水运、航空、渔业等行业中因工作性质特殊，需要连续作业的职工；地质、石油及资源勘探、建筑、制盐、制糖、旅游等受季节和自然条件限制的行业的部分职工；亦工亦农或由于受能源、原材料供应等条件限制难以均衡生产的乡镇企业的职工等。另外，对于那些在市场竞争中，由于外界因素影响，生产任务不均衡的企业的部分职工也可以参照综合计算工时工作制的办法实施。

对于因工作性质或生产特点的限制，实行不定时工作制或综合计算工时工作制等其他工作和休息办法的职工，企业都应根据《中华人民共和国劳动法》和《规定》的有关条款，在保障职工身体健康并充分听取职工意见的基础上，采取集中工作、集中休息、轮休调休、弹性工作时间等适当的工作和休息方式，确保职工的休息休假权利和生产、工作任务的完成。同时，各企业主管部门也应积极创造条件，尽可能使企业的生产任务均衡合理，帮助企业解决贯彻《规定》中的实际问题。

《劳动部关于职工工作时间有关问题的复函》

六、若甲企业经批准以季为周期综合计算工时（总工时应为40时/周×12周/季=480时/季）。若乙职工在该季的第一、二月份刚好完成了480小时的工作，第三个月整月休息。甲企业这样做是否合法且不存在着延长工作时间问题，该季各月的工资及加班费（若认定为延长工作时间的话）应如何计发？

某企业经劳动行政部门批准以季为周期综合计算工时（总工时应为508小时/季）。该企业因生产任务需要，经商工会和劳动者同意，安排劳动者在该季的第一、二月份刚好完成了508小时的工作，第三个月整月休息。该企业这样做应合法且没有延长工作时间。对于这种打破常规的工作时间安排，一定要取得工会和劳动者的同意，并且注意劳逸结合，切实保障劳动者身体健康。

工时计算方法应为：

1. 工作日的计算

年工作日：365天/年 –104天/年（休息日）–7天/年（法定休假日）=254天/年

季工作日：254天/年 ÷4季 =63.5天

月工作日：254天/年 ÷12月 =21.16天

2. 工作小时数的计算

以每周、月、季、年的工作日乘以每日的8小时。

7.3 加班工资计算与发放于法有据

【典型问题】

加班后能倒休吗？

加班费计算基数如何确定？

【经典案例】 劳资双方协议约定加班费核算基数是否有效？

何某在北京某公司任研发部职员，双方在劳动合同中明确约定工资为8000元/月，其中，基本工资4500元，岗位工资3000元，绩效工资500元，除此之外，何某每月还有交通补贴100元，通信补贴100元，午餐补贴220元。公司的规章制度中还规定，绩效奖金依据绩效结果以及公司运营状况决定是否发放。双方另行约定，公司在核算加班费时，以基本工资作为计算基数。在“十一”国庆节长假期间，何某被要求加班7天。但是在发放10月份工资时，何某发现公司未全额支付其加班工资，遂诉至劳动争议仲裁委员会，要求公司补发其工资。

【审理结果】

审理机关经审理发现，双方在劳动合同中明确约定何某的工资数额为8000元/月，另行约定了各种补贴420元/月，虽然双方约定核算加班费依照基本工资为计算基数，但依照北京市相关的法律规定，应依照不低于劳动合同约定的劳动者本人所在岗位相对应的工资标准确定，因此应该以 8420 元为基数计算加班工资，显然用人单位核算加班费时存在错误，应该补齐何某加班工资。

【案例解析】

本案的焦点在于，加班费的核算基数能否由用人单位自行约定，答案显然是否定的，原因在于依照北京市工资支付法规的相关规定，加班工资的核算基数应按照劳动合同约定的劳动者本人工资标准确定，因此在本案中，应依照劳动合同中约定的基本工资、岗位工资、绩效工资及各种补贴总和计算。

【律师手把手】

司法实践中，用人单位采用各种方式核算加班费，如以最低工资为基数、以月平均工资为基数、以基本工资为基数，也存在一些用人单位无论何种假期的加班一律调休，不支付任何加班费，虽然关于加班费计算基数的问题，不同的地区实际做法并不相同，但对于这些问题，用人单位仍应正确对待。

1. 加班能否“倒休”。

依据《工资支付暂行规定》第十三条的相关规定，用人单位依法安排劳动者在休息日工作，而又不能安排补休的，按照不低于劳动合同规定的劳动者本人日或小时工资标准的 200% 支付劳动者工资。可见如果劳动者适用标准工时制，法定节假日、延时加班是不能够倒休的，只有公休日可以安排倒休。比如，劳动者被安排在“十一”国庆节长假期间加班，那么在“十一”国庆节期间加班的，加班费应当以不低于日工资基数的 3 倍计算，而在“十一”国庆节假期中的倒休日期加班的，单位只有在不能安排倒休的情况下，才以公休日加班的标准给予双倍工资。

2. 加班费的核算。

日工资基数的计算方法为：月工资 / 月计薪天数，法定的假期调整后月计薪天数为 21.75 天。

对于加班费核算基数如何确定，不同的地域有不同的核算方式，主流方式分为以下三类：

（1）以劳动合同所明确约定工资数额为准，劳动合同的工资构成分为“基本工资”“岗位工资”“绩效工资”等，以各工资构成的总和为基数核算加班费，不能以“基本工资”“岗位工资”或“绩效工资”单独一项或几项作为核算基数，有其他津贴的，一并计算在内。

（2）劳动合同中没有约定工资数额，或者合同约定不明确时，以实发工资作为计算基数。凡是用人单位直接支付给职工的工资、提成、奖金、补贴等都属于实发工资，但是劳动保护补贴、报销及其他福利等应当扣除，不能列入计算范围，此方式在北京市、广东省广泛适用。

（3）劳动合同中没有约定工资数额，或者合同约定不明确，仅以工资项作为加班费的核算基数，不包括提成、补贴或者奖金等非固定收入，此方式在上海市广泛适用。

特殊情形下，如实行计件工资的，应当以法定时间内的计件单价为加班费的计算基数。还有一点需要注意，如果加班费的计算基数低于当地当年的最低工资标准，应当以用人单位所在地区规定的日、时最低工资标准为基数。

3. 针对上述案例的做法，用人单位管理者应将加班的认定作为重要事项规定在公司的规章制度中，建立加班审批制度并要求劳动者严格按照加班申请流程申请并经过审批，劳动者要求加班或者公司安排加班的，应将申请书（《加班申请书》模板参见下表）交由公司批准后才可以进行加班，规定未经加班审批的员工在公司逗留的，不视为加班，以防止劳动者利用打卡记录要求用人单位支付额外的加班工资。

加班申请书

<table>
<tr><td>姓　名</td><td></td><td>部　门</td><td></td><td>岗　位</td><td></td></tr>
<tr><td>申请加班事由</td><td colspan="5"></td></tr>
<tr><td>申请加班时间</td><td colspan="5">自　年　月　日　时至　年　月　日　时，合计　天。
（申请部门填写）</td></tr>
</table>

续表

实际加班时间	自　年　月　日　时至　年　月　日　时，合计　天。（人力资源部填写）		
部门经理		人力资源部	
主管领导		总经理	
备　注			

说明：1. 加班应提前申请，经领导审批同意后，方视为加班；

2. 审批完毕后交人力资源部备案留存。

4. 加班工资的发放途径有两种，一是在发放工资时制作包含加班费工资的对账结算单；二是单独制作加班费发放表，由员工签字确认后才能领取，避免员工日后再行追索加班费。

【法条链接】

《中华人民共和国劳动争议调解仲裁法》

第六条　发生劳动争议，当事人对自己提出的主张，有责任提供证据。与争议事项有关的证据属于用人单位掌握管理的，用人单位应当提供；用人单位不提供的，应当承担不利后果。

《最高人民法院关于民事诉讼证据的若干规定》

第七十五条　有证据证明一方当事人持有证据无正当理由拒不提供，如果对方当事人主张该证据的内容不利于证据持有人，可以推定该主张成立。

《工资支付暂行规定》

第十三条　用人单位在劳动者完成劳动定额或规定的工作任务后，根据实际需要安排劳动者在法定标准工作时间以外工作的，应按以下标准支付工资：

（一）用人单位依法安排劳动者在日法定标准工作时间以外延长工作时间的，按照不低于劳动合同规定的劳动者本人小时工资标准的150%支付劳动者工资；

（二）用人单位依法安排劳动者在休息日工作，而又不能安排补休的，按照不低于劳动合同规定的劳动者本人日或小时工资标准的200%支付劳动者工资；

（三）用人单位依法安排劳动者在法定休假节日工作的，按照不低于劳动合同规定的劳动者本人日或小时工资标准的300%支付劳动者工资。

实行计件工资的劳动者，在完成计件定额任务后，由用人单位安排延长工作时间的，应根据上述规定的原则，分别按照不低于其本人法定工作时间计件单价的150%、200%、300%支付其工资。

经劳动行政部门批准实行综合计算工时工作制的，其综合计算工作时间超过法定标准工作时间的部分，应视为延长工作时间，并应按本规定支付劳动者延长工作时间的工资。

实行不定时工时制度的劳动者，不执行上述规定。

《北京市工资支付规定》

第十三条 用人单位应当按照工资支付周期编制工资支付记录表，并至少保存二年备查。工资支付记录表应当主要包括用人单位名称、劳动者姓名、支付时间以及支付项目和金额、加班工资金额、应发金额、扣除项目和金额、实发金额等事项。

劳动者有权查询本人的工资支付记录。

第四十四条 根据本规定第十四条计算加班工资的日或者小时工资基数、根据第十九条支付劳动者休假期间工资，以及根据第二十三条第一款支付劳动者产假、计划生育手术假期间工资，应当按照下列原则确定：

（一）按照劳动合同约定的劳动者本人工资标准确定；

（二）劳动合同没有约定的，按照集体合同约定的加班工资基数以及休假期间工资标准确定；

（三）劳动合同、集体合同均未约定的，按照劳动者本人正常劳动应得的工资确定。

依照前款确定的加班工资基数以及各种假期工资不得低于本市规定的最低工资标准。

《广东省工资支付条例》

第二十条 用人单位安排劳动者加班或者延长工作时间，应当按照下列标准支付劳动者加班或者延长工作时间的工资报酬：

（一）工作日安排劳动者延长工作时间的，支付不低于劳动者本人日或者小时正常工作时间工资的百分之一百五十的工资报酬；

（二）休息日安排劳动者工作又不能安排补休的，支付不低于劳动者本人日或者小时正常工作时间工资的百分之二百的工资报酬；

（三）法定休假日安排劳动者工作的，支付不低于劳动者本人日或者小时正常工作时间工资的百分之三百的工资报酬。

《北京市高级人民法院、北京市劳动争议仲裁委员会关于劳动争议案件法律适用问题研讨会会议纪要》

19. 对于加班工资的日或小时工资基数的确定，应参照《北京市工资支付规定》第四十四条的规定执行。

用人单位与劳动者在劳动合同中约定了工资标准，但同时又约定以本市最低工资标准或低于劳动合同约定的工资标准作为加班工资基数，劳动者主张以劳动合同约定的工资标准作为加班工资基数的，应予支持。

7.4 用人单位不得随意剥夺员工年休假权利

【典型问题】

年假天数如何核算？

午假工资如何计算？

年假工资发放有哪些注意事项？

年假必须经员工申请才能休假吗？

用人单位统一安排员工休年假，有效吗？

【经典案例】 用人单位统一安排员工休年假，有效吗？

孔先生在某建筑公司工作 2 年，任项目经理，年休假每年 5 天，因为日常工作任务繁重，孔先生一直未休年假，待年底春节放假时，公司向全体员工发放通知，因为冬日气候寒冷影响施工，因此公司放假 12 日，其中 7 日为法定的春节休息日，其余 5 天为年假倒休，12 日均为带薪休假，要求全体员工签收认可。孔先生不满，认为年假休假应由劳动者自行安排，而不应由用人单位单方决定，后公司决定全体放假。事后孔先生多次申请年假，公司都以已经休完为由予以拒绝。孔先生遂诉至劳动仲裁委员会，要求公司支付其未休年假的三倍工资。

【审理结果】

审理机关经审理发现，建筑公司确实在春节期间多放了5天假，但是建筑公司并未提交相关证据证明，该5天假为孔先生的年假，孔先生当庭也表示不同意该5天假为年休假，仅是公司统一安排的假期，因此，审理机关支持了孔先生的主张。

【案例解析】

本案的焦点在于，建筑公司给员工统一放假，休假能否被认定为年休假，答案是肯定的。本案中建筑公司之所以败诉，原因在于建筑公司在给员工放假时，孔先生没有同意，建筑公司没有以其他方式通知孔先生，如无快递或者录音等其他方式用以证明该5天假期为年假。因此用人单位在实务中，一定要将书面手续坐实，如要求员工填写年假申请单、要求员工在休假通知上签字确认等，用以证明员工同意所休假期用于折抵年假。

【律师手把手】

年假作为劳动争议的热点，是令用人单位颇为头痛的一个问题，很多用人单位都对年假天数的核算、年假的调休、年假工资的核算等存在许多认识误区，在这里一一释明。

焦点一：员工必须在同一用人单位工作满12个月，才能享受年假

《企业职工带薪年休假实施办法》第三条确实已经规定，职工连续工作满12个月以上的，享受带薪年休假（以下简称年休假），用人单位据此作出判断，认为只有在同一单位连续工作满12个月，才享有年假，其实“连续工作满12个月”应该有两种理解，一种是员工必须在同一家用人单位连续工作满一年才享有年休假；另一种是员工在上一家单位工作时间与现就职用人单位工

作时间之和满1年，享有年休假，但是员工必须证明在两家单位工作时间连续，并无间隔。但是依据法律的初衷，笔者认为，本条款通常用于首次参加工作的员工。当然，在北京市，审判机关对此条款作出了限制解释，即员工只有在同一家用人单位工作满1年以上，才享有年假，因此各用人单位应根据所在地区法规的相关规定确定法律适用规则。

针对地方法规未作解释的地区，用人单位也可以在单位规章制度中对“连续”加以限制，如必须是两份工作期间无任何间断或者间隔一段时日以内的，才视为“连续”，也可以约定员工可提交的证明材料，如员工出具原有单位明示的离职证明为1月1日，第二家单位的入职时间为1月2日就可认为“连续”等。

焦点二：工作时间不满12个月，年假天数的折算

《职工带薪年休假条例》第三条明确规定，职工累计工作已满1年不满10年的，年休假5天；已满10年不满20年的，年休假10天；已满20年的，年休假15天。“累计”，一般由劳动者出示相关的证据证明累计工作年限，如原有单位的工作证明、社会保险的缴费年限证明等，其中工作年限可以间断，不一定必须是连续工作时间。

员工在本单位工作不满12个月的，如果员工在入职前已经满足连续工作满1年的条件，计算本单位年假的剩余天数，按照在本单位工作当年年度剩余日历天数折算确定，折算后不足一整天的，不享有年假，折算公式为：

年假天数 =（在本单位工作当年年度剩余日历天数 /365）× 职工全年应休年假天数。

举例说明：A（假设全年年假天数为5天）进入B公司工作，当年1月1日进入公司，次年1月1日开始至次年5月1日（每月按30日计算）享有年休假，但是年休假天数应该折算：

A应休年假天数 =（120天 /365）×5=1.64天，因此A在1月1日至5月1日期间应休年假天数为1天。

焦点三：年假天数核算基数

至于员工年假核算基数，也即工作年限（通常称为“工龄”），在劳动争议案件中，由劳动者证明，审理机关也会依照职权调查取证，员工可以选择

几种方式来证明“工龄”，如原单位开具的证明、社会保险缴纳年限等，如无法证明的，企业可以依据员工新工作时限核算年假天数，当然用人单位也可以依照员工提供的其他材料予以佐证，用人单位采纳标准可以规定在规章制度中，以降低风险。

焦点四：休假方式依照员工申请为主，用人单位统一安排为辅的原则

经员工申请后，用人单位根据规章制度的相关规定进行审批，因为法律并未强制规定，员工提出休假，用人单位必须同意，因此用人单位可根据实际情况选择统一安排或者同意员工的休假申请，但一定要注意书面证据材料的保存。

重点提示：有的用人单位在规章制度中明确规定，当年的年休假必须在当年休完，员工截至当年年底尚未休完的年假视为员工主动放弃休假，年假天数自动清零。此项规定会因为违反法律规定而无效，如果员工有当年未休完的年假的，用人单位应该依照年假天数支付其年假工资。

焦点五：年假工资的计算

《企业职工带薪年休假实施办法》第十条明确规定，用人单位经职工同意不安排年休假或者安排职工年休假天数少于应休年休假天数，应当在本年度内对职工应休未休年休假天数，按照其日工资收入的 300% 支付未休年休假工资报酬，其中包含用人单位支付职工正常工作期间的工资收入。因此，用人单位必须按照该职工日工资收入的 300% 支付年休假工资报酬。日工资收入的计算方法为员工在用人单位连续工作 12 个月（应支付年假工资前的 12 个月）的月平均工资，除以月计薪天数（21.75 天），如果员工在用人单位工作未满 12 个月，则按实际工作月数核算平均工资。公式为：

年假工资 =（月平均工资 /21.75）× 应休年假天数 ×200%（不包含员工已得日工资）。

用人单位在发放年假工资时，要注意在工资单中明确未休年假天数及年假工资额，由员工书面确认后发放，以免员工否认收到年假工资，发生不必要的诉讼风险。

【法条链接】

《职工带薪年休假条例》

第五条 单位根据生产、工作的具体情况，并考虑职工本人意愿，统筹安排职工年休假。

年休假在1个年度内可以集中安排，也可以分段安排，一般不跨年度安排。单位因生产、工作特点确有必要跨年度安排职工年休假的，可以跨1个年度安排。

单位确因工作需要不能安排职工休年休假的，经职工本人同意，可以不安排职工休年休假。对职工应休未休的年休假天数，单位应当按照该职工日工资收入的300%支付年休假工资报酬。

《企业职工带薪年休假实施办法》

第十条 用人单位经职工同意不安排年休假或者安排职工年休假天数少于应休年休假天数，应当在本年度内对职工应休未休年休假天数，按照其日工资收入的300%支付未休年休假工资报酬，其中包含用人单位支付职工正常工作期间的工资收入。

用人单位安排职工休年休假，但是职工因本人原因且书面提出不休年休假的，用人单位可以只支付其正常工作期间的工资收入。

第十一条 计算未休年休假工资报酬的日工资收入按照职工本人的月工资除以月计薪天数（21.75天）进行折算。

前款所称月工资是指职工在用人单位支付其未休年休假工资报酬前12个月剔除加班工资后的月平均工资。在本用人单位工作时间不满12个月的，按实际月份计算月平均工资。

职工在年休假期间享受与正常工作期间相同的工资收入。实行计件工资、提成工资或者其他绩效工资制的职工，日工资收入的计发办法按照本条第一款、第二款的规定执行。

《上海市企业工资支付办法》

九、劳动者在依法享受婚假、丧假、探亲假等假期期间，用人单位应当按国家规定支付假期工资。假期工资的计算基数按以下原则确定：

（一）劳动合同有约定的，按不低于劳动合同约定的劳动者本人所在岗位

（职位）相对应的工资标准确定。集体合同（工资集体协议）确定的标准高于劳动合同约定标准的，按集体合同（工资集体协议）标准确定。

（二）劳动合同、集体合同均未约定的，可由用人单位与职工代表通过工资集体协商确定，协商结果应签订工资集体协议。

（三）用人单位与劳动者无任何约定的，假期工资的计算基数统一按劳动者本人所在岗位（职位）正常出勤的月工资的70%确定。

按以上原则计算的假期工资基数均不得低于本市规定的最低工资标准。法律、法规另有规定的，从其规定。

7.5 违反国家计划生育政策的女员工没有产假待遇

【典型问题】

产假应该从哪天开始计算？

产假待遇与享受产假是一回事吗？

违反计划生育政策的女员工可以辞退吗？

【经典案例】 对违反国家计划生育政策的女员工还需发放产假工资吗？

严某与某公司签订劳动合同，期限为5年，在职期间，严某育有二子，正常休了产假、哺乳假。但是第三年，严某又向公司表示，其准备生育第三个孩子，公司表示不同意，因为此行为将违反计划生育政策。但严某表示其已经怀孕。公司则称，因为严某违反了计划生育政策，因此拒绝同意严某休产假，拒绝为严某办理产假相关待遇的手续，所有休假均按照事假扣除其假期工资。严某后因先兆流产，向公司请病假在家待产，公司依照事假未支付其工资。一年后，严某将公司诉至劳动争议仲裁委员会，要求享受生育保险待遇，要求公司支付孕期、产期和哺乳期间的工资，同时因公司拖欠工资而解除劳动关系，要求公司支付解除劳动关系的经济补偿金。

【审理结果】

审理机关经审理认为，严某生育第三个孩子的行为违反了计划生育政策，因此不应享受产假待遇，但是产假期间，公司理应支付其病假工资，因此公司未支付其工资的行为构成了拖欠工资，理应支付严某解除劳动关系的经济补偿金。

【案例解析】

本案的焦点在于，严某生育第三个孩子违反了计划生育政策，应否休产假并享受产假待遇？从审理机关的裁决书来看，严某虽然违反了计划生育政策，但严某确实生育了孩子，因此可以休产假，但产假期间不享有全额工资，仅能获得病假工资。

【律师手把手】

依照《女职工劳动保护特别规定》的规定，女职工生育享受98天产假，其中产前可以休假15天；难产的，增加产假15天；生育多胞胎的，每多生育1个婴儿，增加产假15天。

2016年，国家放开了二胎的生育政策，各个地区也相应出台了产假的新规，如北京市女职工享有98天基本产假外，在二孩以内的产假增加30天奖励假，配偶还有15天的陪产假等，其他地区也相应作出调整，具体产假天数以用人单位所在地的地方性规定为准。休假自女员工请假之日起开始计算，女员工未请假的，自生育当日开始计算。

女员工享有的产假待遇，包括检查费、接生费、手术费、住院费、药费均依照生育保险予以报销，且产假期间享有产假工资，那么对违反了计划生育条例生育的女员工有何区别待遇？这是本节要讨论的问题。

依照我国法律的规定："女职工生育享受不少于98天的产假。"其中并未规定违反计划生育政策的生育就不享有产假，可见，只要有怀孕和生育的事实，员工即可依法休产假，这一点与正常生育的女员工没有区别。

区别在产假待遇中，如报销检查费、手术费、住院费，生育女员工还可享受产假工资等，违反计划生育政策可以休产假却不能享受生育保险待遇。依据不同地区的地方性规定，违反国家规定生育子女的公民，可能要缴纳社会抚养费，且不享受产假工资福利、医疗服务等生育保险待遇，妊娠、分娩、产褥期的一切费用自理。在此期间，用人单位可发放病假工资。

那么针对违反计划生育政策的女员工，用人单位到底能不能单方辞退呢？

因为中国的司法现状，不同的区域，适用法律法规的程度也不同，且不同地区有本区域的地方性规定。比如北京市，即便是用人单位在规章制度中明确规定违反计划生育政策行为属于严重违反规章制度的行为，也不能以此为由辞退该女员工，最终被裁定因属违法辞退而恢复劳动关系或者支付违法解除劳动关系的经济赔偿金的情况比比皆是。而广东省却相反，依据《广东省计划生育条例》的相关规定，经过民主程序制定修改并且公示的制度中如果已经明确规定违反计划生育政策的怀孕生育行为属于严重违反规章制度的行为，用人单位可以据此为由辞退“三期”女员工，且依据《劳动合同法》第三十九条的规定，无须支付解除劳动关系的经济补偿金。

【法条链接】

《北京市人口与计划生育条例》（修正案）

（2016 年 3 月 24 日北京市第十四届人民代表大会常务委员会第二十六次会议通过）

八、将第二十条改为第十八条，修改为：“机关、企业事业单位、社会团体和其他组织的女职工，按规定生育的，除享受国家规定的产假外，享受生育奖励假三十天，其配偶享受陪产假十五天。女职工及其配偶休假期间，机关、企业事业单位、社会团体和其他组织不得降低其工资、予以辞退、与其解除劳动或者聘用合同。女职工经所在机关、企业事业单位、社会团体和其他组织同意，可以再增加假期一至三个月。

《广东省女职工劳动保护实施办法》

第十四条　女职工违反计划生育法规的，应按照《广东省计划生育条例》有关规定处理，不适用本办法。

7.6 因病或者非因工负伤的医疗期核算

【典型问题】

医疗期期限如何确定？

用人单位能规定长期病假试用期员工属于不符合录用条件吗？

病假期间能否不发放工资？

【经典案例】 **试用期员工长期请病假，用人单位单方辞退合法吗？**

金某入职某公司工作，双方签订了为期3年的劳动合同，并约定试用期为6个月，公司在向金某出示的录用说明书中第一项为身体健康，金某对录用条件说明书中的录用条件表示认可，并签字确认。但入职后没有几天，金某就被查出患有先天性心脏病，需手术治疗，为此金某入院治疗了4个月，无奈之下其请了4个月病假。4个月后，金某病情好转，回到公司上班当天，公司便通知金某，因为金某患有先天性心脏病，且难以治愈，因此不符合公司的录用条件，公司以此为由解除了与金某的劳动关系。金某称公司关于录用条件的约定存在歧视，因此要求公司支付违法解除劳动关系的经济赔偿金。

【审理结果】

审理机关经审理认为，金某在入职之时，认可了公司关于录用条件中员工身体健康的约定，而此规定并不违反法律的强制性规定，公司有权以不符合录用条件为由解除与试用期员工的劳动关系，因此驳回了金某的请求。

【案例解析】

本案的焦点在于，公司关于录用条件的规定是否因存在就业歧视而无效，答案很显然，公司有权在录用条件中写明对员工身体健康情况的要求，且金某人职时也认可了该录用条件，金某身体存在疾病，不符合公司的录用条件，公司有权将其解聘，并不予支付其解除劳动关系的补偿金。

【律师手把手】

需要如何计算医疗期的期限呢？

1. 根据工作年限确定医疗期长短

劳动部公布的《企业职工患病或非因工负伤医疗期规定》第三条规定，企业职工因患病或非因工负伤，需要停止工作医疗时，根据本人实际参加工作年限和在本单位工作年限，给予 3 个月到 24 个月的医疗期：

第一，实际工作年限10年以下的，在本单位工作年限5年以下的为3个月；五年以上的为 6 个月。

第二，实际工作年限10年以上的，在本单位工作年限5年以下的为6个月；5 年以上 10 年以下的为 9 个月；10 年以上 15 年以下的为 12 个月；15 年以上 20 年以下的为 18 个月；20 年以上的为 24 个月。

各行政区根据自身区域的特点也有一些地方性规定，如上海市《关于本市劳动者在履行劳动合同期间患病或者非因工负伤的医疗期标准的规定》中规定，医疗期按劳动者在本用人单位的工作年限加以确定。劳动者在本单位工作第 1 年，医疗期为 3 个月；以后工作每满 1 年，医疗期增加 1 个月，但最长不超过 24 个月。

2. 医疗期的连续计算与累计计算方式

第一，员工的医疗期如果没有中断，连续计算，则自休假开始至到岗上班结束，连续计算医疗期直至期满。

第二，员工的医疗期期间如果有中断的，可以累计计算。

根据《劳动部关于发布〈企业职工患病或非因工负伤医疗期规定〉的通知》（劳部发〔1994〕479 号）第四条的规定，医疗期 3 个月的，按 6 个月内累计病休时间计算；6 个月的，按 12 个月内累计病休时间计算；9 个月的，按 15 个月内累计病休时间计算；12 个月的，按 18 个月内累计病休时间计算；18 个月的，按 24 个月内累计病休时间计算；24 个月的，按 30 个月内累计病休时间计算。

举一例说明：假设张某依据工龄计算可以休 6 个月的病假，如果从患病当年1月1日起第一次病休，那么张某的医疗期应在1月1日至次年1月1日之间确定，在此期间累计病休6个月即视为医疗期满。其他依此类推。

第三，医疗期计算过程中，公休、假日和法定节日包括在内，如果在医疗期内涉及上述节假日的，不再扣除。

3. 医疗期何时终止

如果医疗期是连续计算的，那么休假时间与医疗期相等，且医疗期以自然月为计算单位；如果医疗期是累计计算的，累计休假时间与医疗期相等，医疗期以30天/月为计算单位。上述两种休假时间均在等于应休医疗期天数时，医疗期届满。

根据《关于合同制工人在试用期内患病医疗问题的复函》（劳办险字〔1989〕3号）和《企业职工患病或非因工负伤医疗期规定》（劳部发〔1994〕479号）第三条的规定，劳动者在试用期内患病或非因工负伤，可以享受的医疗期限为3个月。因此，试用期员工也有医疗期。

1. 与休假结束后的员工协商确定顺延试用期，但顺延试用期不能超过法定试用期的最长期限。

2. 可以在录用条件、劳动合同或者规章制度中详细规定，本岗位员工要求身体健康，无慢性疾病或者重大疾病，隐瞒重大疾病属于合同欺诈，可导致双方的劳动合同无效；或者因劳动者身体存在慢性疾病，属于不符合录用条件，用人单位也可以此为由解除劳动关系。

【法条链接】

《劳动部关于贯彻执行〈中华人民共和国劳动法〉若干问题的意见》

76. 依据劳动部《企业职工患病或非因工负伤医疗期的规定》（劳部发〔1994〕479号）和劳动部《关于贯彻〈企业职工患病或非因工负伤医疗期的规定〉的通知》（劳部发〔1995〕236号），职工患病或非因工负伤，根据本人实际参加工作的年限和本企业工作年限长短，享受3—24个月的医疗期。对于某些患特殊疾病（如癌症、精神病、瘫痪等）的职工，在24个月内尚不能痊愈的，经企业和当地劳动部门批准，可以适当延长医疗期。

7.7　处理员工旷工应注重书面证据材料整理与收集

【典型问题】

有效的规章制度公示方式有哪些？

员工旷工由谁来举证？

【经典案例】 规章制度通过电子邮件发送给员工属于有效公示吗？

魏先生到北京某公司工作，在与公司签订的劳动合同中，公司与魏先生约定了魏先生的邮箱地址，在办理完毕入职手续后，公司通过电子邮件方式向其公示了公司的规章制度，但未要求其签字确认。规章制度中明确表明，员工 1 个月内累计迟到早退达到 6 次，旷工超过 3 次，属于严重违反公司规章制度的行为，公司有权以严重违纪为由解除劳动关系，并不予支付经济补偿金。魏先生在 1 个月内旷工 4 次，因此，公司向其发放严重违纪解除劳动关系的通知书，魏先生因此向公司主张解除劳动关系的经济赔偿金。

【审理结果】

审理机关经审理发现，魏先生认可公司出示的公证邮件里显示的邮箱地址为自己所有，且自己通过设定唯一的密码进入，魏先生虽然一直声称其从未收到过公司下发给他的规章制度，但是公司提交的公证书里显示，公司已经在魏先生入职当天发送了规章制度电子版到魏先生认可的邮箱，而魏先生未提交证据证明其主张，因此确认魏先生在已知公司规章制度明确规定的情形下，存在严重违纪的行为，公司以此为由解除与魏先生的劳动关系，合理合法，裁定驳回了魏先生的申请。

【案例解析】

本案的焦点在于，公司向魏先生发送的邮件是否产生预期的效力，仅一封邮件自然不能完全证明公司的主张，关键在于公司在劳动合同中约定了邮箱地址，魏先生在庭审中也认可了邮箱地址的有效性，公司才能最终获得胜诉。证据的完整性对裁决影响之大可见一斑。

【律师手把手】

众所周知，民事诉讼中“谁主张，谁举证”是举证的一般原则，即由提出诉讼请求的一方提供证据证明其主张。如果无法提交证据或者提交的证据无法证明其主张的，则承担不利后果。但劳动争议有其特殊性，用人单位作为管理者，掌握着大量直接证据，劳动者作为被管理者却往往难以获得，因此大多主张适用“举证责任倒置”的原则，即由劳动者提出主张后，用人单位需提交证据证明劳动者的主张不应得到支持。

举一个例子：员工旷工，考勤表上不会显示该员工的信息，考勤表就很难证明该员工存在旷工行为，那么用人单位如何收集证据呢？用人单位可以催告员工回岗上班或者与员工取得联系，留下视听资料的证据或者其他证据，切记，单独提交考勤表不能完成用人单位的举证责任。

想在诉讼中立于不败之地，用人单位要时刻把握一个原则，针对员工的行为尽最大努力留下证据，包括书面证据、视听资料或者其他形式的证据，在获取、保存证据时，需要遵循如下原则：

1. 书面证据效力最高。类似员工签字认可的文件、电子文档等均可作为书面证据，邮件、QQ 群聊天记录、微信聊天记录、OA 系统登录信息或者其他电子信息，在条件具备的情况下也可产生直接证明力。

2. 录音、录像等视听资料效力比书面证据效力稍逊一筹，但用人单位确有原因在难以实现收集书面证据的情况下，也可保留此类证据用以证明其效力。

3. 对已有的电子文件如邮件、OA 登录信息或者下载信息、有明确所有人的 QQ 聊天记录、微信聊天记录等进行公证，便于加强证明效力。

4. 规章制度的公示采取如下方式更为稳妥：

员工手册签领法，要有员工签领确认；

内部培训法，留下培训纪要等书面文件，纪要中包含培训时间、地点、参会人员名单、培训内容等，要求参加培训人员签到；

劳动合同约定法，将重要的条款摘录出来，约定到劳动合同条款中；

规章制度考试法，开卷或闭卷均可，要有员工笔答签字；

传阅法，员工签字确认；

入职登记表声明条款中包含规章制度已阅的声明；

意见征询法，征询意见要写明，员工签字确认表明无意见或者提出意见的需在指定期限内提出，否则视为同意。

【法条链接】

《中华人民共和国劳动争议调解仲裁法》

第六条　发生劳动争议，当事人对自己提出的主张，有责任提供证据。与争议事项有关的证据属于用人单位掌握管理的，用人单位应当提供；用人单位不提供的，应当承担不利后果。

第三十九条　当事人提供的证据经查证属实的，仲裁庭应当将其作为认定事实的根据。

劳动者无法提供由用人单位掌握管理的与仲裁请求有关的证据，仲裁庭可以要求用人单位在指定期限内提供。用人单位在指定期限内不提供的，应当承担不利后果。

《最高人民法院关于审理劳动争议案件适用法律若干问题的解释》

第十三条　因用人单位作出的开除、除名、辞退、解除劳动合同、减少劳动报酬、计算劳动者工作年限等决定而发生的劳动争议，用人单位负举证责任。

《最高人民法院关于民事诉讼证据的若干规定》

第六条　在劳动争议纠纷案件中，因用人单位作出开除、除名、辞退、解除劳动合同、减少劳动报酬、计算劳动者工作年限等决定而发生劳动争议的，由用人单位负举证责任。

《劳动和社会保障部关于确立劳动关系有关事项的通知》

二、用人单位未与劳动者签订劳动合同，认定双方存在劳动关系时可参照下列凭证：

（一）工资支付凭证或记录（职工工资发放花名册）、缴纳各项社会保险费的记录；

（二）用人单位向劳动者发放的“工作证”、“服务证”等能够证明身份的证件；

（三）劳动者填写的用人单位招工招聘“登记表”、“报名表”等招用记录；

（四）考勤记录；

（五）其他劳动者的证言等。

其中，（一）、（三）、（四）项的有关凭证由用人单位负举证责任。

第8章

员工考核管理争议误区及应对策略

- 员工拒绝确认绩效考核结果怎么办?
- 员工绩效考核不合格拒绝调岗怎么办?
- 调岗调薪可以通过什么方式确认?
- “三期”女员工岗位可以变动吗?
- 劳动合同变更书可以变更哪些条款?

依据《劳动合同法》第三十五条的规定，用人单位与劳动者协商一致，可以变更劳动合同约定的内容。由此可知，合法变更劳动合同，必须采用书面形式。用人单位对员工进行管理，员工的工作很有可能发生变动，发生变动时如果能与员工协商一致固然不错，但是在工作实务中，如果用人单位发现员工不能胜任岗位工作，但是与员工协商变更岗位不能达成一致意见，用人单位要如何处理呢？如何使调岗调薪合理合法，绩效考核就成为关键因素。本章主要讨论绩效考核项下的调岗调薪如何操作，以最大限度规避法律风险。

8.1 绩效考核与调岗调薪必须相辅相成

【典型问题】

经绩效考核不合格的员工拒绝到新岗位上班，如何处理？

员工拒绝确认绩效考核结果，如何处理？

【经典案例】 绩效考核结果员工拒绝认可，单方调岗合法吗？

陶先生与某开发公司建立劳动关系，岗位为机床操作工。劳动合同约定："公司按岗位说明书考核项经考核考评，如果确认员工不能胜任本岗位工作，可以单方调换员工的岗位。本合同履行期间因甲方生产经营政策发生变化，经双方协商一致，也可以变更员工的岗位。"劳动合同还约定连续旷工3日以上的，属于严重违反公司规章制度的行为，公司有权以此为由解除劳动关系，并不予支付解除劳动关系的经济补偿金。

工作后，陶先生在第一季度的考核考评中，综合得分70分，低于公司的合格线 80 分。因此，公司于第二季度开始，向陶先生发出了《员工调转通知单》，将陶先生从装备车间调至质检车间，工种未变，工资降了 500 元 / 月。陶先生对此有异议，拒绝签收《员工调转通知单》，也坚持不到质检车间工作。后公司以陶先生旷工为由解除劳动合同。陶先生与公司就此事发生劳动争议，陶先生要求违法解除劳动合同的经济赔偿金。

【审理结果】

审理机关经审理发现，公司在劳动合同中明示了绩效考核制度，依据绩效考核结果陶先生不能够胜任原岗位工作，公司依法对其进行调岗。虽然陶先生对绩效考核结果不予认可，但是并未向公司提出合理的理由，因此公司的调岗决定合法，陶先生无故拒绝到新岗位上班，已经构成旷工，公司有权以严重违反公司规章制度为由将其解聘，并无须支付与陶先生解除劳动关系的经济赔偿金。

【案例解析】

本案的焦点在于，开发公司对于陶先生的调岗行为是否合法。依据《劳动合同法》的相关规定，如果用人单位能够证明劳动者不能胜任岗位职责，可以依法进行调岗，调岗后仍不能胜任的，用人单位可以提前 30 日通知劳动者解除劳动关系，并依法支付劳动者解除劳动关系的经济补偿金。本案中，基于已经公示的考核制度进行的调岗调薪合法有效，因此陶先生不到新岗位上班，属于旷工，实属严重违反公司规章制度的行为，公司将其解聘，合理合法。

【律师手把手】

基于合法有效的绩效考核制度而进行的调岗调薪才能发生法定的法律效力，因此绩效考核制度对于用人单位对员工进行用工管理至关重要，合法的考核制度需要具备以下关键点：

1. 内容详尽，包括考核范围、考核周期、考核项、考核分值解释、考核结果应用方式等的考核制度；

2. 明确参与考核的岗位名称；

3. 员工签字确认的岗位职责说明书；

4. 依据岗位职责说明书确定的考核标准，且考核项越可量化，考核结果越不容易被推翻，如为销售人员设定考核项，规定未积极完成领导交付的任务属于不合格，考核不合格的结果将可能无法说服被考核员工，如果在考核项中明确规定了销售额，未达到规定销售额视为考核不合格这样的考核结果因具客观性可使得被考核员工无法辩驳；

5. 考核结果公示，需要员工签字确认，员工拒绝签字的，可采取其他形式送达；

6. 考核制度中还要明确岗位和薪酬调整的范围，且调整岗位与原岗位工作职责存在关联，不能肆意调整员工工作岗位。

上述无论是规章制度、考核项或考核结果，都需要员工签字确认并留下书面证据，以备不时之需，员工拒绝签收的，一定要采取其他方式送达书面文件。

根据《劳动部关于企业职工流动若干问题的通知》第二条的规定，用人单位与掌握商业秘密的职工在劳动合同中约定保守商业秘密有关事项时，可以约定在劳动合同终止前或该职工提出解除劳动合同后的一定时间内（不超过 6 个月），调整其工作岗位，变更劳动合同中相关内容，这就是针对保密岗位进行的脱密调岗。用人单位可依据上述法律规定，在与员工解除劳动合同前一段时间内，一般不超过 6 个月，调整该员工的工作岗位，劳动者一方应该履行。因为法律仅规定了调岗，却未涉及调薪，因此如果劳动者不同意，用人单位一般难以对劳动者进行调薪。

【法条链接】

《中华人民共和国劳动合同法》

第四十条 有下列情形之一的，用人单位提前三十日以书面形式通知劳动者本人或者额外支付劳动者一个月工资后，可以解除劳动合同：

（一）劳动者患病或者非因工负伤，在规定的医疗期满后不能从事原工作，也不能从事由用人单位另行安排的工作的；

（二）劳动者不能胜任工作，经过培训或者调整工作岗位，仍不能胜任工作的；

（三）劳动合同订立时所依据的客观情况发生重大变化，致使劳动合同无法履行，经用人单位与劳动者协商，未能就变更劳动合同内容达成协议的。

《劳动部关于企业职工流动若干问题的通知》

二、用人单位与掌握商业秘密的职工在劳动合同中约定保守商业秘密有关事项时，可以约定在劳动合同终止前或该职工提出解除劳动合同后的一定时间内（不超过六个月），调整其工作岗位，变更劳动合同中相关内容；用人单位也可规定掌握商业秘密的职工在终止或解除劳动合同后的一定期限内（不超过三年），不得到生产同类产品或经营同类业务且有竞争关系的其他用人单位任职，也不得自己生产与原单位有竞争关系的同类产品或经营同类业务，但用人单位应当给予该职工一定数额的经济补偿。

《劳动部办公厅关于职工因岗位变更与企业发生劳动争议等有关问题的复函》

一、关于用人单位能否变更职工岗位问题。按照《劳动法》第十七条、第二十六条、第三十一条的规定精神，因劳动合同订立时所依据的客观情况发生重大变化，致使原劳动合同无法履行而变更劳动合同，须经双方当事人协商一致，若不能达成协议，则可按法定程序解除劳动合同；因劳动者不能胜任工作而变更、调整职工工作岗位，则属于用人单位的自主权。对于因劳动者岗位变更引起的争议应依据上述规定精神处理。

8.2 调岗调薪最好得到员工书面确认

【典型问题】

调岗调薪通过什么方式确认？

劳动合同变更书可以对劳动合同哪些条款进行变更？

【经典案例】 劳动合同明确约定，企业依约可单方调岗，是否有效？

姜某与某外资公司建立了劳动关系，姜某任公司销售总监一职。双方签订的《劳动合同》规定：“公司可根据工作需要和员工的工作及表现变更员工的工作岗位。员工在签订劳动合同时即表明其认可公司的单方调动行为。”外资公司的《员工手册》亦有相同的规定。1年后，公司组织架构进行了重大调整，姜某所任的销售总监一职被取消，其岗位职责由公司副总分管。姜某则被调至行政管理部主管岗位，工资待遇也随新岗位调整，月工资下调了8000元。姜某反对公司的安排，认为公司无权单方对其进行调岗调薪，拒绝到新岗位上班，遂申请仲裁要求公司继续履行原劳动合同，恢复其工作岗位及相应工资待遇。在诉讼过程中，公司提交了劳动合同及员工手册，用以证明姜某已经同意在一定情况下，公司可以单方调动其工作岗位，因此公司不同意恢复姜某原岗位原薪酬待遇，姜某则认为劳动合同中虽有此约定，但是并未就公司可以单方调整工作岗位的情形进行详尽的约定，因此坚持要求公司履行原劳动合同。

【审理结果】

审理机关经审理认为，该外资公司虽然在合同中约定可以依据实际经营情况单方调岗，姜某也在劳动合同中签字表示认可，但是并未约定可以调岗的情形，侵害了姜某在劳动关系中的利益，因此该约定因违法而属于无效条款，外资公司理应恢复姜某原岗位、原薪酬。

【案例解析】

本案的焦点在于，外资公司与姜某在合同中约定可以依据实际经营情况单方调岗的条款，能否发生预期的法律效力，答案显然是否定的，该约定明显免除了公司的责任，扩大了其自身的权益，属于无效条款，因此外资公司理应恢复姜某原岗位、原薪酬。同样约定了单方调岗调薪，与上一节案例的审判结果不同，本案中的用人单位败诉，原因在于未依照法律规定设立权利与义务。法律明确规定，劳动合同订立时所依据的客观情况发生重大变化，致使原劳动合同无法履行，经当事人协商不能就变更劳动合同达成协议的，用人单位可以解除劳动合同。如果外资公司因法定事由导致客观情况发生重大变化，未能与姜某就变更岗位达成一致意见，可以提前30日通知其解除劳动关系，这才是合法的处理方式。

【律师手把手】

笔者在工作中发现，确实有许多用人单位在劳动合同中约定与上述案例中的外资公司约定内容相似的条款："甲方可以根据生产和工作需要及乙方的身体状况、工作能力和表现调整乙方的工作岗位和工作内容，乙方在签订劳动合同时明确表示愿意服从甲方的安排"，或在"劳动报酬"的条款中约定："甲方可根据实际经营状况、内部规章制度，对乙方进行考核，根据考核结果或者根据乙方的工作年限、奖罚记录、岗位和工作内容变化等，调整乙方的工资水平，但不可低于国家规定的最低工资标准，乙方在签订劳动合同的同时明确表示愿意服从甲方的安排。"案例的审判结果已经说明上述做法确不可取。

根据《劳动部关于〈中华人民共和国劳动法〉若干条文的说明》的规定，所谓的"客观情况"是指发生不可抗力或出现致使劳动合同全部或部分条款无法履行的其他情况，如企业迁移、被兼并、企业资产转移等，并且明确规定排除了"用人单位濒临破产进行法定整顿期间或者生产经营状况发生严重困难"的情形。如果因为企业合并、分立等而导致部门发生变动，此类变动因非企业主观方面原因造成，应属于客观情况；而若仅是管理层"拍脑门"主观决定取消或者重新设立某一部门，则不属于法定的客观情况。用人单位可以通过劳动合同将可能发生的客观情况作出扩展解释，如用人单位办公地点迁移、办公地址发生变化、主营业务发生变化而导致部门变动均可设定为客观情况，但须注意避免将主观因素过多纳入其中，而导致约定无效。《劳动合同变更协议书》可参考下面的模板。

劳动合同变更协议书

经甲乙双方协商一致，对　　年　　月　　日签订之劳动合同作以下变更：

第一条　（变更内容）

□乙方劳动合同原雇佣主体（即甲方）因经营需要，将乙方劳动合同雇佣主体（即甲方）变更为________________

□因乙方学历变化基本工资调整为________________

□因工作需要劳动合同工作地点变更为____________

□其他变更____________

第二条 甲乙双方的权利义务关系不变，劳动合同约定内容包括但不限于起止时间、工作地点或工资信息等事项。

第三条 双方经充分协商确定，此劳动合同变更协议仅作为原劳动合同附件，不属于劳动合同重新签订或者续签，所属劳动合同到期之后，此劳动合同变更协议同时到期。

第四条 本协议一式两份，甲方执一份，乙方执一份，作为劳动合同的补充协议，与劳动合同具有同等的效力。

甲方（签章）： 乙方（签章）：

法定代表人或授权代表（签章）：

年 月 日 年 月 日

【法条链接】

《劳动部关于〈中华人民共和国劳动法〉若干条文的说明》

第二十六条 有下列情形之一的，用人单位可以解除劳动合同，但是应当提前三十日以书面形式通知劳动者本人：

（一）劳动者患病或者非因工负伤，医疗期满后，不能从事原工作也不能从事由用人单位另行安排的工作的；

（二）劳动者不能胜任工作，经过培训或者调整工作岗位，仍不能胜任工作的；

（三）劳动合同订立时所依据的客观情况发生重大变化，致使原劳动合同无法履行，经当事人协商不能就变更劳动合同达成协议的。

本条第（一）项指劳动者医疗期满后，不能从事原工作的，由原用人单位另行安排适当的工作之后，仍不能从事另行安排的工作的，可以解除劳动合同。

本条第（二）项中的“不能胜任工作”，是指不能按要求完成劳动合同中约定的任务或者同工种、同岗位人员的工作量。用人单位不得故意提高定额标准，使劳动者无法完成。

本条中的“客观情况”指：发生不可抗力或出现致使劳动合同全部或部分

条款无法履行的其他情况，如企业迁移、被兼并、企业资产转移等，并且排除本法第二十七条所列的客观情况。

第二十七条 用人单位濒临破产进行法定整顿期间或者生产经营状况发生严重困难，确需裁减人员的，应当提前三十日向工会或者全体职工说明情况，听取工会或者职工的意见，经向劳动行政部门报告后，可以裁减人员。

用人单位依据本条规定裁减人员，在六个月内录用人员的，应当优先录用被裁减的人员。

本条中的“法定整顿期间”指依据《中华人民共和国破产法》和《民事诉讼法》的破产程序进行的整顿期间。“生产经营状况发生严重困难”可以根据地方政府规定的困难企业标准来界定。“报告”仅指说明情况，无批准含义。“优先录用”指同等条件下优先录用。

8.3 企业调岗调薪合法底线为效力默认

【典型问题】

用人单位非法调岗调薪，员工可随时提出异议吗？

【经典案例】 员工被降薪半年后要求补发工资差额可否被支持？

戚女士入职到某进口食品集团公司工作超过12年，任大客户经理，主要负责与大型连锁超市的对接与联络，月薪为40000元，双方属于无固定期限的劳动合同。后因领导层变更，戚女士与新领导的管理风格存在衔接问题，很多意见难以达成一致，因此集团找到戚女士要求协商解除劳动关系，戚女士不同意。后公司未经戚女士同意，在集团内部群发邮件，将其岗位变更为客户经理，要求其进行工作交接，负责新客户拓展，月薪调整为8000元，戚女士表示不同意，多次找到公司领导谈话，要求恢复原岗位、原薪酬，却被告知集团公司要开会讨论最终处理结果，要求其静待处理结果。7个月过去了，公司仍未给戚女士满意的答复。戚女士无奈诉至当地劳动争议仲裁委员会，要求食品集团公司补发其工资。

【审理结果】

审理机关经审理发现，食品集团公司确实存在降薪的行为，但食品集团公司称双方已经就降薪口头达成了一致意见，戚女士虽然主张不同意食品集团公司的降薪行为，且多次找到食品集团公司沟通降薪事宜，但戚女士无法提交有效证据加以证明，而调岗降薪后已经实际履行 7 个月，应采信食品集团公司的主张，视为双方达成一致意见，可认定为有效，因此驳回了戚女士的请求。

【案例解析】

本案的焦点在于，非法的降薪行为，在实际履行了 7 个月后，能否被认定双方已就降薪达成了一致意见？答案是肯定的，依据法律的相关规定，口头形式变更劳动合同的，已经实际履行了口头变更的劳动合同超过 1 个月，且变更后的劳动合同内容不违反法律、行政法规、国家政策以及公序良俗，当事人主张劳动合同变更无效的，人民法院不予支持。因此，本案中，戚女士的请求被驳回。

【律师手把手】

依据法律的相关规定，用人单位对劳动者的调岗调薪可能未达成书面的一致意见，但如果劳动者已经实际到岗，而且已经领取了新入职岗位的工资待遇，则可以被认定双方已经就口头变更劳动合同达成一致意见，用人单位可依此规定降低法律风险。但是笔者仍建议，为了维护和谐的用工关系，对劳动合同的内容进行变更应该尽可能采取书面形式，这样才能最大限度地降低用工成本及风险。

【法条链接】

《最高人民法院关于审理劳动争议案件适用法律若干问题的解释（四）》

第十一条 变更劳动合同未采用书面形式，但已经实际履行了口头变更的劳动合同超过一个月，且变更后的劳动合同内容不违反法律、行政法规、国家政策以及公序良俗，当事人以未采用书面形式为由主张劳动合同变更无效的，人民法院不予支持。

8.4 “三期”女员工调岗调薪以合法为条件

【典型问题】

“三期”女员工岗位可以变动吗？

“三期”女员工可以因为绩效考核不合格而变动工作岗位吗？

【经典案例】 **怀孕女员工因考核不合格被调岗降薪，合法吗？**

谢某在某物业公司工作，岗位是行政人事主管，每月工资 3000 元。1 年后，谢某发现自己怀孕，于是向公司说明了此事。公司表示，谢某怀孕后肯定会对工作造成影响，谢某称如果造成影响，自己愿意调岗到次要岗位工作。但没有想到，谢某的一季度考核结果显示谢某工作业绩不合格，公司依据考核制度，将谢某的职位调为一般行政文员工作，月工资也调整为 1500 元。谢某表示不同意，认为公司的这种行为明显是在迫使其自动离职，遂多次找到公司领导谈话要求恢复原岗位、原工资。5 天后，公司发出书面通知，表示调整岗位的原因是谢某的工作表现未能满足公司的要求，宣布解除双方之间的劳动合同。谢某找到公司经理进行协商无果，遂向劳动仲裁委员会申请了仲裁，要求恢复其岗位并补发拖欠的工资。

【审理结果】

审理机关经审理发现，物业公司的考核制度是由谢某制定的，公司依据公示的考核制度对谢某进行调岗，符合法律的相关规定。但是依据法律的相关规定，用人单位在女员工怀孕期间不得降低其工资收入，因此裁定物业公司补齐谢某的工资差额。

【案例解析】

本案的焦点在于，物业公司经考核而调整谢某岗位和工资的行为是否合法。用人单位基于经营的考虑，可以因考核不合格调整怀孕女员工的工作岗位，但是不得因为考核不合格而解除劳动关系，也不得因考核不合格而降低其工资，因此本案中，物业公司需要补发拖欠谢某的工资。

【律师手把手】

《劳动合同法》中规定，订立和变更劳动合同应当遵循平等自愿、协商一致的原则。一些用人单位为达到降薪的目的在女员工“三期”期间非法调整其工作岗位，这种做法往往事与愿违，女员工有权要求恢复原岗位、原待遇。

1.“三期”女员工的如下调岗行为被认定为合法有效：

（1）用人单位与女员工经协商达成一致意见，且该意见不违反法律的强制性规定。比如，女员工在怀孕后确因身体不适，提交医疗机构相关证明，向用人单位申请调整工作岗位的，用人单位应当同意。

（2）单位依据岗位需要，与女员工协商一致调整岗位与薪酬，或者经考核不合格，调整工作岗位。

（3）经女员工申请，用人单位应将“三期”女职工从禁忌岗位调到非禁忌岗位。

2.“三期”女员工的工作岗位可以调整，但是除非经女员工同意，否则不得调整薪酬。

3. 女员工产假结束上班，应在原岗位工作，因用人单位原因使得女员工岗位发生变更的，用人单位必须与女员工协商一致。

4. 法律规定，对怀孕7个月以上的女员工，用人单位不得延长劳动时间或者安排夜班劳动，并应当在劳动时间内安排一定的休息时间，用人单位也需要充分注意，以免因投诉受到行政处罚。

【法条链接】

《中华人民共和国劳动法》

第六十条　不得安排女职工在经期从事高处、低温、冷水作业和国家规定的第三级体力劳动强度的劳动。

第六十一条 不得安排女职工在怀孕期间从事国家规定的第三级体力劳动强度的劳动和孕期禁忌从事的劳动。对怀孕七个月以上的女职工，不得安排其延长工作时间和夜班劳动。

第六十三条 不得安排女职工在哺乳未满一周岁的婴儿期间从事国家规定的第三级体力劳动强度的劳动和哺乳期禁忌从事的其他劳动，不得安排其延长工作时间和夜班劳动。

《女职工劳动保护特别规定》

第五条 用人单位不得因女职工怀孕、生育、哺乳降低其工资、予以辞退、与其解除劳动或者聘用合同。

附录：

女职工禁忌从事的劳动范围

三、女职工在孕期禁忌从事的劳动范围：

（一）作业场所空气中铅及其化合物、汞及其化合物、苯、镉、铍、砷、氰化物、氮氧化物、一氧化碳、二硫化碳、氯、己内酰胺、氯丁二烯、氯乙烯、环氧乙烷、苯胺、甲醛等有毒物质浓度超过国家职业卫生标准的作业；

（二）从事抗癌药物、己烯雌酚生产，接触麻醉剂气体等的作业；

（三）非密封源放射性物质的操作，核事故与放射事故的应急处置；

（四）高处作业分级标准中规定的高处作业；

（五）冷水作业分级标准中规定的冷水作业；

（六）低温作业分级标准中规定的低温作业；

（七）高温作业分级标准中规定的第三级、第四级的作业；

（八）噪声作业分级标准中规定的第三级、第四级的作业；

（九）体力劳动强度分级标准中规定的第三级、第四级体力劳动强度的作业；

（十）在密闭空间、高压室作业或者潜水作业，伴有强烈振动的作业，或者需要频繁弯腰、攀高、下蹲的作业。

第9章

员工奖惩管理争议误区及应对策略

- 单位规章制度公示就有效力吗?
- 规章制度的“兜底条款”有何作用?
- “严重违纪”必须明确才有效吗?
- 员工不同意就违纪行为签字怎么办?
- 单位可以单方面辞退严重违纪员工吗?

用人单位对员工的管理通常通过奖惩措施来实现“多劳多得、少劳少得、不劳不得、破坏罚没”的管理目标，通过提成、奖金制度实现收入分配，通过奖惩制度来促使员工对其行为负责。当然，用工风险也蕴含其中，如规章制度制定的程序如何操作才有效？奖惩制度的规定应具备哪些必须条款？员工的严重违纪行为通过什么方式保留下来才产生法律效力？本章主要阐述在奖惩制度的制定与实施中，用人单位需要重点关注的问题。

9.1 制度拟定与修改以民主与公示为要素

【典型问题】

什么样的规章制度才能产生法律效力？

规章制度的制定必须经过全员大会才能视为民主程序吗？

单位规章制度公示就有效力吗？

【经典案例】 规章制度在催告函中公示，能约束发催告函之前的行为吗？

邹某在某影视公司任编辑，领导发现他经常请事假，要么旅游，要么招待朋友，要么家里有事，与其沟通过很多次，也不见邹某态度有改观。这天，邹某又交来假条，称要到香港给孩子买奶粉，领导非常气愤，说要么就上班，要么就离职。结果邹某第二天真的就没有来。3天后，邹某仍然没有到公司上班，公司于当日向邹某发放了书面催告函，要求其在接到催告函2日内，到公司上班，否则其无故旷工2日，属于严重违反公司规章制度的行为，公司将以严重违反公司规章制度为由，与其解除劳动关系，并不予支付与其解除劳动关系的经济补偿金。

第二天，邹某就来上班了，但是5日后，邹某接到公司的辞退通知，写明因邹某未经公司同意擅自旷工已超过3日，严重违反了公司的规章制度，公司因此解除与邹某的劳动关系。邹某认为公司应支付其违法解除劳动关系的经济赔偿金。

【审理结果】

审理机关经审理发现，影视公司的规章制度是通过催告函向邹某公示的，规章制度内容没有违反法律的禁止性规定，但是邹某是在规章制度公示前旷工的，邹某在接到通知后，就返回了工作岗位，所以影视公司不能因邹某之前的行为与其解除劳动关系。因此，影视公司应支付邹某违法解除劳动关系的经济赔偿金。

【案例解析】

本案的焦点在于，影视公司在催告函中公示的规章制度，对于公示前邹某的行为有没有约束力。答案是否定的。因此，用人单位在员工入职时就需将规章制度公示给员工，否则极易产生像本案中的不利后果。

【律师手把手】

规章制度对于用人单位的重要性，可通过法律条文看出：用人单位根据《劳动合同法》第四条之规定，通过民主程序制定的规章制度，不违反国家法律、行政法规及政策规定，并已向劳动者公示的，可以作为人民法院审理劳动争议案件的依据。规章制度如此重要，作为用人单位内部管理的关键性文件，需要具备什么条件？要从规章制度的内容、制定程序来说明：

1. 规章制度的内容不得违反法律的规定。比如，规章制度中出现如下内容："因为本单位是模特经纪公司，因此本公司名下模特一律不得结婚生子，否则属于严重违反公司规章制度的行为，公司可将其辞退，并向公司承担违约责任。"对于一家模特公司来说，模特结婚生子确实会对工作产生影响，如果模特结婚生子了，模特公司以此规定为由将其辞退，将产生什么后果呢？

模特公司要恢复劳动关系或者承担违法解除劳动关系的经济赔偿金。为什么呢？因为该模特公司的规章制度侵犯了员工的婚姻、生育自由的权利而归于无效。

制度内容违法不仅产生无效的后果，而且给员工造成损害的，员工还可要求用人单位赔偿其损失，所以用人单位管理者一定要予以重视！

2. 未经过民主程序讨论的规章制度也可能导致规章制度无效。规章制度的制定和修改，虽然是公司占主导地位，但是法律规定需要员工参与民主协商，参与的形式不一定必须召开全员大会，也可通过职工代表大会讨论，如果员工办公地点并不在一个办公区，也可以分组讨论，或者要求员工在接到通知后几日内书面回复意见，没有回复意见的，视为同意规章制度各内容的规定。

员工的意见如果影响到用人单位的经营，最终是否记入规章制度中，决定权还是掌握在用人单位手中。

还需要注意的是，很多省市或者市辖区法院并不以规章制度是否通过民主程序作为生效要件，只要其内容合法，向员工公示，员工未提出异议的，也可作为有效规章制度。例如，北京市、广东省、深圳市、浙江省等。

3. 向员工公示的规章制度才能对员工的行为产生既有的约束力。说到公示，前面章节已经涉及，这里不再赘述，但有一点，一旦发生诉讼，下述方法无法举证，因此要避免，如 OA 公示、电子邮件、公告等。

【法条链接】

《中华人民共和国劳动合同法》

第四条 用人单位应当依法建立和完善劳动规章制度，保障劳动者享有劳动权利、履行劳动义务。

用人单位在制定、修改或者决定有关劳动报酬、工作时间、休息休假、劳动安全卫生、保险福利、职工培训、劳动纪律以及劳动定额管理等直接涉及劳动者切身利益的规章制度或者重大事项时，应当经职工代表大会或者全体职工讨论，提出方案和意见，与工会或者职工代表平等协商确定。

在规章制度和重大事项决定实施过程中，工会或者职工认为不适当的，有权向用人单位提出，通过协商予以修改完善。

用人单位应当将直接涉及劳动者切身利益的规章制度和重大事项决定公示，或者告知劳动者。

第三十八条 用人单位有下列情形之一的，劳动者可以解除劳动合同：

（一）未按照劳动合同约定提供劳动保护或者劳动条件的；

（二）未及时足额支付劳动报酬的；

（三）未依法为劳动者缴纳社会保险费的；

（四）用人单位的规章制度违反法律、法规的规定，损害劳动者权益的；

（五）因本法第二十六条第一款规定的情形致使劳动合同无效的；

（六）法律、行政法规规定劳动者可以解除劳动合同的其他情形。

用人单位以暴力、威胁或者非法限制人身自由的手段强迫劳动者劳动的，或者用人单位违章指挥、强令冒险作业危及劳动者人身安全的，劳动者可以立即解除劳动合同，不需事先告知用人单位。

第八十条 用人单位直接涉及劳动者切身利益的规章制度违反法律、法规规定的，由劳动行政部门责令改正，给予警告；给劳动者造成损害的，应当承担赔偿责任。

《广东省高级人民法院、广东省劳动争议仲裁委员会关于适用〈劳动争议调解仲裁法〉、〈劳动合同法〉若干问题的指导意见》

第二十条 用人单位在《劳动合同法》实施前制定的规章制度，虽未经过《劳动合同法》第四条第二款规定的民主程序，但内容未违反法律、行政法规及政策规定，并已向劳动者公示或告知的，可以作为用人单位用工管理的依据。

《劳动合同法》实施后，用人单位制定、修改直接涉及劳动者切身利益的规章制度或者重大事项时，未经过《劳动合同法》第四条第二款规定的民主程序的，原则上不能作为用人单位用工管理的依据。但规章制度或者重大事项的内容未违反法律、行政法规及政策规定，不存在明显不合理的情形，并已向劳动者公示或告知，劳动者没有异议的，可以作为劳动仲裁和人民法院裁判的依据。

《深圳市中级人民法院关于审理劳动争议案件若干问题的指导意见（试行）》

78. 用人单位在《劳动合同法》实施以前制定的规章制度，虽未经过《劳动合同法》第四条第二款规定的民主程序，但内容未违反法律、行政法规及政策规定，并已向劳动者公示或告知的，可以作为用人单位用工管理的依据。

《劳动合同法》实施后，用人单位制定、修改直接涉及劳动者切身利益的规章制度或重大事项时，未经过《劳动合同法》第四条第二款规定的民主程序的，原则上不能作为用人单位用工管理的依据。但规章制度或重大事项的内容未违反法律、行政法规及政策规定，不存在明显不合理的情形，并已向劳动者公示或告知的，劳动者没有异议的，可以作为劳动仲裁和人民法院裁判的依据。

79.《劳动合同法》第四条第二款规定的“平等协商确定”主要是指程序上的要求，如果平等协商无法达成一致，最后决定权在用人单位。如该规章制度违反法律法规的规定，给劳动者造成损害的，劳动者可依据《劳动合同法》第八十条寻求救济。

9.2 违纪行为尽量一一列明勿忘兜底条款

【典型问题】

规章制度的奖惩条款中，哪些条款不能涉及？

规章制度的“兜底条款”有何作用？

【经典案例】员工提供虚假诊断证明，规章制度无明确规定可否辞退？

柏某在某公司工作，双方的劳动合同期限为 5 年。柏某因脚部受伤，入院 3 个月，出院后，回到公司工作，工作态度不佳，领导多次找她协商，打算将其调到分公司去工作，任务比较少，工作比较轻松，但柏某不同意。后柏某又因要复查脚伤，请假 15 天，并提交了诊断证明，上面写明脚伤需要休息两周。回到岗位后，公司领导发现其上班穿的是高跟鞋，就觉得事有蹊跷，脚伤还没好，怎么就穿高跟鞋上班了，很快，柏某又因脚伤需复查，请假 15 天，并提交了同一家医院的诊断证明。公司 HR 去医院核实情况，发现该诊断证明是假的，医院称柏某治愈后出院，自此并未收治过柏某。公司马上以严重违反公司规章制度为由，解除了与柏某的劳动关系。柏某不服，诉至劳动争议仲裁委员会，要求公司支付违法解除劳动关系的经济赔偿金。

【审理结果】

公司在庭审中提交了有柏某签字的规章制度，规章制度中规定欺骗公司的行为，属于严重违反公司规章制度的行为，公司有权以此为由解除劳动关系，并不予支付经济补偿金。而柏某向公司上交了假的诊断证明，审理机关认为柏某的行为属于规章制度中明确规定的“欺骗公司的行为”，因此公司以此为由解除劳动关系符合法律的规定，遂驳回了柏某的请求。

【案例解析】

本案的焦点在于，公司的规章制度中并未明确规定出具假的诊断证明属于严重违纪行为，该规章制度能否约束柏某的行为？实际上，规章制度虽未明确表示出具假诊断证明属于严重违纪的行为，但是规章制度中明确规定，“员工有营私舞弊及其他欺骗公司的行为属于严重违反公司规章制度的行为”，这就是兜底条款的作用，因为规章制度毕竟是事前预设性质的规定，具有一定的前瞻性，所以兜底条款可以最大限度地维护用人单位的利益，用人单位应该注意把握。

【律师手把手】

所谓“智者千虑，必有一失”，规章制度的内容本身就具有事先预设的性质，需要采取列举的形式来规定违纪行为，但是无法穷尽所有事项，那么为了使用人单位的规章制度具有更广的涵盖性和更大范围的适用性，规章制度的内容就需要有概括性质的条款来约束劳动者的行为。

对于兜底条款，在规章制度设立之时，可以在每项具体违纪行为后列明，如“其他影响公司正常经营的行为”等，用人单位一定要合理利用。

【法条链接】

《中华人民共和国劳动合同法》

第三十九条　劳动者有下列情形之一的，用人单位可以解除劳动合同：

（一）在试用期间被证明不符合录用条件的；

（二）严重违反用人单位的规章制度的；

（三）严重失职，营私舞弊，给用人单位造成重大损害的；

（四）劳动者同时与其他用人单位建立劳动关系，对完成本单位的工作任务造成严重影响，或者经用人单位提出，拒不改正的；

（五）因本法第二十六条第一款第一项规定的情形致使劳动合同无效的；

（六）被依法追究刑事责任的。

9.3 “严重违纪”与“重大损害”明确才有效

【典型问题】

“员工违反规章制度情节严重的，属于严重违纪行为”，这样规定能够达到预期的效果吗？

“员工违反公司规章制度对单位影响重大的，属于严重违纪行为”，这样规定能够达到预期的效果吗？

“员工违反公司规章制度经劝阻无明显改善的，属于严重违纪行为”，这样规定能够达到预期的效果吗？

【经典案例】 未约定重大损害的程度，公司解聘合法吗？

水某在某投资公司任销售总监，公司意欲在北京投资一个别墅区旅游的项目，水某陪同投资公司负责人，与合作公司负责人兰女士商议合作事宜，因项目所涉金额较大，投资公司负责人十分重视，邀请兰女士参加晚宴。晚宴上，水某醉酒后失态，冲撞了合作公司的兰女士，兰女士当即表示终止合作。投资公司负责人勃然大怒，当场就叫水某走人。水某则要求投资公司支付其解除劳动关系的经济补偿金，并称合作不成并不全部是自己的责任，是公司合作的诚意不够。投资公司称其酒后失态的行为，使得公司的合作终止，与公司合作有无诚意完全没有关系，如果水某再行纠缠不清，就要起诉水某赔偿损失，不可能支付他解除劳动关系的经济补偿金。水某诉至当地劳动争议仲裁部门，要求投资公司支付其解除劳动关系的经济补偿金。

【审理结果】

在庭审过程中，投资公司提交了规章制度，规章制度中明确规定，员工有不当行为，给公司造成重大损害的，属于严重违纪的行为。水某对此表示认可，但称此项目公司只占百分之一的股份，不到千万，对公司来讲，上亿的损失才是重大损失。审理机关认为，投资公司的制度中并未约定“重大损害”的程度，而且，投资公司没有证据证明此项目中公司受到了重大损害，因此，投资公司无法证明水某存在严重违纪的行为，属于违法解除劳动关系，理应支付与水某违法解除劳动关系的经济赔偿金。

【案例解析】

本案的焦点在于，投资公司的规章制度中规定的“重大损害后果”如何证明？如果投资公司有证据证明，则能胜诉；如果不能证明，则败诉。其实在法律实务中，重大损害后果没有设定标准，是无法证明的。因此，投资公司因为疏忽，最终败诉。

【律师手把手】

《劳动合同法》和《劳动法》都没有对用人单位规章制度中关于“严重违纪”和“重大损害”作出具体的规定，而实务中，一旦约定不明，必然使得用人单位在诉讼中处于不利地位。

对于严重违纪，不同的用人单位有不同的理解，一般需要依据用人单位的行业类别、用工环境、员工的岗位等一系列因素来考量，可以通过层层深入的方式来规定，如1个月内3次迟到属于违纪、1个月内5次迟到属于严重违纪，有对比，才能显示违纪的程度，也便于员工理解，促进员工在工作中的自律，一旦发生劳动争议，用人单位举证也比较容易。

对“重大损害”的理解主观性比较强，不建议显示在规章制度中，不便举例和证明，如果将“重大损害后果”用具体金额进行量化，以此来衡量是否构成重大损害，如“给公司造成损失金额达到 × 万元的，属于重大损害后果”，对于用人单位来讲，发生诉讼时，比较容易证明，也更容易在诉讼中占据主动地位。

2017 年，北京市高级人民法院针对严重违反劳动纪律与职业道德，但规章制度并未规定的行为作出明确的规定，用人单位可以依据《劳动法》第三条第二款的规定与劳动者解除劳动合同，该条款充分平衡了社会的公平正义，劳动者一旦存在严重违反职业道德的行为，即使用人单位规章制度没有约定，仍能解除劳动关系，这充分体现了司法实践中，各级劳动仲裁机构与法院针对此类案件的审判方向。

【法条链接】

《中华人民共和国劳动法》

第三条 劳动者享有平等就业和选择职业的权利、取得劳动报酬的权利、休息休假的权利、获得劳动安全卫生保护的权利、接受职业技能培训的权利、享受社会保险和福利的权利、提请劳动争议处理的权利以及法律规定的其他劳动权利。

劳动者应当完成劳动任务，提高职业技能，执行劳动安全卫生规程，遵守劳动纪律和职业道德。

《中华人民共和国劳动合同法》

第三十九条 劳动者有下列情形之一的，用人单位可以解除劳动合同：

（一）在试用期间被证明不符合录用条件的；

（二）严重违反用人单位的规章制度的；

（三）严重失职，营私舞弊，给用人单位造成重大损害的；

（四）劳动者同时与其他用人单位建立劳动关系，对完成本单位的工作任务造成严重影响，或者经用人单位提出，拒不改正的；

（五）因本法第二十六条第一款第一项规定的情形致使劳动合同无效的；

（六）被依法追究刑事责任的。

《北京市高级人民法院、北京市劳动人事争议仲裁委员会关于审理劳动争议案件法律适用问题的解答》

13. 在规章制度未作出明确规定、劳动合同亦未明确约定的情况下，劳动者严重违反劳动纪律和职业道德的，用人单位是否可以解除劳动合同？

《劳动法》第三条第二款中规定："劳动者应当遵守劳动纪律和职业道德"。上述规定是对劳动者的基本要求，即便在规章制度未作出明确规定、劳动合同亦未明确约定的情况下，如劳动者存在严重违反劳动纪律或职业道德的行为，用人单位可以依据《劳动法》第三条第二款的规定与劳动者解除劳动合同。

9.4　严重违纪问题应注意书面证据保存

【典型问题】

员工不同意就违纪行为签字认可怎么办？

没有员工的确认，以严重违纪解除劳动关系，用人单位能够胜诉吗？

【经典案例】　用人单位对在单位打架的员工解聘，需支付经济补偿金吗？

窦某在某装饰公司财务部门工作，一日，因项目经理出差报销的问题，与项目经理争吵后大打出手，两人均不同程度受伤，经医院治疗后，回到公司上班。装饰公司多次找到窦某谈话，因为在办公区打架，造成同事受伤，属于严重违纪，要求窦某自动离职。窦某对此不予认可。后装饰公司认为窦某打架致使同事受伤的行为，属于严重违反公司规章制度的行为，以严重违纪为由，解除了与窦某的劳动关系。窦某不服，诉至当地的劳动仲裁委员会，要求装饰公司支付其解除劳动关系的经济补偿金。

【审理结果】

审理机关经审理发现，装饰公司虽主张窦某与同事发生争执，将同事打伤的行为属于严重违纪行为，也提交了规章制度签收单，用以证明窦某确实知晓其行为违反了公司的规章制度，但是同事的证人证言并不能单独证明窦某有在办公室与同事打架的行为，窦某对此不予认可，因此支持了窦某的主张，裁定装饰公司支付与窦某解除劳动关系的经济补偿金。

【案例解析】

本案的焦点在于，装饰公司无法证明窦某存在严重违纪的行为，必然承担败诉的后果。因此，有了规章制度，有了公示的证据材料，还需要一个重要的证据，那就是严重违纪的行为。关键在于该行为员工是否认可存在严重违纪的行为，难点也在于此，如何对员工的严重违纪行为留下书面证据呢？我们将在下文中讨论。

【律师手把手】

司法实践中，在进行仲裁裁决和司法审判时，严重违纪解除劳动关系的案件，对于解除的理由，是由用人单位来举证的。如果用人单位能够有足够有效的证据证明员工存在严重违反公司规章制度的行为，且有公示给员工的规章制度，才能在诉讼中占据主动。但是严重违纪的行为千差万别，用人单位应怎样搜集证据呢？

通常，在员工严重违反公司规章制度被解聘的案件中，可以作为直接证据的最好是书面材料，如个人写的情况说明、检讨书、承诺函、处罚通知、通告等相关材料及文书。

以下可以作为员工违纪的证据：

1. 劳动者签字认可的违纪说明、处罚通知书、员工行为异动表等；

2. 如果劳动者拒绝签订相关文件，可以劝说劳动者本人书写检讨、申辩书、情况说明等，也可作为直接证据；

3. 劳动者违纪行为所涉及的物证（如被损坏的仪器设备等）；

4. 视听资料（如当事人陈述事件的录音、录像等，如果是图片，建议最好显示年月日）；

5. 其他员工及目击者的证人证言，但证人需要出庭作证；

6. 政府有关部门或者公安部门的处理意见、处理记录及证明、笔录等，如公安局的出警笔录；

7. 在有需要的情况下，可以申请审理机关做调查取证。

【法条链接】

《中华人民共和国劳动争议调解仲裁法》

第三十九条　当事人提供的证据经查证属实的，仲裁庭应当将其作为认定事实的根据。

劳动者无法提供由用人单位掌握管理的与仲裁请求有关的证据，仲裁庭可以要求用人单位在指定期限内提供。用人单位在指定期限内不提供的，应当承担不利后果。

《最高人民法院关于审理劳动争议案件适用法律若干问题的解释》

第十三条　因用人单位作出的开除、除名、辞退、解除劳动合同、减少劳动报酬、计算劳动者工作年限等决定而发生的劳动争议，用人单位负举证责任。

第 10 章

员工社会保险管理争议误区及应对策略

- 法律对社会保险都有哪些规定？
- 欠缴社会保险单位需担什么责任？
- 劳动者拒绝缴纳社保，单位怎么办？
- 单位如何为异地办公员工缴纳社保？
- 单位可以现金补给员工社保费用吗？

《社会保险法》的出台，将劳动者的社会保险管理纳入劳动人事管理中来，随着国家对劳动者社会保险的重视，用人单位与劳动者就社会保险问题的矛盾也愈演愈烈，用人单位遇到的风险也更加隐蔽。经常会有用人单位的管理者问我："员工不同意缴纳社会保险，不是单位不给他缴纳，我们随着工资将社会保险的费用已经支付给他了，单位没有欠他钱，还能有什么风险？"表面看似没有任何风险，但其实风险并未消失。

10.1 用人单位缴纳社会保险不能有基数差

【典型问题】

法定的社会保险如何规定？

用人单位欠缴社会保险需要承担什么法律责任？

【经典案例】 员工同意按最低基数缴纳社保，用人单位无风险吗？

章某在某技术公司工作，双方约定章某的工资为10000元/月，在章某入职时，公司曾征求章某意见，章某的社会保险能否依照最低基数缴纳社会保险，章某每月扣除的社会保险也相应降低很多，章某表示同意。同时章某与技术公司签订了社会保险缴纳协议。协议约定，章某同意技术公司依照当地的最低社会保险基数为其缴纳社会保险，并同意放弃要求技术公司补缴的权利。1年后，章某因与公司意见不合，提出离职，并于当日向当地社会保险稽核部门提出要求公司按照其实际收入补缴社会保险。

【审理结果】

稽核部门经核查，发现技术公司确实存在欠缴章某社会保险的情况，但是技术公司称，章某在入职时已经与公司达成一致意见，同意依照最低基数缴纳社会保险，并拿出协议。但是稽核部门向技术公司说明，足额缴纳社会保险是用人单位的义务，不能因为用人单位与员工达成一致，就降低缴纳标准。

【案例解析】

本案的焦点在于，用人单位与员工达成的协议，能否降低用人单位与劳动者的社会保险缴纳标准，根据《社会保险法》第三十五条的相关规定，用人单位应当按照本单位职工工资总额，根据社会保险经办机构确定的费率缴纳社会保险费，因此不能因为用人单位与员工达成一致意见就免除其依法缴纳义务。

【律师手把手】

根据社会保险法的相关规定，用人单位一定要根据劳动者的总收入缴纳社会保险，该义务非经法定事由不能免除。

【法条链接】

《中华人民共和国社会保险法》

第六十条　用人单位应当自行申报、按时足额缴纳社会保险费，非因不可抗力等法定事由不得缓缴、减免。职工应当缴纳的社会保险费由用人单位代扣代缴，用人单位应当按月将缴纳社会保险费的明细情况告知本人。

无雇工的个体工商户、未在用人单位参加社会保险的非全日制从业人员以及其他灵活就业人员，可以直接向社会保险费征收机构缴纳社会保险费。

第六十二条　用人单位未按规定申报应当缴纳的社会保险费数额的，按照该单位上月缴费额的百分之一百一十确定应当缴纳数额；缴费单位补办申报手续后，由社会保险费征收机构按照规定结算。

第六十三条 用人单位未按时足额缴纳社会保险费的，由社会保险费征收机构责令其限期缴纳或者补足。

用人单位逾期仍未缴纳或者补足社会保险费的，社会保险费征收机构可以向银行和其他金融机构查询其存款账户；并可以申请县级以上有关行政部门作出划拨社会保险费的决定，书面通知其开户银行或者其他金融机构划拨社会保险费。用人单位账户余额少于应当缴纳的社会保险费的，社会保险费征收机构可以要求该用人单位提供担保，签订延期缴费协议。

用人单位未足额缴纳社会保险费且未提供担保的，社会保险费征收机构可以申请人民法院扣押、查封、拍卖其价值相当于应当缴纳社会保险费的财产，以拍卖所得抵缴社会保险费。

10.2 员工拒缴社保用人单位不能听之任之

【典型问题】

劳动者拒绝缴纳社保，对用人单位来说是喜还是忧？

用人单位以现金形式补给劳动者社会保险应缴费用，能免责吗？

【经典案例】 员工同意用人单位现金支付社保缴费，用人单位能免责吗？

云某入职某连锁超市，因为其户口所在地与公司注册办公地点不在同一个城市，因此双方协商一致，将云某的社会保险中公司应缴纳份额以现金的形式补给云某，让其自行处理社会保险缴纳事宜，云某同意，双方签订了社会保险免缴协议，约定公司每月支付其1000元的社会保险补偿金，云某同意自己缴纳社会保险。但实际上，云某并没有为自己办理缴纳社会保险的手续。后来云某因为户口迁到公司住所地，遂与公司协商由公司为其缴纳社会保险，并同意将公司已经支付的相关费用返还给公司，公司以其签订了免责协议为由拒绝，云某不服，诉至当地劳动局社会保险稽查部门，要求连锁超市为其补缴社保。

【审理结果】

社保稽核部门经审理认为，连锁超市与云某达成的免责协议，违反了法律的规定，不能免除社会保险缴纳义务，应为云某缴纳社会保险，还应支付欠缴款项的滞纳金。

【案例解析】

本案同上节的案例相似，双方达成的一致意见，能否对抗法律的相关规定，答案显然是否定的。云某与连锁超市达成的一致意见，因为违反了法律的规定而无效，因此用人单位仍需为云某补缴社会保险，但是，用人单位可以向云某追缴已经现金支付给云某的保险补偿金。

【律师手把手】

用人单位虽然与劳动者达成了一致意见，以现金的形式补给劳动者社会保险补偿金，但结果却往往是赔了夫人又折兵，一方面，用人单位仍需为劳动者补缴社会保险；另一方面，对于劳动者已经领取的社会保险补偿金还需追缴，无形之中增加了用工成本，得不偿失。因此用人单位在日常管理中一定要避免上述行为。

【法条链接】

《中华人民共和国劳动合同法》

第二十六条 下列劳动合同无效或者部分无效：

（一）以欺诈、胁迫的手段或者乘人之危，使对方在违背真实意思的情况下订立或者变更劳动合同的；

（二）用人单位免除自己的法定责任、排除劳动者权利的；

（三）违反法律、行政法规强制性规定的。

对劳动合同的无效或者部分无效有争议的，由劳动争议仲裁机构或者人民法院确认。

《中华人民共和国劳动法》

第七十二条 社会保险基金按照保险类型确定资金来源，逐步实行社会统筹。用人单位和劳动者必须依法参加社会保险，缴纳社会保险费。

《中华人民共和国社会保险法》

第六十条 用人单位应当自行申报、按时足额缴纳社会保险费，非因不可抗力等法定事由不得缓缴、减免。职工应当缴纳的社会保险费由用人单位代扣代缴，用人单位应当按月将缴纳社会保险费的明细情况告知本人。

无雇工的个体工商户、未在用人单位参加社会保险的非全日制从业人员以及其他灵活就业人员，可以直接向社会保险费征收机构缴纳社会保险费。

10.3 分支机构员工缴社保重在确定缴纳地

【典型问题】

工作地与用人单位办公地不在同一地的员工社会保险应如何缴纳？

与用人单位不在同一地办公的员工社会保险缴纳地如何确定？

【经典案例】 办事处女员工应该休几个月的产假？

苏女士入职北京某公司工作，公司依法为其在公司注册地北京市缴纳了社会保险。后因工作需要，公司将其派往河南省郑州市负责分支机构组建等工作。两年后，苏女士怀孕生子，根据苏女士的生育情况，依照北京的产假规定是128天，依照河南省的产假规定是180天，公司要求苏女士依照北京的规定休128天的产假，生育津贴依照北京的政策发放，因为苏女士的生育险是在北京缴纳的。但是苏女士认为，她的工作地在河南，应依照河南省的规定执行产假休假政策，公司要求苏女士128天后到岗上班，否则依照旷工处理，双方未就上述意见达成一致。后公司以苏女士多日旷工严重违反公司规章制度为由解除了与其的劳动关系。苏女士遂诉至河南省劳动争议仲裁委员会，要求公司补发产假工资，并支付违法解除劳动关系的经济赔偿金。

【审理结果】

审理机关经审理发现，双方的劳动合同履行地在河南，依照优先适用劳动合同履行地的原则，公司应该依法支付苏女士180天的产假工资，而且苏女士在休产假期间，公司不能以严重违纪为由解除与苏女士的劳动关系，因此应该支付其违法解除劳动关系的经济赔偿金。

【案例解析】

本案的焦点在于，员工办公地与用人单位住所地不一致时，应适用哪个地区的法律制度，答案是优先适用劳动合同履行地的法律规定。因此，相应地，缴纳社会保险也应该优先为劳动者在劳动合同履行地缴纳。

【律师手把手】

由于经营的需要，用人单位在公司注册地之外有分公司、子公司或者办事处很常见，如何解决法律适用的矛盾呢？可以采取如下方式：

1. 优先适用劳动合同履行地的法律规定，在劳动合同履行地，即劳动者办公地为劳动者缴纳社会保险。

2. 与劳动者就社会保险缴纳地达成一致意见，在用人单位住所地或者劳动合同履行地二选一，并形成书面协议，以约束双方的行为。

【法条链接】

《中华人民共和国劳动争议调解仲裁法》

第二十一条 劳动争议仲裁委员会负责管辖本区域内发生的劳动争议。

劳动争议由劳动合同履行地或者用人单位所在地的劳动争议仲裁委员会管辖。双方当事人分别向劳动合同履行地和用人单位所在地的劳动争议仲裁委员会申请仲裁的，由劳动合同履行地的劳动争议仲裁委员会管辖。

《社会保险登记管理暂行办法》

第六条 社会保险登记实行属地管理。

缴费单位具有异地分支机构的，分支机构一般应当作为独立的缴费单位，向其所在地的社会保险经办机构单独申请办理社会保险登记。

跨地区的缴费单位，其社会保险登记地由相关地区协商确定。意见不一致时，由上一级社会保险经办机构确定登记地。

《河南省人口与计划生育条例》

第三十三条 国家机关、社会团体、企业事业单位职工，实行晚婚的，除国家规定的婚假外，增加婚假十八天；实行晚育的，除国家规定的产假外，增加产假三个月，给予其配偶护理假一个月；婚假、产假、护理假期间视为出勤。

公民晚婚晚育的，当地人民政府应给予适当照顾。

第 11 章

工伤员工管理争议误区及应对策略

- 用人单位未缴工伤保险需担何责任？
- 劳动者上下班途中受伤可否认定为工伤？
- 法律规定工伤保险待遇包含哪些方面？
- 协议明确约定放弃工伤获赔权合法吗？
- 工伤保险待遇签订理赔协议就可以了吗？

劳动争议中工伤理赔争议所占比例非常大，原因在于许多用人单位对于工伤类争议的处理方法知之甚少，存在欠缴工伤保险费用、发生工伤处理不当导致损失扩大、工伤待遇难以实现等问题，尤其是一些比较容易发生工伤事故的劳动密集型行业，如建筑行业、物业管理行业、装饰行业、家政服务业、餐饮行业、娱乐业等更加普遍。因此在实务中，工伤类劳动争议如何处理与应对，需要引起用人单位管理者的关注。

11.1 用人单位缴纳工伤保险为员工意外伤害作保障

【典型问题】

用人单位未缴纳工伤保险的，需要承担什么责任？

【经典案例】 **员工私自替班发生事故，能否被认定为工伤？**

苏某为某物业员工，岗位是电工，一日苏某因有急事需要外出，遂找来其表哥潘某帮其带班。潘某接到物业公司电话，要求其到业主处修理空调室外机，潘某见表弟苏某仍未回来，就冒充苏某到业主家修理机器，因室外机支架年久失修，在潘某修缮期间断落，潘某从4楼跌下，导致肋骨断裂。受伤后，潘某多次找到物业公司，称因其在为业主修理机器时受伤，物业公司理应承担相应的工伤赔偿责任。物业公司以潘某与该公司不存在劳动关系为由，拒绝为潘某办理工伤申请和依法支付潘某工伤保险待遇。潘某诉至当地劳动争议仲裁委员会，要求物业公司承担一次性伤残补助金、一次性就业补助金、一次性医疗补助金并且为其报销所有的医疗费用。

【审理结果】

审理机关经审理发现，潘某是代其表弟苏某到业主家里修缮机器，但潘某并不是物业公司的员工，依据国家法律规定，工伤保险仅限用人单位为其员工缴纳并申请工伤保险待遇，因此驳回了潘某的请求。

【案例解析】

本案的焦点在于，潘某受伤是否属于工伤，答案显然是否定的，其主要原因在于，潘某与物业公司之间并不存在劳动关系，因此物业公司没有义务为潘某申请保险待遇，潘某也无权要求物业公司向其支付工伤保险待遇。

【律师手把手】

根据《工伤保险条例》的规定，中华人民共和国境内的企业、事业单位、社会团体、民办非企业单位、基金会、律师事务所、会计师事务所等组织和有雇工的个体工商户（以下简称用人单位）应当依照本条例规定参加工伤保险，为本单位全部职工或者雇工（以下简称职工）缴纳工伤保险费，这便限制了工伤保险的范围，仅限用人单位为其职工缴纳，非存在劳动关系的劳资主体不属于工伤认定的范围。

一旦与劳动者建立了劳动关系，用人单位就应积极为员工缴纳社会保险，包括工伤保险。否则，一旦员工发生工伤事故，所有工伤保险待遇均由用人单位承担。

【法条链接】

《中华人民共和国社会保险法》

第四十一条　职工所在用人单位未依法缴纳工伤保险费，发生工伤事故的，由用人单位支付工伤保险待遇。用人单位不支付的，从工伤保险基金中先行支付。

从工伤保险基金中先行支付的工伤保险待遇应当由用人单位偿还。用人单位不偿还的，社会保险经办机构可以依照本法第六十三条的规定追偿。

《工伤保险条例》

第二条 中华人民共和国境内的企业、事业单位、社会团体、民办非企业单位、基金会、律师事务所、会计师事务所等组织和有雇工的个体工商户（以下称用人单位）应当依照本条例规定参加工伤保险，为本单位全部职工或者雇工（以下称职工）缴纳工伤保险费。

中华人民共和国境内的企业、事业单位、社会团体、民办非企业单位、基金会、律师事务所、会计师事务所等组织的职工和个体工商户的雇工，均有依照本条例的规定享受工伤保险待遇的权利。

11.2 用人单位否认员工工伤认定必须提供证据证明

【典型问题】

劳动者在上下班途中与他人发生争执受伤，能否被认定为工伤？

劳动者在上下班途中发生交通事故，能否被认定为工伤？

劳动者在上班时间猝死，能否被认定为工伤？

劳动者在家中猝死，能否被认定为工伤？

劳动者在上班期间蓄意造成伤害，能否被认定为工伤？

【经典案例】 加班途中发生交通事故，能否被认定为工伤？

葛某在某公司任行政总监，一日夜间，因接到公司电话需要召开紧急会议，要求葛某务必参加。葛某在去公司的路上与一辆摩托车相撞，发生交通事故，致使脚骨骨折，经交通警察公布责任认定结果，摩托车车主因闯红灯负主要责任，葛某经过红绿灯路口未及时减速负次要责任。葛某因此在家里休养了3个月，伤愈回到公司后，要求公司报销医疗费用，并依法为其办理工伤认定及核定工伤保险待遇。公司则称，葛某发生事故是在夜间，且是在下班后，并不是发生在工作期间，不应认定为工伤，因此拒绝为葛某办理工伤认定及相关手续。葛某认为，他是在加班路上发生事故的，应视为在工作期间，理应认定为工伤，因此诉至当地劳动争议仲裁委员会，要求公司为其办理工伤认定及核定工伤保险待遇。

【审理结果】

审理机关经审理认为，葛某接到公司电话后，在去公司加班的路上发生交通事故，应认定为在上班途中，且葛某在交通事故中被认定为次要责任，依据法律的相关规定，应被认定为工伤，享受工伤待遇。

【案例解析】

本案的焦点在于，葛某在加班途中发生交通事故导致受伤，能否被认定为工伤，归根结底在于加班途中是否能被视为上下班途中，答案是肯定的。还有一点需要注意，员工在上下班途中发生交通事故的，一定要确认不负主要责任或者全部责任，否则不能认定为工伤，且葛某获得工伤赔偿后，不影响其向摩托车司机主张交通肇事的赔偿责任。交通事故导致的工伤，存在特殊情形，即工伤理赔与交通肇事责任可以同时主张。

【律师手把手】

工伤争议最大的焦点在于是否构成工伤以及双方是否存在劳动关系，这也是工伤认定的基础条件。针对工伤认定的细节，法律法规有明确具体的规定，对于工伤认定的必要条件，在此为大家作详细的说明，以解疑惑：

1. 受到事故伤害的必须是与用人单位建立劳动关系的劳动者，且用工主体必须是依法注册的法人单位。如果劳动者与用人单位之间不存在劳动关系，如未毕业大学生与用人单位建立的是劳务关系，则不能认定为工伤；或者与劳动者建立用工关系的不是用人单位而是自然人，也不能被认定为工伤，只能通过其他途径主张权益。

2. 劳动者受到伤害非因故意、蓄意造成负伤、致残或者死亡。如果造成伤害事故的主要原因是劳动者的故意或者蓄意，那么无论该伤害程度如何，均不能认定为工伤，如自杀、自残等。虽然在工作单位发生，但因劳动者存在主观故意，不能被认定为工伤；如果劳动者仅为过失，无论是过于自信的过失还是疏忽大意的过失，都有可能被认定为工伤。

如果在事故中是因他伤，如在上下班途中遭到抢劫受伤，虽然劳动者并不存在蓄意或者主观故意，但因此事故是因第三人故意造成，也不能被认定为工伤。

3. 劳动者所受到的伤害必须与事故存在一定的因果关系，如果伤害事故并未造成劳动者受伤，是劳动者内在原因导致伤害的，也不能认定为工伤。比如，劳动者因醉酒或者吸毒导致受伤的，虽然也发生在工作过程中，但不能被认定为工伤。

4. 劳动者必须在履行工作职责的过程中受到伤害，即受伤必须在工作过程中，不仅限于在办公室工作时，也包括在因公出差、上下班途中等，因此如果劳动者在家中发生事故或者因病受伤或者死亡的，不能被认定为工伤。还有一点需要注意，用人单位组织的旅行途中意外受伤，也可被认定为工伤。

总之，被认定为工伤是有条件限制的，依据法律的相关规定，针对下述情况，可被认定为工伤：

1. 在工作时间和工作场所内，因工作原因受到事故伤害的。

2. 工作时间前后在工作场所内，从事与工作有关的预备性或者收尾性工作受到事故伤害的，重点在于为了工作而进行的预备性或工作后的收尾性工作，如公司现场招聘已经结束，在离开展厅时受伤，可被认定为工伤。

3. 在工作时间和工作场所内，因履行工作职责受到暴力等意外伤害的，此种情况下必须与履行职责相关，如果因第三方蓄意盗窃或者抢劫或者故意伤害受伤，不能被认定为工伤。

4. 患职业病的。

5. 因工外出期间，由于工作原因受到伤害或者发生事故下落不明的。

6. 在上下班途中，受到非本人主要责任的交通事故或者因城市轨道交通、轮船渡运等事故伤害的。需要注意的是，受伤劳动者如果在事故中负主要责任，则不能被认定为工伤。

7. 在工作时间和工作岗位，突发疾病死亡或者在48小时之内经抢救无效死亡的，也即在上班时间发生猝死的。需注意在家中发生猝死，虽然可能是因工作导致的，一般也不能认定为工伤。在司法实践中，48小时的起算时间为医疗机构初次诊断时所记录的时间。

8. 在抢险救灾等维护国家利益、公共利益活动中受到伤害的，第一，该伤害不受任何时间和地点的限制；第二，必须是为了维护国家和社会利益而负伤、致残或者死亡，才能被认定为工伤。

9. 职工原在军队服役，因战、因公负伤致残，已取得革命伤残军人证，到用人单位后旧伤复发的。

10. 职工在单位组织或者代表单位参加运动会或者户外旅行中受伤的。

【法条链接】

《中华人民共和国社会保险法》

第三十七条 职工因下列情形之一导致本人在工作中伤亡的，不认定为工伤：

（一）故意犯罪；

（二）醉酒或者吸毒；

（三）自残或者自杀；

（四）法律、行政法规规定的其他情形。

《工伤保险条例》

第十四条 职工有下列情形之一的，应当认定为工伤：

（一）在工作时间和工作场所内，因工作原因受到事故伤害的；

（二）工作时间前后在工作场所内，从事与工作有关的预备性或者收尾性工作受到事故伤害的；

（三）在工作时间和工作场所内，因履行工作职责受到暴力等意外伤害的；

（四）患职业病的；

（五）因工外出期间，由于工作原因受到伤害或者发生事故下落不明的；

（六）在上下班途中，受到非本人主要责任的交通事故或者城市轨道交通、客运轮渡、火车事故伤害的；

（七）法律、行政法规规定应当认定为工伤的其他情形。

第十五条 职工有下列情形之一的，视同工伤：

（一）在工作时间和工作岗位，突发疾病死亡或者在 48 小时之内经抢救无效死亡的；

（二）在抢险救灾等维护国家利益、公共利益活动中受到伤害的；

（三）职工原在军队服役，因战、因公负伤致残，已取得革命伤残军人证，到用人单位后旧伤复发的。

职工有前款第（一）项、第（二）项情形的，按照本条例的有关规定享受工伤保险待遇；职工有前款第（三）项情形的，按照本条例的有关规定享受除一次性伤残补助金以外的工伤保险待遇。

第十六条 职工符合本条例第十四条、第十五条的规定，但是有下列情形之一的，不得认定为工伤或者视同工伤：

（一）故意犯罪的；

（二）醉酒或者吸毒的；

（三）自残或者自杀的。

11.3 核算及支付工伤保险待遇是用人单位的法定义务

【典型问题】

用人单位不为受伤劳动者申请工伤待遇，要承担何种责任？

工伤待遇包含哪些方面？哪些工伤待遇可由工伤基金支付，哪些工伤待遇须由用人单位支付？

【经典案例】 用人单位不为员工申报工伤，就无须承担工伤理赔责任了吗？

奚某为北京某快递公司的驾驶员，在送货途中，直行时受到左转车辆的碰撞，导致左肩部受到撞击致使骨折，左腰部肋骨骨折。发生事故后，快递公司要求奚某以快递公司另一员工郑某的名义入院治疗，称郑某缴纳有社会保险，将来的医疗费可以用郑某的医疗保险报销，奚某同意。奚某痊愈后，因为肩部受伤，不能再驾驶汽车，遂向快递公司提出离职，要求快递公司为其申请工伤认定并承担其垫付的医疗费、护理费、伙食费等费用，但遭到拒绝。

快递公司拒绝承认奚某受伤是由工作导致。无奈之下，奚某自行向劳动行政部门提出工伤认定，但被告知需先与快递公司确认劳动关系。后奚某诉至当地劳动争议仲裁委员会，要求快递公司支付其工伤待遇的所有费用，并为其申请工伤。

【审理结果】

审理机关庭后去医院调查取证，医院认可实际受伤入院的是奚某，因此认定奚某受伤属于工伤，责令快递公司依法为奚某办理工伤认定手续，且赔偿奚某在此期间的医疗费、护理费、伙食费等损失。

【案例解析】

本案的焦点在于，奚某冒名入院，用了他人的医疗保险卡，是否影响工伤认定，答案是不影响。本案中，奚某在工作中受伤，快递公司未申请工伤认定，仍需向奚某承担相应的工伤赔偿责任。因此，用人单位在实务中，对员工发生工伤事故的，一定要积极解决，不能拖延了事，以避免造成更大的损失。

【律师手把手】

根据《工伤保险条例》的相关规定，职工发生事故伤害或者按照职业病防治法规定被诊断、鉴定为职业病，所在单位应当自事故伤害发生之日或者被诊断、鉴定为职业病之日起 30 日内向劳动行政部门提出工伤认定申请。如果用人单位未按时提交申请，劳动者可以在事故伤害发生之日或者被诊断、鉴定为职业病之日起 1 年内提出工伤认定申请。在事故伤害发生之日或者被诊断、鉴定为职业病之日至劳动行政部门受理工伤认定申请期间内，所有符合工伤待遇的费用包括医疗费、工资待遇、护理费等均由用人单位承担。

员工发生工伤事故后，逃避责任不是办法，要积极处理相关事宜，以免承担更大的赔偿责任。

1. 员工发生工伤事故后，积极救治是第一要务，避免伤情进一步扩大，要妥善保存治疗的所有书面材料和费用单据。

2. 用人单位尽可能在事故发生之日起 30 日内向用人单位住所地或者劳动合同履行地的劳动行政部门提出工伤认定申请，劳动者本人也可以申请工伤认定。

工伤认定的程序如下：

（1）申请

申请人向劳动行政部门依照当地劳动行政部门的要求提供相关的材料，提出工伤认定申请，用人单位或者劳动者本人均可以提出。

（2）受理

①各地劳动行政部门接到申请后 15 日内进行审查。对不属于当地劳动行政部门管辖的，告知申请人不予受理。

②申请材料不齐全的，申请人可在 30 日内补齐材料。一般情况下，要求劳动行政部门一次性告知申请人。

（3）认定

①劳动行政部门经审查符合认定条件的，60 日内（特殊情况可以延长 30 日）作出工伤认定结论，并通知单位和个人。

②如果劳动者提出鉴定申请，但无书面材料证明劳动关系的，告知劳动者需先通过劳动仲裁确认劳动关系，仲裁时间不计算在受理的规定时间内。

（4）对认定为工伤的发放工伤证或者工伤鉴定书，鉴定书上会载明伤残等级、受伤劳动者信息以及所属单位的信息。

3. 在停工医疗期内，用人单位应积极支付受伤劳动者薪资报酬。停工留薪期是指事故发生后，员工在医院救治的时间。在此期间，用人单位不应拖欠或者克扣受伤员工的薪酬，否则不但要补齐薪酬，员工因此解除劳动关系的，还要支付解除劳动关系的经济补偿金。

4. 在鉴定结果知晓后，用人单位依据鉴定结果，积极与受伤员工协商工伤保险待遇的申领与支付。

5. 工伤保险理赔

经鉴定符合享受工伤保险待遇条件的，申请人应向社保中心申请待遇审核。根据核定的待遇，用人单位应代员工领取工伤待遇并支付给工伤职工，法定应由单位承担的部分，单位自行支付。

【法条链接】

《工伤保险条例》

第十七条 职工发生事故伤害或者按照职业病防治法规定被诊断、鉴定为职业病，所在单位应当自事故伤害发生之日或者被诊断、鉴定为职业病之日起 30 日内，向统筹地区社会保险行政部门提出工伤认定申请。遇有特殊情况，经报社会保险行政部门同意，申请时限可以适当延长。

用人单位未按前款规定提出工伤认定申请的，工伤职工或者其近亲属、工会组织在事故伤害发生之日或者被诊断、鉴定为职业病之日起 1 年内，可以直接向用人单位所在地统筹地区社会保险行政部门提出工伤认定申请。

按照本条第一款规定应当由省级社会保险行政部门进行工伤认定的事项，根据属地原则由用人单位所在地的设区的市级社会保险行政部门办理。

用人单位未在本条第一款规定的时限内提交工伤认定申请，在此期间发生符合本条例规定的工伤待遇等有关费用由该用人单位负担。

11.4 工伤理赔依法定数额履行否则协议约定也无效

【典型问题】

工伤保险待遇签订理赔协议就万事大吉了吗?

协议明确约定放弃工伤获赔权益合法吗?

【经典案例】理赔协议有差额，用人单位需要补齐吗?

范某在某影视公司任替身演员，在一次拍戏中，坠马摔伤，导致椎骨骨折，经治疗 3 个月后出院，在此期间的医疗费用，影视公司共计花费了 30 余万元。范某出院后，未再到录制现场工作。影视公司以范某旷工为由，解除了与范某的劳动关系。范某找到影视公司协商此事，影视公司提出因为范某治疗已经花费了 30 余万元，只能再一次性支付其 10 万元，范某表示同意，双方签订了协商一致理赔协议，并相互承诺双方再无任何争议。范某在理疗医院进行康复训练费用较高，很快10万元就花费殆尽，无奈，范某找到影视公司，认为治疗费用太高了，希望影视公司再支付一部分费用，影视公司拒绝。范某遂诉至劳动争议仲裁委员会，要求影视公司补齐差额。

【审理结果】

审理机关经审理发现，范某的伤残等级为七级，10万元的补偿金过低，双方协商一致的协议属于显失公平的调解协议，影视公司应补齐范某的工伤赔偿金。

【案例解析】

本案的焦点在于，影视公司与范某签订的协议中工伤赔偿金存在差额，用人单位与范某协商一致无任何争议，影视公司是否需要补齐差额。答案是需要补齐。依据法律的相关规定，对于追索劳动报酬、养老金、医疗费以及工伤保险待遇、经济补偿金、培训费及其他相关费用等案件，给付数额不当的，人民法院可以予以变更。因此，虽然双方签订了相关协议，但用人单位不能因此免除法定的赔偿责任。

【律师手把手】

用人单位与受伤劳动者在协商工伤理赔事项时，要与劳动者达成一致意见，受伤劳动者已经知晓根据法律的规定可以获得更多的赔偿金，但主动放弃此权益，双方基于此赔偿款项再无任何争议，并在书面协议中明确约定，以免发生二次争议，《工伤赔偿调解协议书》可参考以下模板。

关于工伤医疗待遇各地的赔付标准均存在差异，用人单位应根据各地情况，具体事宜，具体分析。依照法律规定，主要包含以下几个方面：

1. 治（医）疗费，入院治疗发生的费用，用人单位应注意保留已经支付费用的相关单据与书面材料。

2. 住院伙食补助费。

3. 外地就医交通费、食宿费。

4. 康复治疗费。

5. 辅助器具费。

6. 生活护理费。受伤劳动者已被评定伤残等级且经劳动能力鉴定委员会确认生活花费所需要的费用。

7. 伤残津贴。受伤劳动者被裁定一级至四级伤残而需要支付的伤残津贴。

8. 丧葬补助金、供养亲属抚恤金和一次性工亡补助金。

9. 一次性伤残补助金。

10. 一次性工伤医疗补助金。

上述费用由工伤保险基金支付，但医疗费用的报销比例不同地区存在差异，用人单位需要注意。

1. 停工留薪期工资。劳动者因工作遭受事故伤害需要暂停工作接受工伤医疗的，在停工留薪期内，原薪酬待遇不变，由所在单位按月支付。

2. 伤残津贴。职工因工致残被鉴定为五级、六级伤残的，劳动者可以选择保留与用人单位的劳动关系，由用人单位按照劳动者的劳动能力安排工作。难以工作的，由用人单位按月发给伤残津贴。

3. 一次性伤残就业补助金。

上述费用由用人单位负责支付。

工伤赔偿调解协议书

甲方：

住所地：

法定代表人：

乙方：　　性别：　　出生年月：

住址：

身份证号码：

　　年　　月　　日　　时左右，乙方在工作时，________________为妥善处理此事故的善后事宜，甲乙双方经充分协商，自愿达成如下协议，以资共同遵守：

1. 经申请工伤鉴定，乙方伤残情况为____级工伤。

2. 甲方同意支付乙方各项赔偿金等共计人民币　　万元（¥　）。

3. 上述款项包括但不限于治（医）疗费、住院伙食补助费、外地就医交通费、食宿费、康复治疗费、辅助器具费、生活护理费、伤残津贴、一次性伤残补助金、一次性伤残就业补助金、精神损害赔偿金以及因处理事故所发生的误工费、交通费、食宿费等所有因此事故所发生的赔偿费用，赔偿数额为现在或将来、直接或间接与此次事故有关的索赔的最终和全部赔偿数额。

4. 上述赔偿金中由甲方按照如下方式支付：

至　　年　　月　　日之前付给乙方赔偿金。

5. 乙方承诺没有其他人再向甲方主张上述事故的相关权益。如另有他人向甲方主张权利，致使甲方遭受经济损失的，应由乙方负责赔偿，向甲方承担连带赔偿责任。

6. 乙方知晓依据法律规定可能获得更多赔偿，但放弃向甲方要求赔偿的权利，甲方履行上述付款义务后，乙方就此事保证不以任何形式、任何理由向甲方要求其他任何费用，如违反上述约定，乙方需向甲方支付本协议约定的赔偿金数额的2倍作为违约金。

7. 乙方收到上述款项后，就此事处理即告终结，甲乙双方之间不再有任何权利、义务纠纷。

8. 本协议为双方平等、自愿协商之结果，是双方真实意思表示，且公平、合理。

9. 本协议内容甲乙双方已经全文阅读并理解无误，甲乙双方明白本协议所涉及后果，对此协议处理结果完全满意。

10. 本协议为一次性终结处理协议。

11. 本协议自甲乙双方签字盖章时生效。本协议一式两份，甲乙双方各执一份。

甲方：　　年　　月　　日　　　　　　乙方：　　年　　月　　日

【法条链接】

《工伤保险条例》

第三十条　职工因工作遭受事故伤害或者患职业病进行治疗，享受工伤医疗待遇。

职工治疗工伤应当在签订服务协议的医疗机构就医，情况紧急时可以先到就近的医疗机构急救。

治疗工伤所需费用符合工伤保险诊疗项目目录、工伤保险药品目录、工伤保险住院服务标准的，从工伤保险基金支付。工伤保险诊疗项目目录、工伤保险药品目录、工伤保险住院服务标准，由国务院社会保险行政部门会同国务院卫生行政部门、食品药品监督管理部门等部门规定。

职工住院治疗工伤的伙食补助费，以及经医疗机构出具证明，报经办机构同意，工伤职工到统筹地区以外就医所需的交通、食宿费用从工伤保险基金支付，基金支付的具体标准由统筹地区人民政府规定。

工伤职工治疗非工伤引发的疾病，不享受工伤医疗待遇，按照基本医疗保险办法处理。

工伤职工到签订服务协议的医疗机构进行工伤康复的费用，符合规定的，从工伤保险基金支付。

第三十二条　工伤职工因日常生活或者就业需要，经劳动能力鉴定委员会确认，可以安装假肢、矫形器、假眼、假牙和配置轮椅等辅助器具，所需费用按照国家规定的标准从工伤保险基金支付。

第三十三条　职工因工作遭受事故伤害或者患职业病需要暂停工作接受工伤医疗的，在停工留薪期内，原工资福利待遇不变，由所在单位按月支付。

停工留薪期一般不超过 12 个月。伤情严重或者情况特殊，经设区的市级劳动能力鉴定委员会确认，可以适当延长，但延长不得超过 12 个月。工伤职工评定伤残等级后，停发原待遇，按照本章的有关规定享受伤残待遇。工伤职工在停工留薪期满后仍需治疗的，继续享受工伤医疗待遇。

生活不能自理的工伤职工在停工留薪期需要护理的，由所在单位负责。

第三十四条　工伤职工已经评定伤残等级并经劳动能力鉴定委员会确认需要生活护理的，从工伤保险基金按月支付生活护理费。

生活护理费按照生活完全不能自理、生活大部分不能自理或者生活部分不能自理 3 个不同等级支付，其标准分别为统筹地区上年度职工月平均工资的 50%、40% 或者 30%。

第三十五条 职工因工致残被鉴定为一级至四级伤残的，保留劳动关系，退出工作岗位，享受以下待遇：

（一）从工伤保险基金按伤残等级支付一次性伤残补助金，标准为：一级伤残为27个月的本人工资，二级伤残为25个月的本人工资，三级伤残为23个月的本人工资，四级伤残为21个月的本人工资；

（二）从工伤保险基金按月支付伤残津贴，标准为：一级伤残为本人工资的90%，二级伤残为本人工资的85%，三级伤残为本人工资的80%，四级伤残为本人工资的75%。伤残津贴实际金额低于当地最低工资标准的，由工伤保险基金补足差额；

（三）工伤职工达到退休年龄并办理退休手续后，停发伤残津贴，按照国家有关规定享受基本养老保险待遇。基本养老保险待遇低于伤残津贴的，由工伤保险基金补足差额。

职工因工致残被鉴定为一级至四级伤残的，由用人单位和职工个人以伤残津贴为基数，缴纳基本医疗保险费。

第三十六条 职工因工致残被鉴定为五级、六级伤残的，享受以下待遇：

（一）从工伤保险基金按伤残等级支付一次性伤残补助金，标准为：五级伤残为18个月的本人工资，六级伤残为16个月的本人工资；

（二）保留与用人单位的劳动关系，由用人单位安排适当工作。难以安排工作的，由用人单位按月发给伤残津贴，标准为：五级伤残为本人工资的70%，六级伤残为本人工资的60%，并由用人单位按照规定为其缴纳应缴纳的各项社会保险费。伤残津贴实际金额低于当地最低工资标准的，由用人单位补足差额。

经工伤职工本人提出，该职工可以与用人单位解除或者终止劳动关系，由工伤保险基金支付一次性工伤医疗补助金，由用人单位支付一次性伤残就业补助金。一次性工伤医疗补助金和一次性伤残就业补助金的具体标准由省、自治区、直辖市人民政府规定。

第三十七条 职工因工致残被鉴定为七级至十级伤残的，享受以下待遇：

（一）从工伤保险基金按伤残等级支付一次性伤残补助金，标准为：七级伤残为13个月的本人工资，八级伤残为11个月的本人工资，九级伤残为9

个月的本人工资，十级伤残为 7 个月的本人工资；

（二）劳动、聘用合同期满终止，或者职工本人提出解除劳动、聘用合同的，由工伤保险基金支付一次性工伤医疗补助金，由用人单位支付一次性伤残就业补助金。一次性工伤医疗补助金和一次性伤残就业补助金的具体标准由省、自治区、直辖市人民政府规定。

第三十八条　工伤职工工伤复发，确认需要治疗的，享受本条例第三十条、第三十二条和第三十三条规定的工伤待遇。

第三十九条　职工因工死亡，其近亲属按照下列规定从工伤保险基金领取丧葬补助金、供养亲属抚恤金和一次性工亡补助金：

（一）丧葬补助金为 6 个月的统筹地区上年度职工月平均工资；

（二）供养亲属抚恤金按照职工本人工资的一定比例发给由因工死亡职工生前提供主要生活来源、无劳动能力的亲属。标准为：配偶每月 40%，其他亲属每人每月 30%，孤寡老人或者孤儿每人每月在上述标准的基础上增加 10%。核定的各供养亲属的抚恤金之和不应高于因工死亡职工生前的工资。供养亲属的具体范围由国务院社会保险行政部门规定；

（三）一次性工亡补助金标准为上一年度全国城镇居民人均可支配收入的 20 倍。

伤残职工在停工留薪期内因工伤导致死亡的，其近亲属享受本条第一款规定的待遇。

一级至四级伤残职工在停工留薪期满后死亡的，其近亲属可以享受本条第一款第（一）项、第（二）项规定的待遇。

《最高人民法院关于审理劳动争议案件适用法律若干问题的解释》

第二十条　用人单位对劳动者作出的开除、除名、辞退等处理，或者因其他原因解除劳动合同确有错误的，人民法院可以依法判决予以撤销。

对于追索劳动报酬、养老金、医疗费以及工伤保险待遇、经济补偿金、培训费及其他相关费用等案件，给付数额不当的，人民法院可以予以变更。

第三部分

劳动关系解除争议及应对策略

劳动关系的解除分为单方解除，包括用人单位单方解除和劳动者单方解除，以及双方协商一致解除，即用人单位与劳动者已就解除劳动关系的各项事宜达成一致意见，在此基础上解除劳动关系。

在解除劳动关系时，因涉及劳资双方的直接利益，因此，最易发生纠纷，在劳动争议中，涉及解除劳动关系的争议所占比重也最大，而且争议往往发生在用人单位单方解除劳动关系情况中，因此，用人单位在实务操作中应着重了解用人单位单方解除劳动关系的方式、解除劳动关系经济补偿金的计算、离职交接手续的办理等事项。

第 12 章

劳动关系终止争议误区及应对策略

- 合同到期未续签要支付二倍工资差额吗？
- 合同到期终止提前 30 日通知是否为要件？
- 劳动关系终止与劳动关系解除有何区别？
- 如何计算单位终止劳动合同经济补偿金？
- 终止怀孕女员工劳动合同是否产生效力？

劳动关系的终止是用人单位与劳动者劳动关系解除的一种方式，当双方签订的书面劳动合同中所示的合同期限届满时，双方劳动关系不再存续的，视为双方的劳动关系终止。只有在法定事由发生时才能使得劳动关系解除，用人单位与劳动者不得自行约定终止的事由。法律对于劳动关系终止明确规定了终止的条件、终止的时间与次数限制、不得终止的情形以及终止解除劳动关系经济补偿金的计算等，需要引起用人单位的注意。

12.1 合同到期及时续签可规避二倍工资支付风险

【典型问题】

劳动合同到期未续订的，二倍工资差额自何时开始支付？

【经典案例】 通知员工续签合同设有回复期限，员工未答复可视为不同意续签吗？

某租赁企业与彭某的劳动合同将于3月1日终止，2月3日，租赁企业将新版的劳动合同发给彭某，要求其签完字后返还给公司盖章，并要求彭某签字确认已经签收劳动合同，签收单上明确标注：限劳动者于2月15日前返还劳动合同，否则视为不同意续签劳动合同。直至2月23日，租赁企业仍未得到彭某的回复。租赁企业找到彭某，彭某称合同内容有变化，需要修改；租赁企业则认为，合同本身并未降低其薪酬待遇等原合同条件，仅对考勤制度、奖惩制度作了一定的变更，因此不同意修改。直至3月1日，双方的劳动合同也未签订。后租赁企业通知彭某，因彭某到期仍未签订劳动合同，视为不同意与公司续签劳动合同，双方的劳动关系自 3 月 1 日起终止。彭某遂诉至当地劳动争议仲裁委员会，要求公司支付其违法解除劳动关系的经济赔偿金。

【审理结果】

审理机关在庭审中查明，彭某在规章制度公示之时也曾签字表示对于规章制度的修改内容认可，用人单位对考勤制度、奖惩制度的修改没有违反法律的规定，视为没有降低彭某的合同条件，因此劳动合同无法续签双方均无过错。询问双方均无继续履行合同的意愿，审理机关认为双方协商一致解除了劳动关系，租赁企业应该支付彭某协商一致解除劳动关系的经济补偿金。

【案例解析】

就笔者看来，审理机关可以到期不续签劳动合同为由，裁定双方劳动关系解除，用人单位无须支付解除劳动关系的经济补偿金。

本案的焦点在于，劳动者对于用人单位的劳动合同持有异议，以此为由拒绝签订劳动合同，用人单位能否就此解除劳动关系。答案是肯定的，用人单位据此解除劳动合同的，需要依照各地的法律规定支付相应的解除劳动关系的经济补偿金。

【律师手把手】

劳动合同期满以后，不续签劳动合同的法律风险提示如下：

1. 自劳动合同期限届满之日起 1 个月内未续订

如经用人单位书面通知后，劳动者无正当理由拒绝与用人单位签订书面劳动合同的，用人单位可以书面通知劳动者终止劳动关系，在此可认为劳动者无意与用人单位续订劳动合同，因此用人单位无须向劳动者支付经济补偿。需要注意的是，用人单位在通知劳动者续签合同时需要采取书面形式，并要求员工签字确认。不过，劳动者要求支付其劳动合同期限届满之日起的实际工作时间的劳动报酬时，用人单位还需支付。

2. 自劳动合同期限届满之日起超过 1 个月不满 1 年未续订

用人单位如仍未与劳动者续订劳动合同的，应向劳动者每月支付两倍的工资。如用人单位有证据证明是劳动者不与用人单位订立书面劳动合同的，用人单位应当书面通知劳动者终止劳动关系，但应向劳动者支付解除劳动关系的经济补偿金。

提示：依据上海市的特殊规定，如用人单位已尽到诚信义务，因不可抗力、意外情况或劳动者拒绝签订等用人单位以外的原因，造成劳动合同未签订的，不属于用人单位“未与劳动者订立书面劳动合同”的情况，则无须支付双倍的工资差额。

3. 自劳动合同期限届满之日起满一年未续订

用人单位如仍未与劳动者续订劳动合同的，双方须订立无固定期限的劳动合同。

用人单位管理者应注意，建立劳动者的职工花名册便于查阅劳动合同到期时间，以确保在劳动合同到期前与员工续订劳动合同，通知员工续签劳动合同时采取书面形式，并约定回复期限及处理办法，以避免支付未签订劳动合同的二倍工资差额的风险。

提示：根据北京市的特殊规定，用人单位可以在劳动合同中约定如下条款：“本劳动合同到期，甲乙双方无任何异议，乙方继续在甲方工作的，视为双方原签订的劳动合同相应顺延，双方的权利义务依照原合同执行。”用人单位可以此规避二倍工资差额支付风险。

【法条链接】

《中华人民共和国劳动合同法》

第四十六条 有下列情形之一的，用人单位应当向劳动者支付经济补偿：

（一）劳动者依照本法第三十八条规定解除劳动合同的；

（二）用人单位依照本法第三十六条规定向劳动者提出解除劳动合同并与劳动者协商一致解除劳动合同的；

（三）用人单位依照本法第四十条规定解除劳动合同的；

（四）用人单位依照本法第四十一条第一款规定解除劳动合同的；

（五）除用人单位维持或者提高劳动合同约定条件续订劳动合同，劳动者不同意续订的情形外，依照本法第四十四条第一项规定终止固定期限劳动合同的；

（六）依照本法第四十四条第四项、第五项规定终止劳动合同的；

（七）法律、行政法规规定的其他情形。

《上海市高级人民法院关于适用〈中华人民共和国劳动合同法〉若干问题的意见》（沪高法〔2009〕73号）

二、劳动关系双方当事人未订立书面合同的处理

劳动合同的订立和履行，应当遵循诚实信用原则。劳动者已经实际为用人单位工作，用人单位超过一个月未与劳动者订立书面合同的，是否需要双倍支付劳动者的工资，应当考虑用人单位是否履行诚实磋商的义务以及是否存在劳动者拒绝签订等情况。如用人单位已尽到诚信义务，因不可抗力、意外情况或者劳动者拒绝签订等用人单位以外的原因，造成劳动合同未签订的，不属于《中华人民共和国劳动合同法实施条例》（以下简称"《实施条例》"）第六条所称的用人单位"未与劳动者订立书面劳动合同"的情况；因用人单位原因造成未订立书面劳动合同的，用人单位应当依法向劳动者支付双倍工资；但因劳动者拒绝订立书面劳动合同并拒绝继续履行的，视为劳动者单方终止劳动合同。

劳动合同期满后，劳动者继续为用人单位提供劳动，用人单位未表示异议，但当事人未续订书面劳动合同的，当事人应及时补订书面劳动合同。如果用人单位已尽到诚实信用义务，而劳动者不与用人单位订立书面劳动合同的，用人单位可以书面通知劳动者终止劳动关系，并依照《劳动合同法》第四十七条规定支付经济补偿；如劳动者拒绝订立书面劳动合同并拒绝继续履行的，视为劳动者单方终止劳动合同，用人单位应当支付劳动者已实际工作期间的相应报酬，但无须支付经济补偿金。

《北京市高级人民法院、北京市劳动争议仲裁委员会关于劳动争议案件法律适用问题研讨会会议纪要（二）》

28.《劳动合同法》第八十二条"二倍工资"的认定与起止时间、计算方法？

（1）依据《劳动合同法》第十条、第八十二条第一款规定，用人单位自用工之日起超过一个月不满一年未与劳动者订立书面劳动合同的，自用工之日满一个月的次日起开始计算二倍工资，截止点为双方订立书面劳动合同的

前一日，最长不超过十一个月。

（2）用人单位因违反《劳动合同法》第十四条第三款规定，自用工之日满一年不与劳动者订立书面劳动合同，视为用人单位与劳动者已订立无固定期限劳动合同的情况下，劳动者可以向仲裁委、法院主张确认其与用人单位之间属于无固定期限劳动合同关系。在此情况下，劳动者同时主张用人单位支付用工之日满一年后的二倍工资的不予支持。

（3）如果劳动合同期满后，劳动者仍在用人单位工作，用人单位未与劳动者订立书面劳动合同的，计算二倍工资的起算点为自劳动合同期满的次日，截止点为双方补订书面劳动合同的前一日，最长不超过十二个月。

（4）用人单位违反《劳动合同法》第十四条第二款、第八十二条第二款规定，不与劳动者订立无固定期劳动合同的，二倍工资自应订立无固定期限劳动合同之日起算，截止点为双方实际订立无固定期限劳动合同的前一日。

（5）二倍工资中属于劳动者正常工作时间劳动报酬的部分，适用《调解仲裁法》二十七条第四款的规定；增加一倍的工资属于惩罚性赔偿的部分，不属于劳动报酬，适用《调解仲裁法》二十七条第一款的规定，即一年的仲裁时效。

二倍工资适用时效的计算方法为：在劳动者主张二倍工资时，因未签劳动合同行为处于持续状态，故时效可从其主张权利之日起向前计算一年，据此实际给付的二倍工资不超过十二个月，二倍工资按未订立劳动合同所对应时间用人单位应当正常支付的工资为标准计算。

32. 用人单位与劳动者约定劳动合同到期续延，在劳动合同到期后劳动者继续工作，并主张未签订劳动合同的二倍工资是否支持？

因用人单位与劳动者在劳动合同中已经约定劳动合同到期续延，但未约定续延期限，在劳动合同到期后，劳动者仍继续工作，双方均未提出解除或终止劳动合同时，属于双方意思表示一致续延劳动合同，可视为双方订立一份与原劳动合同内容和期限相同的合同，故劳动者主张未签订劳动合同的二倍工资不应支持。

12.2　合同到期终止提前 30 日通知是否为要件

【典型问题】

劳动合同终止未提前 30 日通知员工，用人单位还能终止劳动关系吗？

【经典案例】劳动合同期满未通知终止劳动合同，用人单位还能终止劳动关系吗？

某公司与鲁某签订了一份为期 5 年的劳动合同，劳动合同到期前 30 日，公司未通知终止。在劳动合同到期前 5 日，公司发现鲁某的劳动合同即将到期，该公司遂于当日向鲁某发出了终止劳动关系的通知书，通知书中载明未提前 30 日通知鲁某，但同意支付鲁某 1 个月的工资作为代通知金，共计支付鲁某 6 个月的工资作为解除劳动合同的经济补偿金。鲁某认为，公司要终止劳动合同，必须提前 30 日通知劳动者，逾期未通知的，视为劳动关系存续，公司不得再以劳动合同终止为由解除劳动关系，因此要公司支付其 10 个月违法解除劳动关系的经济赔偿金，被公司拒绝，双方发生了争议。

【审理结果】

审理机关经审理发现，公司未提前 30 日通知鲁某解除劳动合同，理应支付在此期间的工资，且每迟通知一日，需要支付相当于当日工资的经济补偿金，但是属于合法终止劳动关系。因此，裁定公司支付鲁某解除劳动关系的经济补偿金及代通知金。

【案例解析】

该案例发生在北京，依据《北京劳动合同规定》，用人单位终止劳动合同，需要提前 30 日通知劳动者，每迟通知一日，需要支付一日工资作为补偿金。但劳动合同法并未规定必须提前 30 日通知劳动者，因此，是否需提前 30 日通知劳动者终止劳动关系，需要依据用人单位所在地相关规定予以确定。

【律师手把手】

用人单位遗漏劳动合同到期员工，未及时续签或者终止劳动关系的情况经常出现，劳动合同期满后，用人单位没有终止员工工作，双方形成事实劳动关系，在续订劳动合同不能达成一致意见的情况下，单位终止劳动合同的属于劳动合同逾期终止。此行为可能导致的风险需要引起用人单位的注意。

1. 用人单位以原合同条件要求与劳动者订立书面劳动合同，劳动者拒签合同的，依据《劳动合同法实施条例》第五条的规定，用人单位无须支付经济补偿金；

用人单位因与员工就续签劳动合同不能达成一致意见，由用人单位终止劳动关系的，应当依照该员工的实际工作年限支付经济补偿金。

2. 劳动合同期满之日起的 1 个月后，用人单位未与劳动者续签劳动合同，直接单方提出终止劳动合同的，属于用人单位单方解除劳动合同，不适用劳动合同终止的相关规定，应以劳动合同解除情形处理，相关内容将在下一章具体说明，在此不再赘述。

【法条链接】

《中华人民共和国劳动合同法实施条例》

第五条 自用工之日起一个月内，经用人单位书面通知后，劳动者不与用人单位订立书面劳动合同的，用人单位应当书面通知劳动者终止劳动关系，无需向劳动者支付经济补偿，但是应当依法向劳动者支付其实际工作时间的劳动报酬。

第六条 用人单位自用工之日起超过一个月不满一年未与劳动者订立书面劳动合同的，应当依照劳动合同法第八十二条的规定向劳动者每月支付两倍的工资，并与劳动者补订书面劳动合同；劳动者不与用人单位订立书面劳动合同的，用人单位应当书面通知劳动者终止劳动关系，并依照劳动合同法第四十七条的规定支付经济补偿。

前款规定的用人单位向劳动者每月支付两倍工资的起算时间为用工之日

起满一个月的次日，截止时间为补订书面劳动合同的前一日。

《北京市劳动合同规定》

第四十条　劳动合同期限届满前，用人单位应当提前 30 日将终止或者续订劳动合同意向以书面形式通知劳动者，经协商办理终止或者续订劳动合同手续。

第四十七条　用人单位违反本规定第四十条规定，终止劳动合同未提前 30 日通知劳动者的，以劳动者上月日平均工资为标准，每延迟 1 日支付劳动者 1 日工资的赔偿金。

12.3　合同到期终止补偿金计算要符合法律规定

【典型问题】

劳动合同到期，用人单位终止劳动合同的，如何计算终止劳动合同经济补偿金？

劳动关系终止与劳动关系解除可以替换使用吗？

【经典案例】　以不能胜任工作为由解除劳动合同即将到期的员工，能被认定为到期终止吗？

韦某在某工厂任车间主任岗位，双方签订了为期 3 年的劳动合同，韦某的岗位职责主要是管理车间生产等事务，但是韦某在工作中玩忽职守，长期迟到早退，对车间内员工的工作热情影响很大。该工厂决定韦某的劳动合同到期后不再与其续签，因此在劳动合同到期前 30 日，该工厂向其发放了劳动关系解除通知书，通知书写明：因你工作态度怠慢，影响车间生产秩序，不能胜任车间主任的岗位，因此公司决定，解除与你的劳动关系，请你于 30 日后，办理离职交接手续。

韦某认为工厂不能单方随意解除员工的劳动关系，多次找到工厂要求解除劳动关系的经济赔偿金，工厂称双方劳动关系属于到期终止，无须支付经济补偿金。后韦某诉至当地劳动争议仲裁委员会，要求工厂支付违法解除劳动关系的经济赔偿金。

【审理结果】

审理机关经审理发现，该工厂虽然主张与韦某是终止即将到期的劳动合同，并不存在因韦某不能胜任工作单方解除劳动关系的情况，但解聘通知书中仅作了韦某不能胜任工作岗位而解除劳动关系的表述，而且工厂还不能提交有效的证据证明韦某存在不能胜任工作岗位的情况，因此审理机关支持了韦某的主张。

【案例解析】

本案的焦点在于，工厂在劳动合同到期前以韦某不能胜任工作为由解除劳动关系被认定为到期终止还是违法解除，答案显然是后者。因此，用人单位在发放解除劳动关系通知书时，一定要注意，劳动合同到期终止必须依据法定的理由终止劳动关系，不能作其他原因的表示，以免导致不必要的麻烦。

【律师手把手】

劳动关系解除与终止存在很大差异，并不能交叉使用，否则容易引起不必要的损失。劳动关系终止主要是基于某种法定事实的出现或者劳动合同一方主体丧失主体资格，只要法定事实出现，都会导致双方劳动关系的终止，不以用人单位或者劳动者的意志而发生变化。劳动关系解除则是用人单位和劳动者基于主观意志对于劳动关系进行的处理。

在计算经济补偿金时，劳动关系终止经济补偿金的起算日期为 2008 年 1 月 1 日，如果劳动者的入职时间在 2008 年之前，劳动关系终止的补偿金计算年限将比实际工作年限短。比如，劳动者在 2006 年入职与劳动者在 2008 年 1 月 1 日入职相比，同时终止劳动关系时，双方的终止劳动关系的经济补偿金的计算年限是相同的，还有一点需要补充一下，因员工达到法定退休年龄或者死亡、被人民法院宣告死亡、宣告失踪而终止劳动关系的，用人单位无须支付解除劳动关系的经济补偿金。

【法条链接】

《中华人民共和国劳动合同法》

第四十五条　劳动合同期满，有本法第四十二条规定情形之一的，劳动合同应当续延至相应的情形消失时终止。但是，本法第四十二条第二项规定丧失或者部分丧失劳动能力劳动者的劳动合同的终止，按照国家有关工伤保险的规定执行。

第四十六条　有下列情形之一的，用人单位应当向劳动者支付经济补偿：

（一）劳动者依照本法第三十八条规定解除劳动合同的；

（二）用人单位依照本法第三十六条规定向劳动者提出解除劳动合同并与劳动者协商一致解除劳动合同的；

（三）用人单位依照本法第四十条规定解除劳动合同的；

（四）用人单位依照本法第四十一条第一款规定解除劳动合同的；

（五）除用人单位维持或者提高劳动合同约定条件续订劳动合同，劳动者不同意续订的情形外，依照本法第四十四条第一项规定终止固定期限劳动合同的；

（六）依照本法第四十四条第四项、第五项规定终止劳动合同的；

（七）法律、行政法规规定的其他情形。

12.4　终止怀孕女员工劳动合同是否产生效力

【典型问题】

女员工在不知自身怀孕的情况下与用人单位终止劳动关系，能撤销吗？

女员工在不知自身怀孕的情况下与用人单位协商一致解除劳动关系，能撤销吗？

【经典案例】协商一致解除劳动关系后发现怀孕，能否恢复劳动关系？

马小姐进入上海某工程公司工作，双方签订的最后一份劳动合同的期限为3年。因办公地点发生变化，工程公司与员工协商，不愿意到新的办公地点工作的，双方可以协商一致解除劳动关系，且工程公司会依照法律的相关规定支付解除劳动关系的经济补偿金。马小姐家离单位新的办公地点较远，因此选择与公司协商一致解除劳动关系，双方签订协商一致解除劳动关系的协议，领取了劳动合同解除的经济补偿金8000元。7日后，马小姐去医院检查，医生出具了“怀孕38天”的诊断结论。马小姐遂要求与公司恢复劳动关系。公司以马小姐的人事岗位已经有新人替代为由予以拒绝。马小姐无奈诉至当地劳动争议仲裁委员会，要求公司恢复劳动关系、补发离职之日至实际恢复劳动关系期间的全额工资并补缴社会保险。

【审理结果】

在庭审中，马小姐为证明其怀孕38天的事实，提交了医疗机构的诊断证明，马小姐提供的超声报告单、检验报告单等证据也载明了怀孕时间，故马小姐已经证明其在工作期间怀孕的事实。但审理机关认为，马小姐与用人单位协商一致解除劳动关系，属于意思自治，马小姐已经就劳动关系解除与用人单位达成了一致意见，应视为认可劳动关系已经解除，因此驳回了马小姐的请求。

【案例解析】

本案的焦点在于，马小姐诉称自己是在解除劳动关系后才得知自己怀孕的，如果自己事先就知道怀孕，绝对不会同意与公司协商一致解除劳动关系，能够以此推翻已经签订的调解协议吗？答案是不能。根据《最高人民法院关于适用〈中华人民共和国民法通则〉若干问题意见》第七十一条的规定：行为人因为行为的性质、对方当事人、标的物的品种、质量、规格和数量等的错误认识，使行为的后果与自己的意思相悖，并造成较大损失的，可以认定为重大误解。在本案中，马小姐并未对解除劳动关系协议所产生的法律后果或者协议本身产生错误认识，显然不属于上述司法解释所规定的“重大误解”类型，怀孕与重大误解之间没有必然的因果关系，因此审理机关未支持马小姐的主张。

【律师手把手】

还有一点需要注意，用人单位与女员工在终止劳动关系之后，女员工发现自己在职期间已经怀孕的，是可以要求用人单位恢复其劳动关系的，因为在劳动关系终止之前，女员工已处在怀孕的状态，在此情况下，劳动关系需要顺延到“三期”解除，在此期间，双方办理的劳动关系终止手续是无效的，因此女员工可以申请撤销。

可见，用人单位在与女员工终止劳动关系之时，首先需要与员工确认是否存在劳动关系不能终止的情形，并对该情况进行书面确认，或者签订协商一致解除的协议，防止发生上述事件。

如果女员工辞职后，发现自己怀孕，能要求用人单位恢复劳动关系吗?答案是不能。因为相关法律并未有“三期”的女员工不得辞职的规定，至于女员工对自身情况的错误认识，并不能导致其离职意思表示的改变，因此女员工的上述要求，也不会得到支持。

【法条链接】

《中华人民共和国劳动合同法》

第四十二条　劳动者有下列情形之一的，用人单位不得依照本法第四十条、第四十一条的规定解除劳动合同：

（一）从事接触职业病危害作业的劳动者未进行离岗前职业健康检查，或者疑似职业病病人在诊断或者医学观察期间的；

（二）在本单位患职业病或者因工负伤并被确认丧失或者部分丧失劳动能力的；

（三）患病或者非因工负伤，在规定的医疗期内的；

（四）女职工在孕期、产期、哺乳期的；

（五）在本单位连续工作满十五年，且距法定退休年龄不足五年的；

（六）法律、行政法规规定的其他情形。

第四十五条　劳动合同期满，有本法第四十二条规定情形之一的，劳动合同应当续延至相应的情形消失时终止。但是，本法第四十二条第二项规定丧失或者部分丧失劳动能力劳动者的劳动合同的终止，按照国家有关工伤保险的规定执行。

《北京市高级人民法院、北京市劳动争议仲裁委员会关于劳动争议案件法律适用问题研讨会会议纪要（二）》

45.女职工在未知自己怀孕的情况下与用人单位协商解除劳动合同后，又要求撤销解除协议或者要求继续履行原合同的，如何处理？

女职工与用人单位协商解除劳动合同后，发现自己怀孕后又要求撤销协议或者要求继续履行原合同的，一般不予支持。

第 13 章

劳动关系解除争议风险及应对策略

- 解除劳动关系经济补偿金如何计算?
- 协商一致解除合同需支付代通知金吗?
- 员工违法解除劳动关系有什么后果?
- 可以书面约定补偿金分期支付吗?
- 公司不盈利可以实施经济性裁员吗?

劳动关系的解除分为单方解除，包括用人单位单方解除和劳动者单方解除，以及双方协商一致解除，即用人单位与劳动者已就解除劳动关系的各项事宜达成一致意见，在此基础上解除劳动关系。

在解除劳动关系时，因涉及劳资双方的直接利益，因此，最易发生纠纷，在劳动争议中，涉及解除劳动关系的争议所占比重也最大，而且争议往往发生在用人单位单方解除劳动关系的情况中。因此，用人单位在实务操作中应着重了解用人单位单方解除劳动关系的方式、解除劳动关系经济补偿金的计算、离职交接手续的办理等事项。当然，如果双方协商一致解除劳动关系，通过协商将风险拒之门外，是最好的解除方式，所以建议用人单位通过协商的方式与劳动者解除劳动关系，做到“好聚好散”。

13.1 劳动关系解除经济补偿金的核算基数与方式

【典型问题】

解除劳动关系经济补偿金如何计算?

解除劳动关系经济补偿金的核算基数有上限和下限吗?

解除劳动关系经济补偿金的核算基数是按照实发工资还是应发工资?

协商一致解除劳动关系还需支付代通知金吗?

违法解除劳动关系的经济补偿金等于合法解除劳动关系的经济补偿金的二倍吗?

【经典案例】试用期协商一致解除劳动关系，员工要求两个月工资，合法吗?

苗某到某食品公司面试后入职担任质检车间主任，负责食品公司产品质检的全面工作，入职后签订了为期3年的劳动合同，约定试用期为6个月，双方并未约定录用条件。苗某入职15天后，经苗某质检的产品，发生霉变的比例上升50%，客户直接要求退货，食品公司的损失达到上百万元。食品公司总经理要求解聘苗某。因苗某刚刚入职15天，因此公司提出支付苗某全月工资，与苗某协商一致解除劳动关系，但是苗某不同意，要求食品公司支付其1.5个月的工资作为解除劳动关系的经济补偿金，并另行支付其15天的工资，双方就此未能协商一致，苗某遂诉至劳动争议仲裁委员会，要求食品公司支付其上述补偿金及工资。

【审理结果】

审理机关经审理认为，苗某为食品公司提供了15天的劳动，食品公司理应支付其相应的工资，另在庭审过程中，双方均认可双方正处于协商解除劳动关系阶段，食品公司并未存在违法解除劳动关系的情况，鉴于双方均当庭表示不再继续履行劳动合同，审理机关认定双方属于协商一致解除劳动关系，因此，裁决食品公司支付苗某半个月的工资作为解除补偿金。

【案例解析】

本案的焦点在于，协商一致解除劳动关系，需不需要支付提前30日通知的代通知金？答案是否定的，协商一致解除劳动关系，依据《劳动合同法》第四十七条的规定，经济补偿按劳动者在本单位工作的年限，每满1年支付1个月工资的标准向劳动者支付。6个月以上不满1年的，按1年计算；不满6个月的，向劳动者支付半个月工资的经济补偿。本案不属于需要提前30天通知的情形，故公司只需支付苗某半个月工资作为解除补偿金即可。

【律师手把手】

协商一致解除劳动关系时，用人单位所需支付的经济补偿金到底是N还是N+1（N代表工作年限每满1年支付1个月的工资；N+1代表工作每满1年支付1个月的工资，另外再加1个月的工资。例如，工作5年，N就是给5个月的工资，N+1就是给6个月的工资），这里明确一下，依据法律的规定，如果是协商一致解除劳动关系，法定的经济补偿金为每满1年支付1个月工资作为经济补偿金，无须另行支付提前30日通知的代通知金。

1. 用人单位单方解除劳动关系的，下述情况无须支付经济补偿金：

（1）员工因个人原因辞职的；

（2）用人单位以员工严重违反公司规章制度为由解除劳动关系的；

（3）员工达到享受基本养老保险待遇的年龄、自然死亡、宣告死亡或失踪的；

（4）劳动合同到期后公司维持或者提高现有待遇续签合同而员工拒绝签订的。

2. 用人单位依法应该支付劳动者的解除劳动关系的经济补偿金的，应依据下述规则核算解除劳动关系的经济补偿金：

（1）如果劳动者在2008年1月1日后与用人单位建立劳动关系的，依据《劳动合同法》的规定，每满1年支付1个月工资，不满半年的支付半个月工资，已满半年不满1年的支付1个月工资。

例外事项：劳动者月工资高于用人单位所在地上年度职工月平均工资的三倍的，计算年限最长不超过12年。

（2）如果劳动者在2008年1月1日之前与用人单位建立劳动关系的，每满1年支付1个月工资，不满1年的支付1个月工资，并且计算年限最长不超过12年。

3. 经济补偿金核算基数：

劳动者在劳动合同解除或者终止前12个月的平均工资。劳动者月工资高于用人单位所在地上年度职工月平均工资三倍的，经济补偿或赔偿金的基数以用人单位所在地公布的上年度职工月平均工资的三倍为准。

关于依照实发工资还是应发工资计算的问题，因各地的审理机关适用法律存在差异，具体依照审理机关所在地的法律法规核算。

经济补偿金核算示例如下：

余某至 2008 年之前在某公司工作 3 年零 5 个月，2008 年后工作 3 年，后余某与公司协商一致解除劳动关系，余某离职前 12 个月月平均工资为 12000 元，假设余某离职当年工作地职工月均工资为 5000 元，余某的工龄在 2008 年 1 月 1 日前的部分为 3 年零 5 个月，自 2008 年 1 月 1 日至离职，按照 3 年计算，因为其工资未超过当地职工月平均工资的三倍，因此，余某经济补偿金的计算基数应按照 12000 元计算。余某获得的经济补偿金应该为 12000 ×（ 4+3 ）=84000 元。

【法条链接】

《中华人民共和国劳动合同法》

第三十六条 用人单位与劳动者协商一致，可以解除劳动合同。

第四十七条 经济补偿按劳动者在本单位工作的年限，每满一年支付一个月工资的标准向劳动者支付。六个月以上不满一年的，按一年计算；不满六个月的，向劳动者支付半个月工资的经济补偿。

劳动者月工资高于用人单位所在直辖市、设区的市级人民政府公布的本地区上年度职工月平均工资三倍的，向其支付经济补偿的标准按职工月平均工资三倍的数额支付，向其支付经济补偿的年限最高不超过十二年。

本条所称月工资是指劳动者在劳动合同解除或者终止前十二个月的平均工资。

13.2 员工违法解除劳动关系需要赔偿单位损失

【典型问题】

员工有何种行为属于违法解除劳动关系？

员工违法解除劳动关系有何后果？

【经典案例】 员工突然离职，企业可否要求员工承担重新招聘的费用？

某通信公司聘任花某任研发部总监，主管产品研发及设计工作，双方签订的劳动合同期限为3年，且在劳动合同中约定，员工解除双方劳动关系的，需要提前30日通知公司，否则要承担用人单位录用与该员工同岗位其他员工的费用以及公司因此遭受的其他损失，包括但不限于经营损失、客户罚款等。1年后，花某电联通信公司总经理称欲回老家，提出辞职后就与通信公司失去了联系，再无音信。不久，通信公司就得到消息，花某已到另一家通信公司任职。该通信公司遂将花某诉至当地劳动争议仲裁委员会，要求花某承担录用与花某同岗位其他员工的费用以及公司因此遭受的生产经营损失。

【审理结果】

在庭审中，通信公司提交了双方签订的劳动合同、在招聘网站发布招聘信息的协议与付款凭证，因产品延期交付而被客户罚款的通知以及罚款的转账记录。审理机关认为，花某未依照法律的规定和劳动合同的约定提前30日通知通信公司解除劳动关系，且花某在与通信公司签订的劳动合同中明确约定了违法解除劳动关系需承担的赔偿责任，因此，花某理应承担通信公司因此造成的损失。

【案例解析】

本案的焦点在于，与通信公司的劳动合同中约定的赔偿责任，花某是否需要承担？依据《劳动合同法》第九十条的规定，劳动者违反本法规定解除劳动合同，或者违反劳动合同中约定的保密义务或者竞业限制，给用人单位造成损失的，应当承担赔偿责任。因为花某未提前30日通知通信公司，导致通信公司产品研发滞后，遭受经营损失，故应该承担相应的赔偿责任。

【律师手把手】

员工未依照法律的规定，提前30日以书面形式通知用人单位解除劳动关系，用人单位要求员工赔偿经济损失的，法院可依法予以支持，可见提前30日通知用人单位是解除劳动合同的条件和必经程序，员工一旦违反此规定，就会承担相应的赔偿责任，但在实务操作中，用人单位需注意以下事项：

1. 用人单位须有证据证明员工解除劳动关系的行为违法，即未提前30日通知用人单位解除劳动关系，如辞职信的日期与工作交接的日期相同，或者用人单位书面通知离职员工办理交接手续，但离职员工在限期内未答复；

2. 用人单位需要与劳动者在劳动合同中或者其他书面协议中约定员工违法辞职需要承担的赔偿责任的种类或范围，如用人单位重新招用同岗位员工所需花费的费用和用人单位因此遭受的经济损失等；

3. 员工未提前30日通知的行为给用人单位实际造成了损失，用人单位必须有证据证明单位实际遭受了何种损失及损失的数额，才能获得法院的支持。

但是用人单位不能因员工违法辞职而约定高额的违约金，因为该约定违反了《劳动合同法》中关于禁止用人单位与劳动者约定各种形式违约金的法律规定。

【法条链接】

《中华人民共和国劳动合同法》

第九十条 劳动者违反本法规定解除劳动合同，或者违反劳动合同中约定的保密义务或者竞业限制，给用人单位造成损失的，应当承担赔偿责任。

《中华人民共和国劳动合同法实施条例》

第十八条 有下列情形之一的，依照劳动合同法规定的条件、程序，劳动者可以与用人单位解除固定期限劳动合同、无固定期限劳动合同或者以完成一定工作任务为期限的劳动合同：

（一）劳动者与用人单位协商一致的；

（二）劳动者提前30日以书面形式通知用人单位的；

（三）劳动者在试用期内提前3日通知用人单位的；

（四）用人单位未按照劳动合同约定提供劳动保护或者劳动条件的；

（五）用人单位未及时足额支付劳动报酬的；

（六）用人单位未依法为劳动者缴纳社会保险费的；

（七）用人单位的规章制度违反法律、法规的规定，损害劳动者权益的；

（八）用人单位以欺诈、胁迫的手段或者乘人之危，使劳动者在违背真实意思的情况下订立或者变更劳动合同的；

（九）用人单位在劳动合同中免除自己的法定责任、排除劳动者权利的；

（十）用人单位违反法律、行政法规强制性规定的；

（十一）用人单位以暴力、威胁或者非法限制人身自由的手段强迫劳动者劳动的；

（十二）用人单位违章指挥、强令冒险作业危及劳动者人身安全的；

（十三）法律、行政法规规定劳动者可以解除劳动合同的其他情形。

劳动部《违反〈劳动法〉有关劳动合同规定的赔偿办法》

第四条 劳动者违反规定或劳动合同的约定解除劳动合同，对用人单位造成损失的，劳动者应赔偿用人单位下列损失：

（一）用人单位招收录用其所支付的费用；

（二）用人单位为其支付的培训费用，双方另有约定的按约定办理；

（三）对生产、经营和工作造成的直接经济损失；

（四）劳动合同约定的其他赔偿费用。

第六条 用人单位招用尚未解除劳动合同的劳动者，对原用人单位造成经济损失的，除该劳动者承担直接赔偿责任外，该用人单位应当承担连带赔偿责任。其连带赔偿的份额应不低于对原用人单位造成经济损失总额的百分之七十。向原用人单位赔偿下列损失：

（一）对生产、经营和工作造成的直接经济损失；

（二）因获取商业秘密给原用人单位造成的经济损失。

赔偿本条第（二）项规定的损失，按《反不正当竞争法》第二十条的规定执行。

13.3 协商一致解除劳动关系必须签订书面协议

【典型问题】

口头达成一致意见，并支付了解除劳动关系补偿金的，还存在风险吗？

签订书面协议，但赔偿金数额低于法定数额的，还需补齐吗？

书面协议中，如何约定“兜底条款”，才能避免诉讼风险？

书面协议中，可以约定补偿金分期支付吗？

对于未在书面协议中约定的款项，还存在支付风险吗？

【经典案例】 只要签订了协商一致解除劳动关系的协议，员工就必须履行吗？

方先生在某电力公司任库管一职，主要负责保管公司的设备及仪器、员工劳保用品等，双方签订了无固定期限劳动合同，约定月工资 3000 元，3 年后，公司找到方先生协商解除劳动关系，解除理由为“由于公司库房保管岗位比较重要，涉及公司所有设备的保管与维护，而方先生的弟弟在经营与电力公司有竞争业务的企业，为防止公司的经营信息泄露，公司决定与方先生协商解除劳动合同”。电力公司与方先生签订的解除劳动关系协议中约定，公司向其支付解除劳动关系的经济补偿金 15000 元整，补偿金将在办理完交接手续后支付给方先生。如果方先生在 3 个工作日内未办理完交接手续的，视为方先生自动放弃领取解除劳动关系的经济补偿金，双方签字确认后，方先生开始办理交接手续，但是公司以种种理由拒绝在交接手续上盖章，方先生的离职交接手续一直未能办理完毕，电力公司以此为由拒绝支付方先生解除劳动关系的经济补偿金。无奈，方先生向当地的劳动争议仲裁委员会提出仲裁申请，要求劳动仲裁庭裁定公司依照解除协议的约定支付其解除劳动关系的经济补偿金。

【审理结果】

在庭审过程中，方先生认可与电力公司已就劳动关系解除问题进行了协商，并签订了协商一致解除劳动关系的协议，但是该协议关于方先生自动放弃领取解除劳动关系经济补偿金的条款显然侵害了方先生的利益，属于无效条款。因此，判令电力公司支付解除劳动关系的经济补偿金。

【案例解析】

本案的焦点在于，电力公司与方先生的约定是否能产生法律效力，答案显然是不能，双方约定的内容侵害了方先生的利益，属于无效条款，不能产生预期的效力。用人单位在与劳动者协商一致解除劳动关系时，一定要避免发生案例中的情况，从而避免产生不利后果。

【律师手把手】

《最高人民法院关于审理劳动争议案件若干问题的司法解释》中规定，解除劳动关系协议的签订过程与协议内容必须符合法律的规定：

1. 不得采取欺诈、胁迫的手段签订协议；

2. 如果是在劳动者存在重大误解的情况下签订的解除协议，也会致使调解协议无效；

3. 解除协议的内容必须符合法律规定，不能免除用人单位的义务、增加劳动者获得补偿金的条件或者减少劳动者的权利，否则将会直接导致协议无效而被撤销。

司法实践中，劳动者一般无法从用人单位处取得书面证据提供给审理机关，但用人单位作为管理者却便于掌握和管理劳动者的档案、薪酬、社会保险费缴纳等相关情况与材料，因此，法律法规明确规定，与争议事项有关的证据属于用人单位掌握管理的，用人单位应当提供，用人单位不能提供的，应当承担不利后果。这一规定明确加大了用人单位的举证责任，因此在一定程度上要求用人单位在管理过程中，尤其要注意书面证据的采集与保管，劳动关系解除的协议属于重要协议，需要用人单位谨慎保管，以防遗失后增加用人单位的用工风险。

【法条链接】

《中华人民共和国合同法》

第五十三条 合同中的下列免责条款无效：

（一）造成对方人身伤害的；

（二）因故意或者重大过失造成对方财产损失的。

第五十四条 下列合同，当事人一方有权请求人民法院或者仲裁机构变更或者撤销：

（一）因重大误解订立的；

（二）在订立合同时显失公平的。

一方以欺诈、胁迫的手段或者乘人之危，使对方在违背真实意思的情况下订立的合同，受损害方有权请求人民法院或者仲裁机构变更或者撤销。

当事人请求变更的，人民法院或者仲裁机构不得撤销。

《最高人民法院关于审理劳动争议案件适用法律若干问题的解释（三）》

第十条 劳动者与用人单位就解除或者终止劳动合同办理相关手续、支付工资报酬、加班费、经济补偿或者赔偿金等达成的协议，不违反法律、行政法规的强制性规定，且不存在欺诈、胁迫或者乘人之危情形的，应当认定有效。

前款协议存在重大误解或者显失公平情形，当事人请求撤销的，人民法院应予支持。

【经典案例】员工领取解除劳动关系经济补偿金就意味着是与单位协商一致解除的吗？

俞先生系某环保公司（以下简称环保公司）的销售经理，双方签订了期限为 4 年的劳动合同，月工资包括基本工资、岗位工资和佣金。合同到期后双方均未提出终止合同，俞先生继续在公司上班，环保公司也一直正常发放工资。半年后，环保公司以双方劳动合同已终止为由，向俞先生发出关于终止劳动合同的通知，终止与俞先生的劳动关系。通知中载明，俞先生可以获得 1 个月的工资作为解除劳动关系的经济补偿金，并将在发薪日发放给俞先生，在经济补偿金到账后，俞先生认为公司支付的经济补偿金数额过低，经与公司协商不成，俞先生向某区劳动争议仲裁委员会提起了仲裁申请，要求环保公司补齐解除劳动关系的经济补偿金。

【审理结果】

审理机关经审理发现，环保公司虽然主张和俞先生就劳动关系解除事宜已经口头达成一致意见并支付了解除劳动关系的经济补偿金，但是仅凭支付经济补偿金的转账记录无法证明双方已就劳动关系解除事宜达成一致意见，并已经实际履行，而俞先生当庭否认双方已经协商一致解除了劳动关系，环保公司也未提供其他证据证明自己的主张，因此，环保公司理应依照法律相关规定的赔付标准补齐俞先生解除劳动关系的经济补偿金。

【案例解析】

本案的焦点在于，劳动者领取了解除劳动关系的经济补偿金是否意味着已就解除劳动关系的相关事宜与用人单位达成了一致意见，答案显然是否定的。用人单位必须就双方解除劳动关系达成一致意见提供有效证据，银行转账记录显然难以证明。如果员工在经济补偿金支出凭单上是签字领取的呢？也不行，因为用人单位无法证明领取补偿金的数额是全部的补偿金数额。

【律师手把手】

劳动争议的审理过程就是通过证据证明事实的过程，因此，证据在诉讼过程中的作用极其重要。基于此，用人单位与劳动者就解除劳动关系达成一致意见的，必须留下书面材料，这样，一旦发生诉讼，可以证明与员工协商的事实。

但是协商一致解除劳动关系的协议在起草时，要注意以下几个方面：

1. 协商一致解除劳动关系协议主体要适格。协商一致解除劳动关系的协议主体必须是劳资双方。简单地说，就是协议甲乙双方与劳动合同双方必须一致，如果签有主体变更协议的，要与变更后的主体一致。有的劳动者与总公司签有劳动合同，但实际工作在分公司、子公司的，需要首先确认用工主体，再行签订协议，以免因主体不适格而导致协议无效。

2. 协商一致解除劳动关系的协议内容要合法，前述已经说明，在此不再赘述，提示一点，协议中需要约定兜底条款，“双方已就劳动关系建立至解除期间所有的问题（包括但不限于工资、奖金、福利、公积金、解除的补偿金等）处理完毕，员工知晓依据法律规定可能获得更多补偿，但明确表示放弃主张权利，双方再无任何争议”。

3. 在协商一致解除劳动关系协议内容合法的前提下，双方可以自行约定其他内容，如钱款支付方式、支付时间、支付条件等。

《协商一致解除劳动关系协议》参见下面模版。

协商一致解除劳动关系协议

甲方：

住所地：

乙方：

身份证号：

甲乙双方就协商一致解除劳动关系、工资、补偿金等一切劳动关系存续期间的相关事宜，乙方将与甲方达成如下一致意见：

一、双方劳动合同于____年____月____日之日起解除，乙方的工资待遇将支付至____年____月____日，甲方将于____年____月____日为乙方办理社会保险转移手续，办理减员手续；

二、甲方支付给乙方工资、解除劳动关系的经济补偿金等各项补偿共计__元；

三、甲乙双方相互承诺，不做任何损害对方利益的行为，包括但不限于起诉、举报等任何方式；

四、双方已就劳动关系建立至解除期间所有的问题（包括但不限于工资、奖金、福利、公积金、解除的补偿金等）处理完毕，员工知晓依据法律规定可能获得更多补偿，但明确表示放弃主张权利，双方再无任何争议；

五、本协议依照《中华人民共和国合同法》相关规定签订，并经双方签字确认，双方应积极全面地履行本合同义务。任何一方有违约行为，须向守约方支付第二项条款所示的各项补偿金总金额作为违约金。

甲方：（盖章）　　　　　　　　　　　　乙方（签字）：

年　　月　　日　　　　　　　　　　　　年　　月　　日

【法条链接】

《中华人民共和国劳动争议调解仲裁法》

第六条 发生劳动争议，当事人对自己提出的主张，有责任提供证据。与争议事项有关的证据属于用人单位掌握管理的，用人单位应当提供；用人单位不提供的，应当承担不利后果。

第三十九条 第二款 劳动者无法提供由用人单位掌握管理的与仲裁请

求有关的证据，仲裁庭可以要求用人单位在指定期限内提供。用人单位在指定期限内不提供的，应当承担不利后果。

《最高人民法院关于审理劳动争议案件适用法律若干问题的解释》

第十三条 因用人单位作出的开除、除名、辞退、解除劳动合同、减少劳动报酬、计算劳动者工作年限等决定而发生的劳动争议，用人单位负举证责任。

《最高人民法院关于民事诉讼证据的若干规定》

第六条 在劳动争议纠纷案件中，因用人单位作出开除、除名、辞退、解除劳动合同、减少劳动报酬、计算劳动者工作年限等决定而发生劳动争议的，由用人单位负举证责任。

《劳动和社会保障部关于确立劳动关系有关事项的通知》

二、用人单位未与劳动者签订劳动合同，认定双方存在劳动关系时可参照下列凭证：

（一）工资支付凭证或记录（职工工资发放花名册）、缴纳各项社会保险费的记录；

（二）用人单位向劳动者发放的“工作证”、“服务证”等能够证明身份的证件；

（三）劳动者填写的用人单位招工招聘“登记表”、“报名表”等招用记录；

（四）考勤记录；

（五）其他劳动者的证言等。

其中，（一）、（三）、（四）项的有关凭证由用人单位负举证责任。

13.4 即时解除、预告通知解除及经济性裁员划分

【典型问题】

劳动关系解除分为哪几种类型？各有何区别？

即时解除包含哪几种解除方式？

何种情况下解除劳动关系被认定为预告通知解除？

公司经营不盈利就可实施经济性裁员吗？

【经典案例】用人单位因经营不善与员工解除劳动关系，能否被认定为经济性裁员？

鲍女士系广东某设计公司业务员，公司每年均会与其签订书面劳动合同，最近一次签订劳动合同的期限为 3 年，合同中约定月工资为 4000 元，公司一直正常经营，后受到用工成本增加、业务进展缓慢等因素影响，公司生产经营发生了严重困难需进行裁员，无奈之下，公司电话通知鲍女士前来领取离职通知单，并告知她自接到通知单之日起无须再来公司上班了。鲍女士接到公司电话通知后拒绝领取离职通知单，也不接受公司的补偿意见，而是口头提出了多项补偿要求，公司未同意。紧接着，鲍女士提起了劳动仲裁，要求公司支付违法解除劳动合同的赔偿金、支付未提前 1 个月通知的代通知金。

【审理结果】

在庭审中，设计公司提交了巨额欠款的借条、银行贷款的还款单以证明公司出现大量借款无法偿还的情况，经营出现严重困难，鲍女士对此不予认可，认为借款不能证明公司经营出现困难，只有审计报告才能显示实际经营状况。审理机关认为，依照法律的规定，设计公司未就经济性裁员相关材料与决定报告当地劳动行政部门备案并听取行政部门的意见，因此，设计公司的行为违反了法律的相关规定，属于违法解除劳动关系的行为，理应支付违法解除劳动关系的经济赔偿金。

【案例解析】

本案的焦点在于，设计公司解除与鲍女士劳动关系的行为，是否属于经济性裁员？依据《劳动合同法》的相关规定，生产经营发生严重困难需要裁减的人员达到一定人数或者一定比例的，必须向全体员工说明情况，听取工会或者职工的意见，裁减人员方案须向劳动行政部门报告后方可实施。因此，案例中设计公司的行为违反了法定程序，属于违法解除劳动关系的行为，因此，不能被认定为经济性裁员。

【律师手把手】

用人单位可以单方解除与劳动者的劳动关系，根据解除理由的不同分为三种类型：即时解除劳动合同、预告通知解除劳动合同以及经济性裁员。

即时解除：依据《劳动合同法》第三十九条规定的六种情形，员工在试用期内不符合录用条件、严重违反用人单位规章制度、严重失职、与其他用人单位建立劳动关系、被依法追究刑事责任等情形发生时，用人单位因此解除劳动关系的，称为即时解除劳动合同或者过错性解除劳动合同。在这六种情况发生时，单位可以随时与员工解除劳动合同，且无须支付解除劳动合同的经济补偿金。

该类解除行为重点在于用人单位一定要有证据证明，员工的行为符合用人单位即时解除劳动合同的情形。

比如，试用期解除，若证明在试用期内劳动者不符合录用条件，用人单位则需要提交录用条件如何规定、劳动者不符合录用条件的表现是什么。严重违反规章制度解除劳动关系的，需要提交用人单位的规章制度、严重违纪的行为以及用人单位以此为由解除劳动关系的通知书。

预告通知解除：在履行劳动合同过程中，用人单位提前30日通知劳动者，将于一定的期限之后解除合同的情形，也被称为非过错性解除劳动合同。

该类解除行为已经详细规定了法定的解除事由，包括患病或者非因工负伤医疗期满后不胜任岗位职责、员工不胜任岗位职责以及客观情况发生重大变化（也称情势变更）。

经济性裁员：用人单位濒临破产进行法定整顿期间或者生产经营状况发生严重困难时，为渡过经营难关，而裁减一部分劳动者的情形。

在经济性裁员中，为防止用人单位滥用此项规定辞退劳动者，侵害劳动者利益，法律针对此规定进行了诸多限制：

1. 用人单位经济性裁员必须符合以下法定原因：

（1）用人单位在濒临破产进行法定整顿期间裁减人员的。

依照《企业破产法》的相关规定，企业因经营管理不善造成严重亏损，不能清偿到期债务的，可以依法宣告破产。对于濒临破产的用人单位裁减人员的，可以依照经济性裁员处理，但是用人单位需要准备申请破产的相关材料用以证明其濒临破产。

（2）用人单位因生产经营发生严重困难而裁减人员的。

在诉讼期间，用人单位需要提交证据证明其生产经营发生严重困难，如企业账户明细、贷款催款函、审计报告、纳税证明等。

（3）企业转产、重大技术革新或者经营方式调整，经变更劳动合同后，仍需裁减人员的。

这一条款在具体适用时，对用人单位举证责任要求较高，用人单位的经营范围或者是产品、技术发生重大变化的书面材料要保存好，公司注销、解散时可用此条款，用人单位需将变更内容提前通知劳动者，并留下书面公示的证明材料，还需举证曾与劳动者进行协商，未达成一致意见，如调到其他关联公司工作或者到新公司去工作，但是劳动者不同意，可以通过谈话记录、会议记录的形式保留书面材料。

（4）其他因劳动合同订立时所依据的客观经济情况发生重大变化，致使劳动合同无法履行的，在法律实务中，可以被用人单位主观决定的，均不属于客观情况发生重大变化，如组织架构调整。

2. 用人单位适用经济性裁员必须经过法定程序

（1）用人单位准备裁员时，需提前 30 日向工会或者全体职工说明单位的实际经营情况并公示生产经营状况恶化的资料，可以通过员工大会或者签收通知的形式，留下书面证据材料；

（2）提出裁减人员方案，包括被裁减人员名单、实施时间及步骤，和被裁减人员经济补偿办法，应当征求工会或者全体职工的意见，留下书面证明材料；

（3）向当地劳动行政部门报告裁减人员方案以及工会或者全体职工的意见；

（4）与被裁减人员办理解除劳动合同手续。

上述实体与程序的约束条件缺一不可，否则单位将面临违法解除劳动合同的风险。

上述三种解除方式还有很多差异，通过下表做简单的描述。

三种解除方式的特征

种　类	即时解除	预告通知解除	经济性裁员
特　点	1. 无须提前30日通知；2. 通知采用书面形式；3. 无须支付解除劳动关系的经济补偿金；4. 解除不受三期、医疗期等限制	1. 采用书面形式提前30日书面通知；2. 需要支付解除劳动关系的经济补偿金；3. 受三期、医疗期等限制	1. 单位经营发生严重困难；2. 裁员20人以上或占职工总数的10%以上；3. 提前30日向工会或全体职工做情况说明；4. 向劳动行政部门进行报告；5. 受三期、医疗期等限制
经济补偿金计算方法	无经济补偿金	1. 每满1年；不满1年、过半年——1个月工资。2. 不满半年——半个月工资	1. 每满1年；不满1年、过半年——1个月工资。2. 不满半年——半个月工资
包含内容	试用期解除、严重违纪解除、重大损害解除、犯罪解除、双重或多重劳动关系解除、合同无效解除（欺诈）	医疗期解除、不能胜任解除、情势变更解除	无
不得解除（禁止性解除，适用于预告通知解除和经济性裁员）			
1. 从事接触职业病危害作业的劳动者未进行离岗前职业健康检查，或者疑似职业病病人在诊断或者医学观察期间的；2. 在本单位患职业病或者因工负伤并被确认丧失或者部分丧失劳动能力的；3. 患病或者非因工负伤，在规定的医疗期内的；4. 女职工在孕期、产期、哺乳期的；5. 在本单位连续工作满15年，且距法定退休年龄不足5年的			

【法条链接】

《中华人民共和国劳动合同法》

第三十九条　劳动者有下列情形之一的，用人单位可以解除劳动合同：

（一）在试用期间被证明不符合录用条件的；

（二）严重违反用人单位的规章制度的；

（三）严重失职，营私舞弊，给用人单位造成重大损害的；

（四）劳动者同时与其他用人单位建立劳动关系，对完成本单位的工作任务造成严重影响，或者经用人单位提出，拒不改正的；

（五）因本法第二十六条第一款第一项规定的情形致使劳动合同无效的；

（六）被依法追究刑事责任的。

第四十条　有下列情形之一的，用人单位提前三十日以书面形式通知劳动者本人或者额外支付劳动者一个月工资后，可以解除劳动合同：

（一）劳动者患病或者非因工负伤，在规定的医疗期满后不能从事原工作，也不能从事由用人单位另行安排的工作的；

（二）劳动者不能胜任工作，经过培训或者调整工作岗位，仍不能胜任工作的；

（三）劳动合同订立时所依据的客观情况发生重大变化，致使劳动合同无法履行，经用人单位与劳动者协商，未能就变更劳动合同内容达成协议的。

第四十一条　有下列情形之一，需要裁减人员二十人以上或者裁减不足二十人但占企业职工总数百分之十以上的，用人单位提前三十日向工会或者全体职工说明情况，听取工会或者职工的意见后，裁减人员方案经向劳动行政部门报告，可以裁减人员：

（一）依照企业破产法规定进行重整的；

（二）生产经营发生严重困难的；

（三）企业转产、重大技术革新或者经营方式调整，经变更劳动合同后，仍需裁减人员的；

（四）其他因劳动合同订立时所依据的客观经济情况发生重大变化，致使劳动合同无法履行的。

裁减人员时，应当优先留用下列人员：

（一）与本单位订立较长期限的固定期限劳动合同的；

（二）与本单位订立无固定期限劳动合同的；

（三）家庭无其他就业人员，有需要扶养的老人或者未成年人的。

用人单位依照本条第一款规定裁减人员，在六个月内重新招用人员的，应当通知被裁减的人员，并在同等条件下优先招用被裁减的人员。

《中华人民共和国劳动法》

第二十七条　用人单位濒临破产进行法定整顿期间或者生产经营状况发生严重困难，确需裁减人员的，应当提前三十日向工会或者全体职工说明情况，听取工会或者职工的意见，经向劳动行政部门报告后，可以裁减人员。

用人单位依据本条规定裁减人员，在六个月内录用人员的，应当优先录用被裁减的人员。

13.5 用人单位解聘员工不能违反禁止性解除法律规定

【典型问题】

员工长期患病，用人单位能否解除劳动关系？

员工患重大疾病，不能到岗上班，用人单位能否解除劳动合同？

发生工伤的员工，用人单位能否解除劳动关系？

【经典案例】 用人单位能够单方解除工伤七级的员工吗？

袁某是某精密仪器厂的一名车间工人，在一次激光仪器操作过程中因操作不慎，发生工伤事故，左手食指断裂式骨折，经过治疗后，袁某痊愈出院。随后，仪器厂为袁某申请了劳动能力鉴定，鉴定结果是“工伤七级”，属于“部分丧失劳动能力”。袁某回到工作岗位后，仪器厂安排袁某到车间任质检员，袁某岗位未再变更。半年后，由于仪器厂投资失败，新生产线严重亏损，企业经济业绩持续下滑，仪器厂认为单位经营状况发生严重困难，无法支撑全部员工在岗期间的正常待遇，决定采取经济性裁员的方式减员增效。仪器厂遂通知包括袁某在内的30名员工协商解除劳动关系，要求该部分员工另谋出路，并在劳动局办理了备案手续。袁某认为自己左手残疾，无法再到新的工作单位就业，不同意解除劳动关系，但是仪器厂拒绝袁某再进厂工作。无奈之下，袁某诉至当地劳动争议仲裁委员会，要求仪器厂恢复其工作。

【审理结果】

审理机关经审理发现，袁某被认定为七级伤残，属于部分丧失劳动能力，依据法律的规定，用人单位不得适用《劳动合同法》第四十条的规定解除与袁某的劳动关系，因此，裁决仪器厂应恢复袁某的工作。

【案例解析】

本案的焦点在于，仪器厂经营出现严重困难，在难以维系正常收支的情况下，能否解除与袁某的劳动关系？实务中，有人认为，袁某已经到新岗位上班，说明其劳动能力未受影响，不适用《劳动合同法》第四十二条的规定，但显然该看法是错误的，法律规定，发生工伤部分丧失劳动能力者不能适用经济性裁员，因此本案中，仪器厂解除与袁某劳动关系的行为属于违法解除劳动关系，审理机关有权要求其恢复与袁某的劳动关系。

【律师手把手】

依据《劳动合同法》第四十二条的相关规定，对于符合下述情况的劳动者，用人单位不得依照《劳动合同法》第四十条的规定解除劳动合同，即不能适用预告通知方式解除劳动关系：

1. 从事接触职业病危害作业的劳动者未进行离岗前职业健康检查，或者疑似职业病病人在诊断或者医学观察期间的；

2. 在本单位患职业病或者因工负伤并被确认丧失或者部分丧失劳动能力的；

3. 患病或者非因工负伤，在规定的医疗期内的；

4. 女职工在孕期、产期、哺乳期的；

5. 在本单位连续工作满 15 年，且距法定退休年龄不足 5 年的；

6. 法律、行政法规规定的其他情形。

员工如果存在上述情形，用人单位是不能通过预告通知的形式解除劳动关系的，不过，用人单位需要注意，上述情形发生时，用人单位可以通过协商一致的方式或者依据《劳动合同法》第三十九条规定的方式解除与上述员工的劳动关系。

上述案例中涉及的是因工伤丧失劳动能力不能适用《劳动合同法》第四十条、第四十一条的规定解除劳动关系，该规定也适用于医疗期员工解除劳动关系。用人单位单方解除医疗期员工的劳动关系，还需注意以下关键点：

1. 对某些患特殊疾病（实务中涉及癌症、精神病、瘫痪等慢性疾病或者重大疾病）的职工，在 24 个月内尚不能痊愈的，经企业和劳动主管部门批准，可以适当延长医疗期。

2. 依据法律的相关规定，劳动者非因工致残或经医生或医疗机构认定患有难以治疗的疾病，在医疗期满不能从事原工作，也不能从事用人单位另行安排的工作的，应当由劳动鉴定委员会参照工伤与职业病致残程度鉴定标准进行劳动能力的鉴定。被鉴定为一级至四级的，应当退出劳动岗位，终止劳动关系，办理退休、退职手续，并享受退休、退职待遇；被鉴定为五级至十级的，医疗期内不得解除劳动合同。

全国各个区域针对上述法律规定的具体实施办法有所不同，应该依照用人单位所在地的地方性法规进行处理。例如，拥有北京市户口的可以直接办理退休手续，依法领取养老金，非北京户口的可以办理退职手续，依照缴纳金额按比例一次性领取养老金，广东省却规定办理退职手续后，需要用人单位承担相应的工资待遇。

当然，即使满足上述条件也可能存在违法解除劳动合同的情况，所以建议用人单位在与医疗期满员工解除劳动关系时，应与该员工协商一致解除劳动关系，真正将用人单位的风险降到最低。

【法条链接】

《中华人民共和国劳动合同法》

第四十二条 劳动者有下列情形之一的，用人单位不得依照本法第四十条、第四十一条的规定解除劳动合同：

（一）从事接触职业病危害作业的劳动者未进行离岗前职业健康检查，或者疑似职业病病人在诊断或者医学观察期间的；

（二）在本单位患职业病或者因工负伤并被确认丧失或者部分丧失劳动能力的；

（三）患病或者非因工负伤，在规定的医疗期内的；

（四）女职工在孕期、产期、哺乳期的；

（五）在本单位连续工作满十五年，且距法定退休年龄不足五年的；

（六）法律、行政法规规定的其他情形。

第四十七条 经济补偿按劳动者在本单位工作的年限，每满一年支付一个月工资的标准向劳动者支付。六个月以上不满一年的，按一年计算；不满六个月的，向劳动者支付半个月工资的经济补偿。

劳动者月工资高于用人单位所在直辖市、设区的市级人民政府公布的本地区上年度职工月平均工资三倍的，向其支付经济补偿的标准按职工月平均工资三倍的数额支付，向其支付经济补偿的年限最高不超过十二年。

本条所称月工资是指劳动者在劳动合同解除或者终止前十二个月的平均工资。

《中华人民共和国劳动合同法实施条例》

第二十条 用人单位依照劳动合同法第四十条的规定，选择额外支付劳动者一个月工资解除劳动合同的，其额外支付的工资应当按照该劳动者上一个月的工资标准确定。

《劳动部关于发布〈企业职工患病或非因工负伤医疗期规定〉的通知》

第六条 企业职工非因工致残和经医生或医疗机构认定患有难以治疗的疾病，在医疗期内医疗终结，不能从事原工作，也不能从事用人单位另行安排的工作的，应当由劳动鉴定委员会参照工伤与职业病致残程度鉴定标准进行劳动能力的鉴定。被鉴定为一至四级的，应当退出劳动岗位，终止劳动关系，办理退休、退职手续，享受退休、退职待遇；被鉴定为五至十级的，医疗期内不得解除劳动合同。

第七条 企业职工非因工致残和经医生或医疗机构认定患有难以治疗的疾病，医疗期满，应当由劳动鉴定委员会参照工伤与职业病致残程度鉴定标准进行劳动能力的鉴定。被鉴定为一至四级的，应当退出劳动岗位，解除劳动关系，并办理退休、退职手续，享受退休、退职待遇。

13.6 慎重发放解聘通知

【典型问题】

被解聘劳动者不愿离岗，下发解聘通知是否是明智之选？

解聘通知书应包含哪些内容？

【经典案例】 庭审中，员工提交解聘通知书，能否拿到违法解聘赔偿金？

柳某入职某通信公司担任会计，合同期限为3年，通信公司的办公地点租赁合同到期，因未能与房东达成一致，租赁期终止，通信公司将变更办公地点，新的办公地点在城市北部，柳某的居住地在城市南部，上下班需要三四个小时的车程，柳某将付出更多的时间与经济成本。为此，柳某称因为公司的办公地点变更导致其离职，属于用人单位未能提供适当的劳动条件，因此要求通信公司支付其解除劳动关系的经济补偿金，但遭到拒绝。柳某见公司未能同意其要求，每天就在公司无所事事，与同事聚集聊天，严重影响办公秩序。公司认为柳某此举严重影响了正常办公秩序，为防止影响扩大，很快向柳某发放了解除劳动关系通知书，通知书中详细写明柳某在办公期间做与工作无关的事情，严重影响了公司正常的办公秩序，公司决定解除与柳某的劳动关系。柳某接到解聘通知书后诉至当地劳动争议仲裁部门，要求公司承担违法解除劳动关系的经济赔偿金。

【审理结果】

审理机关经审理认为，通信公司虽然主张柳某做与工作无关的事情，严重影响了公司的正常办公秩序，但是未提交有效的证据予以证明，因此，支持了柳某的主张。

【案例解析】

本案的焦点在于，通信公司发放解聘通知书的行为，是否产生了预期的效果？短时效果确实达到了，柳某因此未再到办公地点，但是其他不良后果也随之出现，通信公司为此支付了双倍的解除劳动关系的经济赔偿金。本案中，通信公司完全可以因办公地点变更，未与劳动者就劳动合同变更达成一致意见为由，解除与柳某的劳动关系。这样，依照法律规定支付柳某单倍的解除劳动关系补偿金即可。因此，通信公司不计后果，在未找到合理合法的理由的情况下，发放解聘通知书，实非明智之举。

【律师手把手】

通过上述案例可以看出，用人单位使用解聘通知书会面临一定的法律风险，员工以解聘通知为证据，一是可以证明劳动关系；二是可以证明用人单位单方解除劳动关系；三是可以证明解除劳动关系的时间，即使在诉讼过程中用人单位提交其他证据证明解聘员工的理由与解聘通知存在差异，也难以推翻解聘通知的效力。因此，需要引起用人单位的重视。

工作实务中，用人单位应该在确认已经与劳动者协商一致解除劳动关系或者用人单位确实掌握有效证据证明可以合法解除劳动关系的情况下，才能发放解除劳动关系通知书，发放解除通知书一定要三思而后行。《解除劳动关系通知书》参见下面模板。

解除劳动关系通知书

（员工姓名）：

经公司讨论，因下列第（　）项原因，自____年____月____日起解除与您的劳动合同关系。请在接到本通知单____日内，到人事行政部办理离职手续。

☐ 1. 劳动合同期满，不再续签；

☐ 2. 员工本人提出辞职；

☐ 3. 劳动合同中约定的终止条件出现；

☐ 4. 经双方协商一致，同意终止劳动合同关系；

☐ 5. 在试用期间被证明不符合录用条件；

☐ 6. 因劳动合同订立时所依据的客观情况发生变化，致使劳动合同无法履行的；

☐ 7. 严重违反劳动纪律或公司所制定的规章制度；

☐ 8. 由于个人原因，给公司利益或企业形象造成重大损失；

☐ 9. 被司法部门依法追究刑事责任；

☐ 10. 患病或非因工负伤，医疗期满后，被证明不能从事原工作或调整后的工作；

☐ 11. 不能胜任本岗位工作，在经培训或调整后，仍不能胜任工作；

☐ 12. 因公司在生产、经营方面出现严重困难，进行人员裁减；

☐ 13. 其他事由。

公司（盖章）

年　　月　　日

【法条链接】

《最高人民法院关于审理劳动争议案件适用法律若干问题的解释》

第十三条 因用人单位作出的开除、除名、辞退、解除劳动合同、减少劳动报酬、计算劳动者工作年限等决定而发生的劳动争议，用人单位负举证责任。

13.7 如何避免旷工员工诉累风险

【典型问题】

员工旷工后，未到岗上班，能够视为自动离职吗？

无法与旷工员工取得联系，单位如何做才能规避风险？

【经典案例】 员工连续旷工 5 日，可以严重违纪解聘吗？

鲍女士在某科技公司工作，担任研发专员，劳动合同期限为 1 年，试用期 2 个月。转正后，鲍女士工作一直积极上进，颇受同事好评。一日，鲍女士突然到科技公司主管那里要求请假，原因是想要带孩子出去玩一下，未得到主管的批准，鲍女士遂与主管大吵一架，摔门而去，未再到岗上班，公司以为鲍女士自动离职了。但 15 日之后，鲍女士回到公司，找主管谈话，鲍女士认为其已经买好了机票，没有办法才旷工的，向主管表示下次一定提前请假，主管见其态度诚恳，原谅了她，没有追究其旷工的责任，但告知鲍女士下不为例。可好景不长，很快，鲍女士未经请假又私自离岗，杳无音信，主管非常气愤，一纸解聘书发到鲍女士住处，以其严重违反公司规章制度为由，解除了与鲍女士的劳动关系。

鲍女士接到通知之后，找公司理论，公司称鲍女士已经两次旷工，严重违反了公司的规章制度，公司有理由予以解聘。鲍女士遂将科技公司诉至劳动争议仲裁委员会，要求公司支付违法解除劳动关系的经济赔偿金。

【审理结果】

审理机关就鲍女士的考勤情况当庭询问了公司，双方均认可属于指纹打卡，但是鲍女士以考勤表未经其签字确认为由认为公司提交了虚假证据，不予确认。审理机关经审理认为，公司的考勤表有可改动的特点，且考勤表未经鲍女士签字确认，因此，认定公司未提交有效证据证明鲍女士旷工的主张，支持了鲍女士的申请请求。

【案例解析】

该案例是发生在北京的一个案例，劳动者为了案件胜诉说了谎，因为考勤表无证明效力，使得原本占据正义一方的用人单位最终败诉。本案的焦点在于，对于旷工的员工，用人单位如何保留书面材料证明其旷工的事实，因为旷工的员工是不可能在考勤表上签字的。其实办法很多，如有的用人单位办公地点有摄像头，可以留下三日到五日的摄像资料，证明员工未到岗上班；用人单位也可以书面通知旷工员工到岗上班，通知后未到岗上班再行解除与该员工的劳动关系。

【律师手把手】

针对考勤效力问题，用人单位一定要把握以下几点：

1. 手写打卡，在打卡过程中留下劳动者的亲手笔迹，劳动者一旦不予认可，可通过鉴定等手段予以确认，这种考勤方式适用于用人单位员工不多的情况；

2. 用人单位也可以核算员工的工资为由，要求员工将每月的考勤表签字予以确认；

3. 如果每月签字难以实现的，可以考虑在员工发生了缺勤、迟到、旷工或者其他违反考勤制度的行为时，要求员工签字确认，或者留下视听资料证明考勤情况；

4. 员工消失无法取得联系的，也可以向员工经常居住地、户口所在地发送催告函或者通知函，要求员工限期回岗上班，如果员工限期内未到岗上班的，可以催告函（参见下面模板）或者通知函作为证据，证明其未到岗上班。

催 告 函

先生／女士：

你自　　年　　月　　日至今未到公司上班，请你收到本催告函后，慎重考虑，即日起到公司上班，如果对此有任何异议，请于接到本通知日到公司说明情况并办理请假手续。否则公司有权依照旷工追究你的相关责任。

现将公司的考勤规章制度公示如下：

1. 如下行为视为旷工：

（1）员工未经请假，擅自离岗的；

（2）员工请假未经公司批准，擅自离岗的；

（3）确有特殊情况，但未到公司说明缘由或者未办理相关请假手续，擅自离岗的；

（4）到岗但是未办理考勤登记的；

（5）到岗但是未向公司提供劳动的；

（6）其他未经公司批准或者未向公司说明，擅自离岗的。

2. 连续旷工超过3天（含3天）或在连续12个月内累计旷工超过5天，属于严重违反公司规章制度行为，公司将与你解除劳动关系并不予支付经济补偿金。

催告人（盖章）：

年　　月　　日

【法条链接】

《中华人民共和国劳动争议调解仲裁法》

第六条　发生劳动争议，当事人对自己提出的主张，有责任提供证据。与争议事项有关的证据属于用人单位掌握管理的，用人单位应当提供；用人单位不提供的，应当承担不利后果。

第三十九条　当事人提供的证据经查证属实的，仲裁庭应当将其作为认定事实的根据。

劳动者无法提供由用人单位掌握管理的与仲裁请求有关的证据，仲裁庭可以要求用人单位在指定期限内提供。用人单位在指定期限内不提供的，应当承担不利后果。

13.8　办理离职手续有学问，用人单位需认真考量

【典型问题】

未办理离职手续有哪些风险？

针对员工不同的离职原因，办理离职手续有区别吗？

办理离职手续有哪些程序？

【经典案例】社会保险是否转移，影响劳动关系的解除吗？

史某在某煤炭公司任技术经理，后史某经朋友介绍到另一家企业任技术总监，工资大涨，因此，史某为及时到新公司上班，仅仅电话通知了某煤炭公司要求辞职，未经煤炭公司批准，擅自到新岗位上班。

史某到新岗位工作 1 个月后，新单位告知史某无法为其办理社会保险增员，原因是原单位未为其办理社会保险转移，史某多次找到煤炭公司，要求煤炭公司为其办理社会保险转移，煤炭公司均以各种理由予以拒绝。后来，史某诉至劳动争议仲裁委员会，要求煤炭公司为其办理社会保险转移手续并要求煤炭公司承担 6 个月内未为其办理社会保险转移手续所造成的损失。

【审理结果】

审理机关经审理认为，史某已经口头通知煤炭公司辞职，且已到新工作单位上班，煤炭公司也未再支付史某工资，可以认定双方劳动关系已经解除，因此煤炭公司应该为史某办理社会保险转移，也应承担因未办理社会保险转移手续给史某造成的损失。

【案例解析】

本案的焦点在于，煤炭公司未办理社会保险转移是否影响双方的劳动关

系？答案显然是否定的，即不影响劳动关系的解除。管理实务中，确实存在员工不辞而别的情况，用人单位以不转移保险手续来惩罚员工，从法律方面来考虑，用人单位此举无疑是在惩罚自身。

同样的情况，用人单位拒绝为劳动者出具离职证明的，如果劳动者申请失业保险需提供解除或者终止劳动合同的书面证明，因用人单位拒绝出具使得劳动者无法享受失业保险待遇的，劳动者可要求用人单位予以赔偿。

可以看出，用人单位与劳动者解除劳动关系，出具终止、解除劳动合同证明书、办理档案与社会保险转移手续是用人单位的法定义务，用人单位未履行此项义务，不仅不影响双方劳动关系的解除，一旦给对方造成损失，还需承担赔偿责任，往往得不偿失。

【律师手把手】

离职手续很重要，没有离职手续，用人单位无法确定与劳动者的权利义务关系归零。但是，不同的离职方式，需要办理不同的离职手续。

关于协商一致解除劳动关系的协议，一定要符合法律的规定，才能最终实现用人单位预期的目的，否则一旦违反了法律禁止性规定，便会被认定为违法而被裁定无效。因此，用人单位在签订劳动关系解除协议时，一定要详细约定员工在办理工作交接之时所要完成的工作与事项，否则难以对员工的行为进行适当的约束。

员工主动离职的，双方在办理工作交接手续时，用人单位对于员工未及时清算的账务及事项，包括公司配车、笔记本电脑、工作文件、出差报销费用等均需交接完毕后，才能核算离职费用，否则待发现问题后，如果离职员工的户口所在地与用人单位的办公地不在同一城市，必将增加用人单位的诉讼成本，因此，必须将离职员工的书面离职手续办理清楚，避免留下无签字的打印版、邮件版辞职信等。

离职手续办理分为以下几个阶段，用人单位需分阶段要求员工办理：

1. 脱密期（涉及商业秘密的岗位适用）；

2. 工作交接，包括工作文档、客户资料、图纸等，工作计算机、U 盘等涉及工作内容的部分，需要留存；

3. 公司物品归还、清理文件资料、清偿借款、债务；

4. 退还员工有关证件、转移社会保险关系、档案关系，需要在离职后的15日内办理；

5. 出具离职证明（解除、终止之日出具）；

6. 薪资结算、支付经济补偿金（办理工作交接之日支付）。

【法条链接】

《中华人民共和国劳动合同法》

第五十条 用人单位应当在解除或者终止劳动合同时出具解除或者终止劳动合同的证明，并在十五日内为劳动者办理档案和社会保险关系转移手续。

劳动者应当按照双方约定，办理工作交接。用人单位依照本法有关规定应当向劳动者支付经济补偿的，在办结工作交接时支付。

用人单位对已经解除或者终止的劳动合同的文本，至少保存二年备查。

《最高人民法院关于审理劳动争议案件适用法律若干问题的解释（三）》

第一条 劳动者以用人单位未为其办理社会保险手续，且社会保险经办机构不能补办导致其无法享受社会保险待遇为由，要求用人单位赔偿损失而发生争议的，人民法院应予受理。

第四部分

特殊劳动关系争议涉案风险及应对策略

随着中国对外经济的日益发展，很多用人单位会聘用外籍员工，但是对于聘用外籍劳动者的诸多限制条款和特殊规定却知之甚少，殊不知聘用外籍员工存有很多风险，不仅是与外籍劳动者之间的纠纷，还存在受到行政处罚的风险，需要引起用人单位的重视。

劳务关系是自然人与自然人之间的雇佣关系或用人单位与特殊人群建立的雇佣关系，劳务关系因为不属于劳动争议受理的范围，因此，不存在未签订劳动合同双倍工资差额以及解除劳动关系经济补偿金的问题，用人单位往往基于此对劳务关系趋之若鹜，需要用人单位注意的是，双方签订的劳务合同，最终也有被认定为劳动关系的可能。

第 14 章

“涉外”就业人员争议风险及应对策略

- 聘用外籍人员与国内员工有何区别?
- 非法聘用外籍员工存在哪些风险?
- 外籍人员就职需要办理就业证吗?
- 办理外籍人员就业证需要哪些程序?
- 未办理就业证的雇佣关系受保护吗?

随着中国对外经济的日益发展，很多用人单位会聘用外籍员工，但是对于聘用外籍劳动者的诸多限制条款和特殊规定却知之甚少，殊不知聘用外籍员工存有很多风险，不仅是与外籍劳动者之间的纠纷，还存在受到行政处罚的风险，需要引起用人单位的重视。

14.1 非法聘用外籍人员的行政处罚风险

【典型问题】

聘用外籍人员与国内员工存在哪些差异？

办理外籍人员就业证需要哪些程序？

非法聘用外籍员工存在哪些风险？

【经典案例】 没有办理就业证而雇用外籍人员，用人单位需要担责吗？

Henry 为美籍员工，某英语教育机构聘用其为外教，负责教授学前儿童英语。因为 Henry 没有在中国办理合法的居留手续，要求的薪资比较低，教育机构就聘用了他，但是因为没有合法的居留手续，英语教育机构无法为其办理就业证。后因 Henry 在授课期间对学生有暴力行为，被学生家长举报，该事件被相关部门查处，用人单位将承担什么责任？

【审理结果】

根据相关法律的规定，英语教育机构在未申请办理就业许可证的情况下，擅自雇用外国人，已经构成非法用工，因此，需立即终止雇佣行为，并处以

5000 元以上 50000 元以下的罚款，同时需要承担遣送 Henry 回国的全部费用。

【案例解析】

本案中，英语教育机构为了降低用人成本，雇用了非法居留的外籍人员，不仅受到了行政机关罚款，还需承担其他费用，最终得不偿失。可见，雇用外籍人员与雇用国内员工的最大差别在于，需要为外籍员工办理就业证，才能真正做到合法用工。

【律师手把手】

聘用外籍人员，需要遵守《外国人在中国就业管理规定》的相关规定，外国人在中国就业须具备下列条件：

（一）年满 18 周岁，身体健康；

（二）具有从事其工作所必须的专业技能和相应的工作经历；

（三）无犯罪记录；

（四）有确定的聘用单位；

（五）持有有效护照或能代替护照的其他国际旅行证件（以下简称代替护照）。

符合上述条件，用人单位聘用外籍人员，还需办理就业证及居留许可证：

1. 申请就业许可证

用人单位如需聘用外籍人员，首先要到其所在地劳动保障局申请就业许可，办理《外国人就业许可证》，经批准方可聘用外籍人员。

2. 办理通知签证函也称邀请确认函

办理《通知签证函》，由用人单位向将聘用的外籍人员发出签证函及就业许可证。

3. 办理就业签证

持《外国人就业许可证》《通知签证函》、本国有效护照及代替护照的其他证件，外籍人员到本国驻外使馆办理就业签证。

4. 办理就业证

就业签证、《外国人就业许可证》《邀请确认函》，填写《外国人就业登记表》到用人单位所在地的劳动保障局办理《就业证》。

5. 办理居留许可证

办理《居留许可证》，居留证件的有效期可依据与用人单位签订的劳动合同或者就业证的有效期来确定，港澳台籍人员与外籍人员在华就业也需依照上述程序办理《就业证》。

【法条链接】

《外国人在中国就业管理规定》

第五条 用人单位聘用外国人须为该外国人申请就业许可，经获准并取得《中华人民共和国外国人就业许可证书》（以下简称许可证书）后方可聘用。

第六条 用人单位聘用外国人从事的岗位应是有特殊需要，国内暂缺适当人选，且不违反国家有关规定的岗位。用人单位不得聘用外国人从事营业性文艺演出，但符合本规定第九条第三项规定的人员除外。

第七条 外国人在中国就业须具备下列条件：

（一）年满18周岁，身体健康；

（二）具有从事其工作所必须的专业技能和相应的工作经历；

（三）无犯罪记录；

（四）有确定的聘用单位；

（五）持有有效护照或能代替护照的其他国际旅行证件（以下简称代替护照的证件）。

《中华人民共和国外国人入境出境管理法实施细则》

第四十四条 对未经中华人民共和国劳动部或者其授权的部门批准私自谋职的外国人，在终止其任职或者就业的同时，可以处1000元以下的罚款；情节严重的，并处限期出境。

对私自雇用外国人的单位和个人，在终止其雇用行为的同时，可以处 5000 元以上、5 万元以下的罚款，并责令其承担遣送私自雇用的外国人的全部费用。

14.2 外籍人员不能依其意愿随意变更用工主体

【典型问题】

外籍人员到新单位就职的，还需办理就业证吗？

外籍人员经原单位同意，可以到新单位兼职吗？

【经典案例】经原单位同意，外国人能否在中国境内其他企业就职？

新加坡人 David（中文名大卫）至广东省某服装企业公司工作，出任总经理，主要负责该公司产品的出口业务，因为 David 的交际范围比较广，业务能力也很强，该公司董事长将其推荐给一家进出口公司的董事，推荐 David 到该公司就职，因为该公司董事与服装企业董事长为好友，服装公司董事长同意可以不将劳动关系转移，那么 David 的就业证是否需要变更呢？

【案例解析】

根据《外国人在中国就业管理规定》的相关规定，外籍人员在中国就业办理就业证的，就业证上注明的单位必须与实际用人单位一致才可以，无论用工单位是否同意，必须对就业证进行变更。

【律师手把手】

用人单位针对外籍人员的就业管理需严格依照法律规定执行，同时用人单位仍需把握下述关键点：

1. 劳动合同期限的确定

在涉外用工时，为了与就业证的最长期限保持一致，法律规定只能签订固定期限劳动合同，而且期限不得超过 5 年。如果劳动合同期限届满，双方要续订劳动合同的，需在劳动合同届满前 30 日内，到用人单位所在地劳动行政部门办理完毕就业证延期手续，才能续订劳动合同，否则仍属非法用工。

2. 劳动关系解除

外籍员工的劳动关系可通过劳动合同中约定的合法事由而解除，如就业证到期、双方劳动关系解除等，用人单位也可以通过适用国内劳动法相关法律规定解除与外籍员工的劳动关系。

3. 社会保险的缴纳与转移

依据《在中国境内就业的外国人参加社会保险暂行办法》的规定，除港澳台籍人员外，用人单位需为外籍员工办理并缴纳社会保险，具体缴纳事宜，根据外籍人员社会保险缴纳的例外情况及所属国籍与中国双边政策的不同而存在差异，如韩国籍或者德国籍的外籍员工，能够提供该员工在本国的社保参保证明的，可以免予缴纳社会保险。

如果外籍人员未达到领取养老金的年龄而回国的，社保个人账户保留，再次缴纳社会保险时将缴费年限累计，如果外籍人员书面终止社保关系的，社会保险个人账户存储金额将一次性支付给外籍人员本人。

4. 就业证年检或者变更登记

用人单位聘用外籍人员每满 1 年，需要在期满前 30 日办理就业证年检手续，逾期未办理的，就业证失效。

用人单位与外籍人员的劳动关系发生变更或解除的，需要到相关部门办理变更登记或者备案手续。

【法条链接】

《外国人在中国就业管理规定》

第十八条 用人单位与被聘用的外国人应依法订立劳动合同。劳动合同的期限最长不得超过五年。劳动合同期限届满即行终止，但按本规定第十九条的规定履行审批手续后可以续订。

第十九条 被聘用的外国人与用人单位签订的劳动合同期满时，其就业证即行失效。如需续订，该用人单位应在原合同期满前 30 日内，向劳动行政部门提出延长聘用时间的申请，经批准并办理就业证延期手续。

第二十条 外国人被批准延长在中国就业期限或变更就业区域、单位后，应在 10 日内到当地公安机关办理居留证件延期或变更手续。

第二十一条 被聘用的外国人与用人单位的劳动合同被解除后，该用人单位应及时报告劳动、公安部门，交还该外国人的就业证和居留证件，并到公安机关办理出境手续。

第二十二条 用人单位支付所聘用外国人的工资不得低于当地最低工资标准。

第二十三条 在中国就业的外国人的工作时间、休息、休假劳动安全卫生以及社会保险按国家有关规定执行。

第二十七条 劳动行政部门对就业证实行年检。用人单位聘用外国人就业每满 1 年，应在期满前 30 日内到劳动行政部门发证机关为被聘用的外国人办理就业证年检手续。逾期未办的，就业证自行失效。

外国人在中国就业期间遗失或损坏其就业证的，应立即到原发证机关办理挂失、补办或换证手续。

14.3 非法聘用外籍人员不存在法定的劳动关系

【典型问题】

未办理就业证而存续的雇佣关系受法律保护吗?

未办理就业证的雇佣关系可以提起劳动争议吗?

【经典案例】 未办理工作证的，如何认定与外籍人员的雇佣关系?

Alina（爱莲娜）系美国公民，被上海某教育集团公司任命为副总经理。

双方签订劳动合同，约定期限为3年，其中试用期为6个月，双方约定试用期内任何一方均可以书面形式通知对方解除合同。教育集团为Alina办理就业证还未办理完毕，Alina就收到了教育集团解除劳动合同、停止支付工资的书面通知。后Alina申请劳动仲裁。上海市劳动人事争议仲裁委员会以双方的争议不属于该会的审理范围为由，裁定不予受理。

【审理结果】

审理机关经审理认为，Alina在就业期间未取得外国人就业许可证，故在此之前，Alina和教育集团间的雇佣关系并不受劳动法的保护，不能通过劳动争议的途径解决纠纷，因此裁定不予受理。

【案例解析】

本案的焦点在于，教育集团未为外籍人员办理就业证的情况下，双方的雇佣关系能否被认定为劳动关系。答案是否定的，在非法用工时，双方不能依据劳动关系处理相关争议，只能通过雇佣关系来确定双方的权利义务。

【律师手把手】

表面上看，未办理完毕就业证，导致双方的雇佣关系被认定为劳务关系，劳动争议仲裁委员会裁定不予受理，对用人单位有利。用人单位解除劳动关系无须支付更多补偿，且无须为外籍人员缴纳社会保险，但是，风险也蕴含其中，无法认定劳动关系使得用人单位的某些权益无法得到保障，如竞业限制等，外籍人员不受竞业限制的约定到用人单位竞争对手单位处工作，将可能使得用人单位遭受更大损失。因此，用人单位在雇用外籍人员时，一定要及时办理就业证，以预防法律风险。

【法条链接】

《外国人在中国就业管理规定》

第十一条 用人单位聘用外国人，须填写《聘用外国人就业申请表》（以下简称申请表），向其与劳动行政主管部门同级的行业主管部门（以下简称行业主管部门）提出申请，并提供下列有效文件：

（一）拟聘用外国人履历证明；

（二）聘用意向书；

（三）拟聘用外国人原因的报告；

（四）拟聘用的外国人从事该项工作的资格证明；

（五）拟聘用的外国人健康状况证明；

（六）法律、法规规定的其他文件。

行业主管部门应按照本规定第六条、第七条及有关法律、法规的规定进行审批。

第十二条 经行业主管部门批准后，用人单位应持申请表到本单位所在地区的省、自治区、直辖市劳动行政部门或其授权的地市级劳动行政部门办理核准手续。省、自治区、直辖市劳动行政部门或授权的地市级劳动行政部门应指定专门机构（以下简称发证机关）具体负责签发许可证书工作。发证机关应根据行业主管部门的意见和劳动力市场的需求状况进行核准，并在核准后向用人单位签发许可证书。

第十三条 中央级用人单位、无行业主管部门的用人单位聘用外国人，可直接到劳动行政部门发证机关提出申请和办理就业许可手续。

外商投资企业聘雇外国人，无须行业主管部门审批，可凭合同、章程、批准证书、营业执照和本规定第十一条所规定的文件直接到劳动行政部门发证机关申领许可证书。

第十四条 获准聘用外国人的用人单位，须由被授权单位向拟聘用的外国人发出通知签证函及许可证书，不得直接向拟聘用的外国人发出许可证书。

第十五条 获准来中国就业的外国人，应凭劳动部签发的许可证书、被授权单位的通知函电及本国有效护照或能代替护照的证件，到中国驻外使、领馆、处申请职业签证。

凡符合本规定第九条第一项规定的人员，应凭被授权单位的通知函电申请职业签证；凡符合第九条第二项规定的人员，应凭中国海洋石油总公司签发的通知函电申请职业签证；凡符合第九条第三项规定的人员，应凭有关省、自治区、直辖市人民政府外事办公室的通知函电和文化部的批件（径发有关驻外使、领馆、处）申请职业签证。

凡符合本规定第十条第一款规定的人员，应凭被授权单位的通知函电和合作交流项目书申请职业签证；凡符合第十条第二项规定的人员，应凭被授权单位的通知函电和工商行政管理部门的登记证明申请职业签证。

第十六条 用人单位应在被聘用的外国人入境后15日内，持许可证书、与被聘用的外国人签订的劳动合同及其有效护照或能代替护照的证件到原发证机关为外国人办理就业证，并填写《外国人就业登记表》。

就业证只在发证机关规定的区域内有效。

第十七条 已办理就业证的外国人，应在入境后30日内，持就业证到公安机关申请办理居留证。居留证件的有效期限可根据就业证的有效期确定。

《最高人民法院关于审理劳动争议案件适用法律若干问题的解释（四）》

第十四条 外国人、无国籍人未依法取得就业证件即与中国境内的用人单位签订劳动合同，以及香港特别行政区、澳门特别行政区和台湾地区居民未依法取得就业证件即与内地用人单位签订劳动合同，当事人请求确认与用人单位存在劳动关系的，人民法院不予支持。

持有《外国专家证》并取得《外国专家来华工作许可证》的外国人，与中国境内的用人单位建立用工关系的，可以认定为劳动关系。

第 15 章

“劳务关系”就业人员争议风险及应对策略

- 如何规避雇用未毕业大学生的法律风险?
- 雇用退休人员如何认定权利义务关系?
- 雇用退休人员意外受伤单位如何处理?
- 如何认定劳动争议中劳动者是兼职?
- 社会保险委托缴纳能否认定兼职员工?

什么是劳务关系？一种是自然人与自然人之间的雇佣关系；另一种是用人单位与特殊人群建立的雇佣关系，如未毕业大学生实习、退休人员返聘、兼职雇佣以及未领取就业证的外籍人员之间建立雇佣关系等，劳务关系因为不属于劳动争议受理的范围，因此，不存在未签订劳动合同双倍工资差额以及解除劳动关系经济补偿金的问题，用人单位往往基于此对劳务关系趋之若鹜，但是却忽略了一点，双方签订的劳务合同，最终也有被认定为劳动关系的可能，如何规避此风险呢？本章将重点说明。

15.1 “毕业证”是大学生就业是否存在劳动关系的关键

【典型问题】

用人单位与未毕业大学生建立用工关系，如何做可以规避风险？

大学生毕业后未通知用工单位，双方劳务合同未到期，雇佣关系会产生变化吗？

【经典案例】“肄业”大学生能否拿到解除劳动关系经济补偿金？

唐某在大学四年级下学期实习期间，找到一家连锁公司实习，双方签订了实习协议，并约定双方的劳务关系自唐某拿到大学毕业证书时终止。因为唐某大四期间的课程考试不及格，需要在3个月后补考通过，才能拿到毕业证，因此唐某比其他同学晚3个月毕业，毕业当年的7月唐某未能拿到毕业证书。在同年9月，连锁公司以其已经毕业为由，解除了与唐某的劳务关系。但是唐某认为，自己虽然未能拿到毕业证书，但自7月开始，自己已经全职在连锁公司工作，双方应自 7 月开始建立劳动关系，该公司应该支付其解除劳动关系的经济补偿金。

【审理结果】

审理机关经审理认为，虽然唐某还未拿到毕业证书，但是唐某已经全职在连锁公司工作，并不属于未毕业大学生实习的情况，而且自 7 月开始唐某接受了连锁公司的管理，为其提供劳动，连锁公司支付报酬，双方应属劳动关系，因此支持了唐某的主张。

【案例解析】

本案的焦点在于，唐某未拿到毕业证，与连锁公司之间能否建立劳动关系？答案是可以，法律规定的大学生实习是大学生在校就读期间，半工半读。但是在本案中，自 7 月开始，虽然唐某未拿到毕业证，但仅需再次补考，无须再行上课学习，唐某已经为连锁公司提供全日制劳动，因此认定双方存在劳动关系。

【律师手把手】

聘用未毕业大学生，用人单位可以降低用工成本，在毕业后，用人单位还可以聘用企业认为合格的大学生，确属明智之举，但是用人单位要注意在把握机会的同时，如何将风险拒之门外。在与未毕业大学生建立雇佣关系时，一定要做到如下几点：

1. 要求该学生提供就读学校出具的实习证明，并同时出具学生证的原件、复印件，以方便用人单位确定该学生的入学时间、毕业时间等，防止因未及时解除劳务关系而被认定为劳动关系的用工风险。

2. 双方在劳务合同中详细约定权利义务关系，尤其是该学生的岗位、职责，应重点约定解聘理由及风险规避条款，如大学生未及时通知用人单位其已经毕业的，由此造成的损失由大学生承担，涉及重要岗位的，还应签订保密协议等。

3. 在大学生已经毕业时，及时办理劳务关系解除手续，需要建立劳动关系的，及时办理入职手续。

【法条链接】

《关于贯彻执行〈中华人民共和国劳动法〉若干问题的意见》

12. 在校生利用业余时间勤工助学，不视为就业，未建立劳动关系，可以不签订劳动合同。

15.2 返聘退休人员需要保留享受养老待遇的证据材料

【典型问题】

雇用退休人员如何认定权利义务关系？

退休人员意外受伤，如何处理？

【经典案例】**达到法定退休年龄终止合同的，单位还需支付经济补偿金吗？**

薛某入职于某集团公司工作，任专家组负责人，最后一次签订的劳动合同期限为5年，在劳动合同到期之前，薛某达到法定退休年龄，集团公司为其办理了退休手续，但是薛某并未离职，而是一直在集团公司工作。2年后，集团公司要求与薛某解除劳务关系，薛某要求集团公司支付其终止劳动关系的经济补偿金，遭到集团公司拒绝。无奈，薛某诉至当地劳动争议仲裁委员会，要求集团公司支付因其退休导致劳动关系终止的经济补偿金。

【审理结果】

审理机关经审理认为，薛某为集团公司提供劳动并获得工资报酬，在55周岁时，办理了退休手续，以后双方属于劳务关系，而薛某在办理退休手续2年后，提出申诉请求要求解除劳动关系的经济补偿金，已经超过劳动争议案件1年的诉讼时效，因此，驳回了薛某的主张。

【案例解析】

本案的焦点在于，集团公司与薛某的劳动关系是因薛某退休而终止的，用人单位是否需要支付薛某终止劳动关系的经济补偿金呢？答案是否定的，依据法律的相关规定，因劳动者退休而终止劳动关系的，用人单位无须支付终止劳动关系的经济补偿金。

【律师手把手】

与退休人员建立劳务关系，用人单位可要求劳动者提交身份证原件与复印件、提供领取养老金的账户信息复印件并与原件进行核对无误后，双方签订劳务协议，在协议中明确约定双方的权利义务关系。

退休人员因为年龄较大，容易发生疾病或者其他事故，建议用人单位为其缴纳一些商业保险，以避免退休人员发生意外事故时用人单位的赔付风险。

【法条链接】

《中华人民共和国劳动合同法》

第四十四条 有下列情形之一的，劳动合同终止：

（一）劳动合同期满的；

（二）劳动者开始依法享受基本养老保险待遇的；

（三）劳动者死亡，或者被人民法院宣告死亡或者宣告失踪的；

（四）用人单位被依法宣告破产的；

（五）用人单位被吊销营业执照、责令关闭、撤销或者用人单位决定提前解散的；

（六）法律、行政法规规定的其他情形。

第四十六条 有下列情形之一的，用人单位应当向劳动者支付经济补偿：

（一）劳动者依照本法第三十八条规定解除劳动合同的；

（二）用人单位依照本法第三十六条规定向劳动者提出解除劳动合同并与劳动者协商一致解除劳动合同的；

（三）用人单位依照本法第四十条规定解除劳动合同的；

（四）用人单位依照本法第四十一条第一款规定解除劳动合同的；

（五）除用人单位维持或者提高劳动合同约定条件续订劳动合同，劳动者不同意续订的情形外，依照本法第四十四条第一项规定终止固定期限劳动合同的；

（六）依照本法第四十四条第四项、第五项规定终止劳动合同的；

（七）法律、行政法规规定的其他情形。

《北京市高级人民法院、北京市劳动争议仲裁委员会关于劳动争议案件法律适用问题研讨会会议纪要（二）》

13. 未达到法定退休年龄的内退人员、停薪留职人员、下岗待岗人员、企业经营性停产放长假人员在退休之前与新用人单位建立用工关系的，如何处理？

未达到法定退休年龄的内退人员、停薪留职人员、下岗待岗人员、企业经营性停产放长假人员在退休之前与新用人单位建立用工关系，应按劳动关系处理，但对于新用人单位因客观原因不能为其缴纳社会保险，该劳动者以此为由提出解除劳动合同并要求经济补偿金的，不予支持。

15.3 "兼职"劳动关系以是否存在双重雇佣关系为前提

【典型问题】

劳动争议中如何认定劳动者是兼职员工？

社会保险委托缴纳能否认定劳动者是兼职员工？

【经典案例】社会保险在其他用人单位缴纳，能否认定为兼职员工？

景某入职于某装饰甲公司工作，任项目经理，因景某持有一级建造师资质证书，并将该证书挂靠在另外一家装饰乙公司，该乙装饰公司为其缴纳社会保险。因此，景某与装饰甲公司签订了劳务协议，景某也表示认可，装饰甲公司只需每月按时发放工资即可，双方属于兼职劳务关系。后景某负责的工程发生重大责任事故，装饰甲公司因此损失重大，因此，装饰甲公司以此为由解除了与景某的劳务关系，景某不服，要求装饰甲公司支付其解除劳务关系的经济补偿金，装饰甲公司拒绝，景某遂诉至当地的劳动争议仲裁委员会，要求确认双方存在劳动关系，装饰甲公司支付其解除劳务关系的经济补偿金。

【审理结果】

审理机关经审理发现，虽然景某的社会保险由装饰乙公司缴纳，景某的建造师资质证书也挂靠在装饰乙公司，但是景某并未实际向该公司提供劳动，并获得报酬，双方仅因国家建筑行业相关规定而建立一种契约关系，并不是法律规定的劳动关系，因此景某并不属于兼职。而景某自装饰甲公司处获得工资报酬，且为装饰甲公司提供劳动，因此，应认定景某与装饰甲公司之间构成劳动关系，遂支持了景某的主张。

【案例解析】

本案的焦点在于，景某与装饰乙公司之间是否存在劳动关系，答案显然是否定的，因为景某实际上仅是将资质证书挂靠在乙公司，并未实际提供劳动，乙公司支付给景某的款项属于因资质证书挂靠在乙公司处而支付的对价，并不是工资报酬。因此，景某与甲公司不能认定为兼职的劳务关系，而应为劳动关系。

【律师手把手】

上述案例向我们说明，缴纳社会保险并不必然认定双方存在劳动关系。还有另外一种现象，如用人单位将工作布置给劳动者，该劳动者仅完成此工作，未到用人单位处工作，也未接受该用人单位的管理，交付工作成果后，获得报酬，这种情况可以认定为兼职吗？

具体情况具体分析，如果该劳动者同时为几家单位提供劳动，如自由撰稿人、自由编辑、自由摄影师等，这属于兼职，如果劳动者仅为这一家单位工作，并按月领取报酬，接受单位的管理，那么虽然劳动者并未每日到用人单位处工作，也可能被认定为劳动关系。

至于如何处理兼职劳务关系，用人单位应把握如下两点：

1. 如果劳动者与其他企业建立了劳动关系，需有书面的合同或者支付报酬的银行转账记录予以证明。

2. 如果用人单位委托劳动者完成某项工作，双方并未建立劳动关系的，一定要签订书面的委托协议，如委托加工、承揽合同或其他协议，约定双方的权利义务关系。

【法条链接】

《关于实行劳动合同制度若干问题的通知》劳部发〔1996〕354 号

13. 已享受养老保险待遇的离退休人员被再次聘用时，用人单位应当与其签订书面协议，明确聘用期内的工作内容、报酬、医疗、劳保待遇等权利和义务。

《劳动部办公厅对〈关于实行劳动合同制若干问题的请示〉的复函》劳办发〔1997〕88 号

二、关于离退休人员的再次聘用问题。各地应采取适当的调控措施，优先解决适龄劳动者的就业和再就业问题。对被再次聘用的已享受养老保险待遇的离退休人员，根据劳动部《关于实行劳动合同制度若干问题的通知》（劳部发〔1996〕354 号）第 13 条的规定，其聘用协议可以明确工作内容、报酬、医疗、劳动保护待遇等权利、义务。离退休人员与用人单位应当按照聘用协议的约定履行义务，聘用协议约定提前解除书面协议的，应当按照双方约定办理，未约定的，应当协商解决。离退休人员聘用协议的解除不能依据《劳动法》第 28 条执行。离退休人员与用人单位发生争议，如果属于劳动争议仲裁委员会受案范围的，劳动争议仲裁委员会应予受理。

《中共中央办公厅　国务院办公厅转发〈中央组织部、中央宣传部、中央统战部、人事部、科技部、劳动保障部、解放军总政治部、中国科协关于进一步发挥离退休专业技术人员作用的意见〉的通知》

四、切实维护离退休专业技术人员的合法权益。各单位聘请离退休专业技术人员要按照平等协商、报酬合理的原则，通过合同方式明确双方的权利和义务，保障双方的合法权益。应聘期间，离退休专业技术人员继续享受原离退休费和生活福利待遇。离退休专业技术人员按照国家有关法律规定享有其科研成果转化的收益。离退休专业技术人员在应聘期间取得的报酬和科研成果转化收益应依法纳税。

离退休专业技术人员受聘工作期间，因工作发生职业伤害的，应由聘用单位参照工伤保险的相关待遇标准妥善处理；因工作发生职业伤害与聘用单位发生争议的，可通过民事诉讼处理；与聘用单位之间因履行聘用合同发生争议的，可通过人事或劳动争议仲裁渠道解决。有条件的聘用单位在符合有关规定的情况下，可为聘请的离退休专业技术人员购买聘期内的人身意外伤害保险。各聘用单位要关心离退休专业技术人员的身体健康，从工作需要和他们的实际情况出发，聘请他们从事力所能及的工作。

附录 1 《中华人民共和国劳动法》

（1994 年 7 月 5 日第八届全国人民代表大会常务委员会第八次会议通过　根据 2009 年 8 月 27 日第十一届全国人民代表大会常务委员会第十次会议《关于修改部分法律的决定》修正）

第一章　总　则

第一条　为了保护劳动者的合法权益，调整劳动关系，建立和维护适应社会主义市场经济的劳动制度，促进经济发展和社会进步，根据宪法，制定本法。

第二条　在中华人民共和国境内的企业、个体经济组织（以下统称用人单位）和与之形成劳动关系的劳动者，适用本法。

国家机关、事业组织、社会团体和与之建立劳动合同关系的劳动者，依照本法执行。

第三条　劳动者享有平等就业和选择职业的权利、取得劳动报酬的权利、休息休假的权利、获得劳动安全卫生保护的权利、接受职业技能培训的权利、享受社会保险和福利的权利、提请劳动争议处理的权利以及法律规定的其他劳动权利。

劳动者应当完成劳动任务，提高职业技能，执行劳动安全卫生规程，遵守劳动纪律和职业道德。

第四条 用人单位应当依法建立和完善规章制度，保障劳动者享有劳动权利和履行劳动义务。

第五条 国家采取各种措施，促进劳动就业，发展职业教育，制定劳动标准，调节社会收入，完善社会保险，协调劳动关系，逐步提高劳动者的生活水平。

第六条 国家提倡劳动者参加社会义务劳动，开展劳动竞赛和合理化建议活动，鼓励和保护劳动者进行科学研究、技术革新和发明创造，表彰和奖励劳动模范和先进工作者。

第七条 劳动者有权依法参加和组织工会。

工会代表和维护劳动者的合法权益，依法独立自主地开展活动。

第八条 劳动者依照法律规定，通过职工大会、职工代表大会或者其他形式，参与民主管理或者就保护劳动者合法权益与用人单位进行平等协商。

第九条 国务院劳动行政部门主管全国劳动工作。

县级以上地方人民政府劳动行政部门主管本行政区域内的劳动工作。

第二章 促进就业

第十条 国家通过促进经济和社会发展，创造就业条件，扩大就业机会。

国家鼓励企业、事业组织、社会团体在法律、行政法规规定的范围内兴办产业或者拓展经营，增加就业。

国家支持劳动者自愿组织起来就业和从事个体经营实现就业。

第十一条 地方各级人民政府应当采取措施，发展多种类型的职业介绍机构，提供就业服务。

第十二条 劳动者就业，不因民族、种族、性别、宗教信仰不同而受歧视。

第十三条 妇女享有与男子平等的就业权利。在录用职工时，除国家规定的不适合妇女的工种或者岗位外，不得以性别为由拒绝录用妇女或者提高对妇女的录用标准。

第十四条 残疾人、少数民族人员、退出现役的军人的就业，法律、法规有特别规定的，从其规定。

第十五条 禁止用人单位招用未满十六周岁的未成年人。

文艺、体育和特种工艺单位招用未满十六周岁的未成年人，必须依照国家有关规定，履行审批手续，并保障其接受义务教育的权利。

第三章 劳动合同和集体合同

第十六条 劳动合同是劳动者与用人单位确立劳动关系、明确双方权利和义务的协议。

建立劳动关系应当订立劳动合同。

第十七条 订立和变更劳动合同，应当遵循平等自愿、协商一致的原则，不得违反法律、行政法规的规定。

劳动合同依法订立即具有法律约束力，当事人必须履行劳动合同规定的义务。

第十八条 下列劳动合同无效：

（一）违反法律、行政法规的劳动合同；

（二）采取欺诈、威胁等手段订立的劳动合同。

无效的劳动合同，从订立的时候起，就没有法律约束力。确认劳动合同部分无效的，如果不影响其余部分的效力，其余部分仍然有效。

劳动合同的无效，由劳动争议仲裁委员会或者人民法院确认。

第十九条 劳动合同应当以书面形式订立，并具备以下条款：

（一）劳动合同期限；

（二）工作内容；

（三）劳动保护和劳动条件；

（四）劳动报酬；

（五）劳动纪律；

（六）劳动合同终止的条件；

（七）违反劳动合同的责任。

劳动合同除前款规定的必备条款外，当事人可以协商约定其他内容。

第二十条 劳动合同的期限分为有固定期限、无固定期限和以完成一定的工作为期限。

劳动者在同一用人单位连续工作满十年以上，当事人双方同意续延劳动合同的，如果劳动者提出订立无固定期限的劳动合同，应当订立无固定期限的劳动合同。

第二十一条 劳动合同可以约定试用期。试用期最长不得超过六个月。

第二十二条 劳动合同当事人可以在劳动合同中约定保守用人单位商业秘密的有关事项。

第二十三条 劳动合同期满或者当事人约定的劳动合同终止条件出现，劳动合同即行终止。

第二十四条 经劳动合同当事人协商一致，劳动合同可以解除。

第二十五条 劳动者有下列情形之一的，用人单位可以解除劳动合同：

（一）在试用期间被证明不符合录用条件的；

（二）严重违反劳动纪律或者用人单位规章制度的；

（三）严重失职，营私舞弊，对用人单位利益造成重大损害的；

（四）被依法追究刑事责任的。

第二十六条 有下列情形之一的，用人单位可以解除劳动合同，但是应当提前三十日以书面形式通知劳动者本人：

（一）劳动者患病或者非因工负伤，医疗期满后，不能从事原工作也不能从事由用人单位另行安排的工作的；

（二）劳动者不能胜任工作，经过培训或者调整工作岗位，仍不能胜任工作的；

（三）劳动合同订立时所依据的客观情况发生重大变化，致使原劳动合同无法履行，经当事人协商不能就变更劳动合同达成协议的。

第二十七条 用人单位濒临破产进行法定整顿期间或者生产经营状况发生严重困难，确需裁减人员的，应当提前三十日向工会或者全体职工说明情况，听取工会或者职工的意见，经向劳动行政部门报告后，可以裁减人员。

用人单位依据本条规定裁减人员，在六个月内录用人员的，应当优先录用被裁减的人员。

第二十八条 用人单位依据本法第二十四条、第二十六条、第二十七条的规定解除劳动合同的，应当依照国家有关规定给予经济补偿。

第二十九条 劳动者有下列情形之一的，用人单位不得依据本法第二十六条、第二十七条的规定解除劳动合同：

（一）患职业病或者因工负伤并被确认丧失或者部分丧失劳动能力的；

（二）患病或者负伤，在规定的医疗期内的；

（三）女职工在孕期、产期、哺乳期内的；

（四）法律、行政法规规定的其他情形。

第三十条 用人单位解除劳动合同，工会认为不适当的，有权提出意见。如果用人单位违反法律、法规或者劳动合同，工会有权要求重新处理；劳动者申请仲裁或者提起诉讼的，工会应当依法给予支持和帮助。

第三十一条 劳动者解除劳动合同，应当提前三十日以书面形式通知用人单位。

第三十二条 有下列情形之一的，劳动者可以随时通知用人单位解除劳动合同：

（一）在试用期内的；

（二）用人单位以暴力、威胁或者非法限制人身自由的手段强迫劳动的；

（三）用人单位未按照劳动合同约定支付劳动报酬或者提供劳动条件的。

第三十三条 企业职工一方与企业可以就劳动报酬、工作时间、休息休假、劳动安全卫生、保险福利等事项，签订集体合同。集体合同草案应当提交职工代表大会或者全体职工讨论通过。

集体合同由工会代表职工与企业签订；没有建立工会的企业，由职工推举的代表与企业签订。

第三十四条 集体合同签订后应当报送劳动行政部门；劳动行政部门自收到集体合同文本之日起十五日内未提出异议的，集体合同即行生效。

第三十五条 依法签订的集体合同对企业和企业全体职工具有约束力。职工个人与企业订立的劳动合同中劳动条件和劳动报酬等标准不得低于集体合同的规定。

第四章 工作时间和休息休假

第三十六条 国家实行劳动者每日工作时间不超过八小时、平均每周工作时间不超过四十四小时的工时制度。

第三十七条 对实行计件工作的劳动者，用人单位应当根据本法第三十六条规定的工时制度合理确定其劳动定额和计件报酬标准。

第三十八条 用人单位应当保证劳动者每周至少休息一日。

第三十九条 企业因生产特点不能实行本法第三十六条、第三十八条规定的，经劳动行政部门批准，可以实行其他工作和休息办法。

第四十条 用人单位在下列节日期间应当依法安排劳动者休假：

（一）元旦；

（二）春节；

（三）国际劳动节；

（四）国庆节；

（五）法律、法规规定的其他休假节日。

第四十一条 用人单位由于生产经营需要，经与工会和劳动者协商后可以延长工作时间，一般每日不得超过一小时；因特殊原因需要延长工作时间的，在保障劳动者身体健康的条件下延长工作时间每日不得超过三小时，但是每月不得超过三十六小时。

第四十二条 有下列情形之一的，延长工作时间不受本法第四十一条规定的限制：

（一）发生自然灾害、事故或者因其他原因，威胁劳动者生命健康和财产安全，需要紧急处理的；

（二）生产设备、交通运输线路、公共设施发生故障，影响生产和公众利益，必须及时抢修的；

（三）法律、行政法规规定的其他情形。

第四十三条 用人单位不得违反本法规定延长劳动者的工作时间。

第四十四条 有下列情形之一的，用人单位应当按照下列标准支付高于劳动者正常工作时间工资的工资报酬：

（一）安排劳动者延长工作时间的，支付不低于工资的百分之一百五十的工资报酬；

（二）休息日安排劳动者工作又不能安排补休的，支付不低于工资的百分之二百的工资报酬；

（三）法定休假日安排劳动者工作的，支付不低于工资的百分之三百的工资报酬。

第四十五条 国家实行带薪年休假制度。

劳动者连续工作一年以上的，享受带薪年休假。具体办法由国务院规定。

第五章 工 资

第四十六条 工资分配应当遵循按劳分配原则，实行同工同酬。

工资水平在经济发展的基础上逐步提高。国家对工资总量实行宏观调控。

第四十七条 用人单位根据本单位的生产经营特点和经济效益，依法自主确定本单位的工资分配方式和工资水平。

第四十八条 国家实行最低工资保障制度。最低工资的具体标准由省、自治区、直辖市人民政府规定，报国务院备案。

用人单位支付劳动者的工资不得低于当地最低工资标准。

第四十九条 确定和调整最低工资标准应当综合参考下列因素：

（一）劳动者本人及平均赡养人口的最低生活费用；

（二）社会平均工资水平；

（三）劳动生产率；

（四）就业状况；

（五）地区之间经济发展水平的差异。

第五十条 工资应当以货币形式按月支付给劳动者本人。不得克扣或者无故拖欠劳动者的工资。

第五十一条 劳动者在法定休假日和婚丧假期间以及依法参加社会活动期间，用人单位应当依法支付工资。

第六章 劳动安全卫生

第五十二条 用人单位必须建立、健全劳动安全卫生制度，严格执行国家劳动安全卫生规程和标准，对劳动者进行劳动安全卫生教育，防止劳动过程中的事故，减少职业危害。

第五十三条 劳动安全卫生设施必须符合国家规定的标准。

新建、改建、扩建工程的劳动安全卫生设施必须与主体工程同时设计、同时施工、同时投入生产和使用。

第五十四条 用人单位必须为劳动者提供符合国家规定的劳动安全卫生条件和必要的劳动防护用品，对从事有职业危害作业的劳动者应当定期进行健康检查。

第五十五条 从事特种作业的劳动者必须经过专门培训并取得特种作业资格。

第五十六条 劳动者在劳动过程中必须严格遵守安全操作规程。

劳动者对用人单位管理人员违章指挥、强令冒险作业，有权拒绝执行；对危害生命安全和身体健康的行为，有权提出批评、检举和控告。

第五十七条 国家建立伤亡事故和职业病统计报告和处理制度。县级以上各级人民政府劳动行政部门、有关部门和用人单位应当依法对劳动者在劳动过程中发生的伤亡事故和劳动者的职业病状况，进行统计、报告和处理。

第七章 女职工和未成年工特殊保护

第五十八条 国家对女职工和未成年工实行特殊劳动保护。

未成年工是指年满十六周岁未满十八周岁的劳动者。

第五十九条 禁止安排女职工从事矿山井下、国家规定的第四级体力劳动强度的劳动和其他禁忌从事的劳动。

第六十条 不得安排女职工在经期从事高处、低温、冷水作业和国家规定的第三级体力劳动强度的劳动。

第六十一条 不得安排女职工在怀孕期间从事国家规定的第三级体力劳动强度的劳动和孕期禁忌从事的劳动。对怀孕七个月以上的女职工，不得安排其延长工作时间和夜班劳动。

第六十二条 女职工生育享受不少于九十天的产假。

第六十三条 不得安排女职工在哺乳未满一周岁的婴儿期间从事国家规定的第三级体力劳动强度的劳动和哺乳期禁忌从事的其他劳动，不得安排其延长工作时间和夜班劳动。

第六十四条 不得安排未成年工从事矿山井下、有毒有害、国家规定的第四级体力劳动强度的劳动和其他禁忌从事的劳动。

第六十五条 用人单位应当对未成年工定期进行健康检查。

第八章 职业培训

第六十六条 国家通过各种途径，采取各种措施，发展职业培训事业，开发劳动者的职业技能，提高劳动者素质，增强劳动者的就业能力和工作能力。

第六十七条 各级人民政府应当把发展职业培训纳入社会经济发展的规划，鼓励和支持有条件的企业、事业组织、社会团体和个人进行各种形式的职业培训。

第六十八条 用人单位应当建立职业培训制度，按照国家规定提取和使用职业培训经费，根据本单位实际，有计划地对劳动者进行职业培训。

从事技术工种的劳动者，上岗前必须经过培训。

第六十九条 国家确定职业分类，对规定的职业制定职业技能标准，实行职业资格证书制度，由经过政府批准的考核鉴定机构负责对劳动者实施职业技能考核鉴定。

第九章 社会保险和福利

第七十条 国家发展社会保险事业，建立社会保险制度，设立社会保险基金，使劳动者在年老、患病、工伤、失业、生育等情况下获得帮助和补偿。

第七十一条 社会保险水平应当与社会经济发展水平和社会承受能力相适应。

第七十二条 社会保险基金按照保险类型确定资金来源，逐步实行社会统筹。用人单位和劳动者必须依法参加社会保险，缴纳社会保险费。

第七十三条 劳动者在下列情形下，依法享受社会保险待遇：

（一）退休；

（二）患病、负伤；

（三）因工伤残或者患职业病；

（四）失业；

（五）生育。

劳动者死亡后，其遗属依法享受遗属津贴。

劳动者享受社会保险待遇的条件和标准由法律、法规规定。

劳动者享受的社会保险金必须按时足额支付。

第七十四条 社会保险基金经办机构依照法律规定收支、管理和运营社会保险基金，并负有使社会保险基金保值增值的责任。

社会保险基金监督机构依照法律规定，对社会保险基金的收支、管理和运营实施监督。

社会保险基金经办机构和社会保险基金监督机构的设立和职能由法律规定。

任何组织和个人不得挪用社会保险基金。

第七十五条 国家鼓励用人单位根据本单位实际情况为劳动者建立补充保险。

国家提倡劳动者个人进行储蓄性保险。

第七十六条 国家发展社会福利事业，兴建公共福利设施，为劳动者休息、休养和疗养提供条件。

用人单位应当创造条件，改善集体福利，提高劳动者的福利待遇。

第十章 劳动争议

第七十七条 用人单位与劳动者发生劳动争议，当事人可以依法申请调解、仲裁、提起诉讼，也可以协商解决。

调解原则适用于仲裁和诉讼程序。

第七十八条 解决劳动争议，应当根据合法、公正、及时处理的原则，依法维护劳动争议当事人的合法权益。

第七十九条 劳动争议发生后，当事人可以向本单位劳动争议调解委员会申请调解；调解不成，当事人一方要求仲裁的，可以向劳动争议仲裁委员会申请仲裁。当事人一方也可以直接向劳动争议仲裁委员会申请仲裁。对仲裁裁决不服的，可以向人民法院提起诉讼。

第八十条 在用人单位内，可以设立劳动争议调解委员会。劳动争议调解委员会由职工代表、用人单位代表和工会代表组成。劳动争议调解委员会主任由工会代表担任。

劳动争议经调解达成协议的，当事人应当履行。

第八十一条 劳动争议仲裁委员会由劳动行政部门代表、同级工会代表、用人单位方面的代表组成。劳动争议仲裁委员会主任由劳动行政部门代表担任。

第八十二条 提出仲裁要求的一方应当自劳动争议发生之日起六十日内向劳动争议仲裁委员会提出书面申请。仲裁裁决一般应在收到仲裁申请的六十日内作出。对仲裁裁决无异议的，当事人必须履行。

第八十三条 劳动争议当事人对仲裁裁决不服的，可以自收到仲裁裁决书之日起十五日内向人民法院提起诉讼。一方当事人在法定期限内不起诉又不履行仲裁裁决的，另一方当事人可以申请人民法院强制执行。

第八十四条 因签订集体合同发生争议，当事人协商解决不成的，当地人民政府劳动行政部门可以组织有关各方协调处理。

因履行集体合同发生争议，当事人协商解决不成的，可以向劳动争议仲裁委员会申请仲裁；对仲裁裁决不服的，可以自收到仲裁裁决书之日起十五日内向人民法院提起诉讼。

第十一章　监督检查

第八十五条 县级以上各级人民政府劳动行政部门依法对用人单位遵守劳动法律、法规的情况进行监督检查，对违反劳动法律、法规的行为有权制止，并责令改正。

第八十六条 县级以上各级人民政府劳动行政部门监督检查人员执行公务，有权进入用人单位了解执行劳动法律、法规的情况，查阅必要的资料，并对劳动场所进行检查。

县级以上各级人民政府劳动行政部门监督检查人员执行公务，必须出示证件，秉公执法并遵守有关规定。

第八十七条 县级以上各级人民政府有关部门在各自职责范围内，对用人单位遵守劳动法律、法规的情况进行监督。

第八十八条 各级工会依法维护劳动者的合法权益，对用人单位遵守劳动法律、法规的情况进行监督。

任何组织和个人对于违反劳动法律、法规的行为有权检举和控告。

第十二章 法律责任

第八十九条 用人单位制定的劳动规章制度违反法律、法规规定的，由劳动行政部门给予警告，责令改正；对劳动者造成损害的，应当承担赔偿责任。

第九十条 用人单位违反本法规定，延长劳动者工作时间的，由劳动行政部门给予警告，责令改正，并可以处以罚款。

第九十一条 用人单位有下列侵害劳动者合法权益情形之一的，由劳动行政部门责令支付劳动者的工资报酬、经济补偿，并可以责令支付赔偿金：

（一）克扣或者无故拖欠劳动者工资的；

（二）拒不支付劳动者延长工作时间工资报酬的；

（三）低于当地最低工资标准支付劳动者工资的；

（四）解除劳动合同后，未依照本法规定给予劳动者经济补偿的。

第九十二条 用人单位的劳动安全设施和劳动卫生条件不符合国家规定或者未向劳动者提供必要的劳动防护用品和劳动保护设施的，由劳动行政部门或者有关部门责令改正，可以处以罚款；情节严重的，提请县级以上人民政府决定责令停产整顿；对事故隐患不采取措施，致使发生重大事故，造成劳动者生命和财产损失的，对责任人员依照刑法有关规定追究刑事责任。

第九十三条 用人单位强令劳动者违章冒险作业，发生重大伤亡事故，造成严重后果的，对责任人员依法追究刑事责任。

第九十四条 用人单位非法招用未满十六周岁的未成年人的，由劳动行政部门责令改正，处以罚款；情节严重的，由工商行政管理部门吊销营业执照。

第九十五条 用人单位违反本法对女职工和未成年工的保护规定，侵害其合法权益的，由劳动行政部门责令改正，处以罚款；对女职工或者未成年工造成损害的，应当承担赔偿责任。

第九十六条 用人单位有下列行为之一，由公安机关对责任人员处以十五日以下拘留、罚款或者警告；构成犯罪的，对责任人员依法追究刑事责任：

（一）以暴力、威胁或者非法限制人身自由的手段强迫劳动的；

（二）侮辱、体罚、殴打、非法搜查和拘禁劳动者的。

第九十七条 由于用人单位的原因订立的无效合同，对劳动者造成损害的，应当承担赔偿责任。

第九十八条 用人单位违反本法规定的条件解除劳动合同或者故意拖延不订立劳动合同的，由劳动行政部门责令改正；对劳动者造成损害的，应当承担赔偿责任。

第九十九条 用人单位招用尚未解除劳动合同的劳动者，对原用人单位造成经济损失的，该用人单位应当依法承担连带赔偿责任。

第一百条 用人单位无故不缴纳社会保险费的，由劳动行政部门责令其限期缴纳；逾期不缴的，可以加收滞纳金。

第一百零一条 用人单位无理阻挠劳动行政部门、有关部门及其工作人员行使监督检查权，打击报复举报人员的，由劳动行政部门或者有关部门处以罚款；构成犯罪的，对责任人员依法追究刑事责任。

第一百零二条 劳动者违反本法规定的条件解除劳动合同或者违反劳动合同中约定的保密事项，对用人单位造成经济损失的，应当依法承担赔偿责任。

第一百零三条 劳动行政部门或者有关部门的工作人员滥用职权、玩忽职守、徇私舞弊，构成犯罪的，依法追究刑事责任；不构成犯罪的，给予行政处分。

第一百零四条 国家工作人员和社会保险基金经办机构的工作人员挪用社会保险基金，构成犯罪的，依法追究刑事责任。

第一百零五条 违反本法规定侵害劳动者合法权益，其他法律、行政法规已规定处罚的，依照该法律、行政法规的规定处罚。

第十三章　附　则

第一百零六条 省、自治区、直辖市人民政府根据本法和本地区的实际情况，规定劳动合同制度的实施步骤，报国务院备案。

第一百零七条 本法自 1995 年 1 月 1 日起施行。

附录 2 《中华人民共和国劳动合同法》

（2007 年 6 月 29 日第十届全国人民代表大会常务委员会第二十八次会议通过　根据 2012 年 12 月 28 日第十一届全国人民代表大会常务委员会第三十次会议《关于修改〈中华人民共和国劳动合同法〉的决定》修正）

第一章　总　则

第一条　为了完善劳动合同制度，明确劳动合同双方当事人的权利和义务，保护劳动者的合法权益，构建和发展和谐稳定的劳动关系，制定本法。

第二条　中华人民共和国境内的企业、个体经济组织、民办非企业单位等组织（以下称用人单位）与劳动者建立劳动关系，订立、履行、变更、解除或者终止劳动合同，适用本法。

国家机关、事业单位、社会团体和与其建立劳动关系的劳动者，订立、履行、变更、解除或者终止劳动合同，依照本法执行。

第三条　订立劳动合同，应当遵循合法、公平、平等自愿、协商一致、诚实信用的原则。

依法订立的劳动合同具有约束力，用人单位与劳动者应当履行劳动合同约定的义务。

第四条 用人单位应当依法建立和完善劳动规章制度，保障劳动者享有劳动权利、履行劳动义务。

用人单位在制定、修改或者决定有关劳动报酬、工作时间、休息休假、劳动安全卫生、保险福利、职工培训、劳动纪律以及劳动定额管理等直接涉及劳动者切身利益的规章制度或者重大事项时，应当经职工代表大会或者全体职工讨论，提出方案和意见，与工会或者职工代表平等协商确定。

在规章制度和重大事项决定实施过程中，工会或者职工认为不适当的，有权向用人单位提出，通过协商予以修改完善。

用人单位应当将直接涉及劳动者切身利益的规章制度和重大事项决定公示，或者告知劳动者。

第五条 县级以上人民政府劳动行政部门会同工会和企业方面代表，建立健全协调劳动关系三方机制，共同研究解决有关劳动关系的重大问题。

第六条 工会应当帮助、指导劳动者与用人单位依法订立和履行劳动合同，并与用人单位建立集体协商机制，维护劳动者的合法权益。

第二章 劳动合同的订立

第七条 用人单位自用工之日起即与劳动者建立劳动关系。用人单位应当建立职工名册备查。

第八条 用人单位招用劳动者时，应当如实告知劳动者工作内容、工作条件、工作地点、职业危害、安全生产状况、劳动报酬，以及劳动者要求了解的其他情况；用人单位有权了解劳动者与劳动合同直接相关的基本情况，劳动者应当如实说明。

第九条 用人单位招用劳动者，不得扣押劳动者的居民身份证和其他证件，不得要求劳动者提供担保或者以其他名义向劳动者收取财物。

第十条 建立劳动关系，应当订立书面劳动合同。

已建立劳动关系，未同时订立书面劳动合同的，应当自用工之日起一个月内订立书面劳动合同。

用人单位与劳动者在用工前订立劳动合同的，劳动关系自用工之日起建立。

第十一条 用人单位未在用工的同时订立书面劳动合同，与劳动者约定的劳动报酬不明确的，新招用的劳动者的劳动报酬按照集体合同规定的标准执行；没有集体合同或者集体合同未规定的，实行同工同酬。

第十二条 劳动合同分为固定期限劳动合同、无固定期限劳动合同和以完成一定工作任务为期限的劳动合同。

第十三条 固定期限劳动合同，是指用人单位与劳动者约定合同终止时间的劳动合同。

用人单位与劳动者协商一致，可以订立固定期限劳动合同。

第十四条 无固定期限劳动合同，是指用人单位与劳动者约定无确定终止时间的劳动合同。

用人单位与劳动者协商一致，可以订立无固定期限劳动合同。有下列情形之一，劳动者提出或者同意续订、订立劳动合同的，除劳动者提出订立固定期限劳动合同外，应当订立无固定期限劳动合同：

（一）劳动者在该用人单位连续工作满十年的；

（二）用人单位初次实行劳动合同制度或者国有企业改制重新订立劳动合同时，劳动者在该用人单位连续工作满十年且距法定退休年龄不足十年的；

（三）连续订立二次固定期限劳动合同，且劳动者没有本法第三十九条和第四十条第一项、第二项规定的情形，续订劳动合同的。

用人单位自用工之日起满一年不与劳动者订立书面劳动合同的，视为用人单位与劳动者已订立无固定期限劳动合同。

第十五条 以完成一定工作任务为期限的劳动合同，是指用人单位与劳动者约定以某项工作的完成为合同期限的劳动合同。

用人单位与劳动者协商一致，可以订立以完成一定工作任务为期限的劳动合同。

第十六条 劳动合同由用人单位与劳动者协商一致，并经用人单位与劳动者在劳动合同文本上签字或者盖章生效。

劳动合同文本由用人单位和劳动者各执一份。

第十七条 劳动合同应当具备以下条款：

（一）用人单位的名称、住所和法定代表人或者主要负责人；

（二）劳动者的姓名、住址和居民身份证或者其他有效身份证件号码；

（三）劳动合同期限；

（四）工作内容和工作地点；

（五）工作时间和休息休假；

（六）劳动报酬；

（七）社会保险；

（八）劳动保护、劳动条件和职业危害防护；

（九）法律、法规规定应当纳入劳动合同的其他事项。

劳动合同除前款规定的必备条款外，用人单位与劳动者可以约定试用期、培训、保守秘密、补充保险和福利待遇等其他事项。

第十八条 劳动合同对劳动报酬和劳动条件等标准约定不明确，引发争议的，用人单位与劳动者可以重新协商；协商不成的，适用集体合同规定；没有集体合同或者集体合同未规定劳动报酬的，实行同工同酬；没有集体合同或者集体合同未规定劳动条件等标准的，适用国家有关规定。

第十九条 劳动合同期限三个月以上不满一年的，试用期不得超过一个月；劳动合同期限一年以上不满三年的，试用期不得超过二个月；三年以上固定期限和无固定期限的劳动合同，试用期不得超过六个月。

同一用人单位与同一劳动者只能约定一次试用期。

以完成一定工作任务为期限的劳动合同或者劳动合同期限不满三个月的，不得约定试用期。

试用期包含在劳动合同期限内。劳动合同仅约定试用期的，试用期不成立，该期限为劳动合同期限。

第二十条 劳动者在试用期的工资不得低于本单位相同岗位最低档工资或者劳动合同约定工资的百分之八十，并不得低于用人单位所在地的最低工资标准。

第二十一条 在试用期中，除劳动者有本法第三十九条和第四十条第一项、第二项规定的情形外，用人单位不得解除劳动合同。用人单位在试用期解除劳动合同的，应当向劳动者说明理由。

第二十二条 用人单位为劳动者提供专项培训费用，对其进行专业技术培训的，可以与该劳动者订立协议，约定服务期。

劳动者违反服务期约定的，应当按照约定向用人单位支付违约金。违约金的数额不得超过用人单位提供的培训费用。用人单位要求劳动者支付的违约金不得超过服务期尚未履行部分所应分摊的培训费用。

用人单位与劳动者约定服务期的，不影响按照正常的工资调整机制提高劳动者在服务期期间的劳动报酬。

第二十三条 用人单位与劳动者可以在劳动合同中约定保守用人单位的商业秘密和与知识产权相关的保密事项。

对负有保密义务的劳动者，用人单位可以在劳动合同或者保密协议中与劳动者约定竞业限制条款，并约定在解除或者终止劳动合同后，在竞业限制期限内按月给予劳动者经济补偿。劳动者违反竞业限制约定的，应当按照约定向用人单位支付违约金。

第二十四条 竞业限制的人员限于用人单位的高级管理人员、高级技术人员和其他负有保密义务的人员。竞业限制的范围、地域、期限由用人单位与劳动者约定，竞业限制的约定不得违反法律、法规的规定。

在解除或者终止劳动合同后，前款规定的人员到与本单位生产或者经营同类产品、从事同类业务的有竞争关系的其他用人单位，或者自己开业生产或者经营同类产品、从事同类业务的竞业限制期限，不得超过二年。

第二十五条 除本法第二十二条和第二十三条规定的情形外，用人单位不得与劳动者约定由劳动者承担违约金。

第二十六条 下列劳动合同无效或者部分无效：

（一）以欺诈、胁迫的手段或者乘人之危，使对方在违背真实意思的情况下订立或者变更劳动合同的；

（二）用人单位免除自己的法定责任、排除劳动者权利的；

（三）违反法律、行政法规强制性规定的。

对劳动合同的无效或者部分无效有争议的，由劳动争议仲裁机构或者人民法院确认。

第二十七条 劳动合同部分无效，不影响其他部分效力的，其他部分仍然有效。

第二十八条 劳动合同被确认无效，劳动者已付出劳动的，用人单位应当向劳动者支付劳动报酬。劳动报酬的数额，参照本单位相同或者相近岗位劳动者的劳动报酬确定。

第三章 劳动合同的履行和变更

第二十九条 用人单位与劳动者应当按照劳动合同的约定，全面履行各自的义务。

第三十条 用人单位应当按照劳动合同约定和国家规定，向劳动者及时足额支付劳动报酬。

用人单位拖欠或者未足额支付劳动报酬的，劳动者可以依法向当地人民法院申请支付令，人民法院应当依法发出支付令。

第三十一条 用人单位应当严格执行劳动定额标准，不得强迫或者变相强迫劳动者加班。用人单位安排加班的，应当按照国家有关规定向劳动者支付加班费。

第三十二条 劳动者拒绝用人单位管理人员违章指挥、强令冒险作业的，不视为违反劳动合同。

劳动者对危害生命安全和身体健康的劳动条件，有权对用人单位提出批评、检举和控告。

第三十三条 用人单位变更名称、法定代表人、主要负责人或者投资人等事项，不影响劳动合同的履行。

第三十四条 用人单位发生合并或者分立等情况，原劳动合同继续有效，劳动合同由承继其权利和义务的用人单位继续履行。

第三十五条 用人单位与劳动者协商一致，可以变更劳动合同约定的内容。变更劳动合同，应当采用书面形式。

变更后的劳动合同文本由用人单位和劳动者各执一份。

第四章 劳动合同的解除和终止

第三十六条 用人单位与劳动者协商一致，可以解除劳动合同。

第三十七条 劳动者提前三十日以书面形式通知用人单位，可以解除劳动合同。劳动者在试用期内提前三日通知用人单位，可以解除劳动合同。

第三十八条 用人单位有下列情形之一的，劳动者可以解除劳动合同：

（一）未按照劳动合同约定提供劳动保护或者劳动条件的；

（二）未及时足额支付劳动报酬的；

（三）未依法为劳动者缴纳社会保险费的；

（四）用人单位的规章制度违反法律、法规的规定，损害劳动者权益的；

（五）因本法第二十六条第一款规定的情形致使劳动合同无效的；

（六）法律、行政法规规定劳动者可以解除劳动合同的其他情形。

用人单位以暴力、威胁或者非法限制人身自由的手段强迫劳动者劳动的，或者用人单位违章指挥、强令冒险作业危及劳动者人身安全的，劳动者可以立即解除劳动合同，不需事先告知用人单位。

第三十九条 劳动者有下列情形之一的，用人单位可以解除劳动合同：

（一）在试用期间被证明不符合录用条件的；

（二）严重违反用人单位的规章制度的；

（三）严重失职，营私舞弊，给用人单位造成重大损害的；

（四）劳动者同时与其他用人单位建立劳动关系，对完成本单位的工作任务造成严重影响，或者经用人单位提出，拒不改正的；

（五）因本法第二十六条第一款第一项规定的情形致使劳动合同无效的；

（六）被依法追究刑事责任的。

第四十条 有下列情形之一的，用人单位提前三十日以书面形式通知劳动者本人或者额外支付劳动者一个月工资后，可以解除劳动合同：

（一）劳动者患病或者非因工负伤，在规定的医疗期满后不能从事原工作，也不能从事由用人单位另行安排的工作的；

（二）劳动者不能胜任工作，经过培训或者调整工作岗位，仍不能胜任工作的；

（三）劳动合同订立时所依据的客观情况发生重大变化，致使劳动合同无法履行，经用人单位与劳动者协商，未能就变更劳动合同内容达成协议的。

第四十一条 有下列情形之一，需要裁减人员二十人以上或者裁减不足二十人但占企业职工总数百分之十以上的，用人单位提前三十日向工会或者全体职工说明情况，听取工会或者职工的意见后，裁减人员方案经向劳动行政部门报告，可以裁减人员：

（一）依照企业破产法规定进行重整的；

（二）生产经营发生严重困难的；

（三）企业转产、重大技术革新或者经营方式调整，经变更劳动合同后，仍需裁减人员的；

（四）其他因劳动合同订立时所依据的客观经济情况发生重大变化，致使劳动合同无法履行的。

裁减人员时，应当优先留用下列人员：

（一）与本单位订立较长期限的固定期限劳动合同的；

（二）与本单位订立无固定期限劳动合同的；

（三）家庭无其他就业人员，有需要扶养的老人或者未成年人的。

用人单位依照本条第一款规定裁减人员，在六个月内重新招用人员的，应当通知被裁减的人员，并在同等条件下优先招用被裁减的人员。

第四十二条 劳动者有下列情形之一的，用人单位不得依照本法第四十条、第四十一条的规定解除劳动合同：

（一）从事接触职业病危害作业的劳动者未进行离岗前职业健康检查，或者疑似职业病病人在诊断或者医学观察期间的；

（二）在本单位患职业病或者因工负伤并被确认丧失或者部分丧失劳动能力的；

（三）患病或者非因工负伤，在规定的医疗期内的；

（四）女职工在孕期、产期、哺乳期的；

（五）在本单位连续工作满十五年，且距法定退休年龄不足五年的；

（六）法律、行政法规规定的其他情形。

第四十三条 用人单位单方解除劳动合同，应当事先将理由通知工会。用人单位违反法律、行政法规规定或者劳动合同约定的，工会有权要求用人单位纠正。用人单位应当研究工会的意见，并将处理结果书面通知工会。

第四十四条 有下列情形之一的，劳动合同终止：

（一）劳动合同期满的；

（二）劳动者开始依法享受基本养老保险待遇的；

（三）劳动者死亡，或者被人民法院宣告死亡或者宣告失踪的；

（四）用人单位被依法宣告破产的；

（五）用人单位被吊销营业执照、责令关闭、撤销或者用人单位决定提前解散的；

（六）法律、行政法规规定的其他情形。

第四十五条 劳动合同期满，有本法第四十二条规定情形之一的，劳动合同应当续延至相应的情形消失时终止。但是，本法第四十二条第二项规定丧失或者部分丧失劳动能力劳动者的劳动合同的终止，按照国家有关工伤保险的规定执行。

第四十六条 有下列情形之一的，用人单位应当向劳动者支付经济补偿：

（一）劳动者依照本法第三十八条规定解除劳动合同的；

（二）用人单位依照本法第三十六条规定向劳动者提出解除劳动合同并与劳动者协商一致解除劳动合同的；

（三）用人单位依照本法第四十条规定解除劳动合同的；

（四）用人单位依照本法第四十一条第一款规定解除劳动合同的；

（五）除用人单位维持或者提高劳动合同约定条件续订劳动合同，劳动者不同意续订的情形外，依照本法第四十四条第一项规定终止固定期限劳动合同的；

（六）依照本法第四十四条第四项、第五项规定终止劳动合同的；

（七）法律、行政法规规定的其他情形。

第四十七条 经济补偿按劳动者在本单位工作的年限，每满一年支付一个月工资的标准向劳动者支付。六个月以上不满一年的，按一年计算；不满六个月的，向劳动者支付半个月工资的经济补偿。

劳动者月工资高于用人单位所在直辖市、设区的市级人民政府公布的本地区上年度职工月平均工资三倍的，向其支付经济补偿的标准按职工月平均工资三倍的数额支付，向其支付经济补偿的年限最高不超过十二年。

本条所称月工资是指劳动者在劳动合同解除或者终止前十二个月的平均工资。

第四十八条 用人单位违反本法规定解除或者终止劳动合同，劳动者要求继续履行劳动合同的，用人单位应当继续履行；劳动者不要求继续履行劳动合同或者劳动合同已经不能继续履行的，用人单位应当依照本法第八十七条规定支付赔偿金。

第四十九条 国家采取措施，建立健全劳动者社会保险关系跨地区转移接续制度。

第五十条 用人单位应当在解除或者终止劳动合同时出具解除或者终止劳动合同的证明，并在十五日内为劳动者办理档案和社会保险关系转移手续。

劳动者应当按照双方约定，办理工作交接。用人单位依照本法有关规定应当向劳动者支付经济补偿的，在办结工作交接时支付。

用人单位对已经解除或者终止的劳动合同的文本，至少保存二年备查。

第五章 特别规定

第一节 集体合同

第五十一条 企业职工一方与用人单位通过平等协商，可以就劳动报酬、工作时间、休息休假、劳动安全卫生、保险福利等事项订立集体合同。集体合同草案应当提交职工代表大会或者全体职工讨论通过。

集体合同由工会代表企业职工一方与用人单位订立；尚未建立工会的用人单位，由上级工会指导劳动者推举的代表与用人单位订立。

第五十二条 企业职工一方与用人单位可以订立劳动安全卫生、女职工权益保护、工资调整机制等专项集体合同。

第五十三条 在县级以下区域内，建筑业、采矿业、餐饮服务业等行业可以由工会与企业方面代表订立行业性集体合同，或者订立区域性集体合同。

第五十四条 集体合同订立后，应当报送劳动行政部门；劳动行政部门自收到集体合同文本之日起十五日内未提出异议的，集体合同即行生效。

依法订立的集体合同对用人单位和劳动者具有约束力。行业性、区域性集体合同对当地本行业、本区域的用人单位和劳动者具有约束力。

第五十五条 集体合同中劳动报酬和劳动条件等标准不得低于当地人民政府规定的最低标准；用人单位与劳动者订立的劳动合同中劳动报酬和劳动条

件等标准不得低于集体合同规定的标准。

第五十六条 用人单位违反集体合同，侵犯职工劳动权益的，工会可以依法要求用人单位承担责任；因履行集体合同发生争议，经协商解决不成的，工会可以依法申请仲裁、提起诉讼。

第二节 劳务派遣

第五十七条 经营劳务派遣业务应当具备下列条件：

（一）注册资本不得少于人民币二百万元；

（二）有与开展业务相适应的固定的经营场所和设施；

（三）有符合法律、行政法规规定的劳务派遣管理制度；

（四）法律、行政法规规定的其他条件。

经营劳务派遣业务，应当向劳动行政部门依法申请行政许可；经许可的，依法办理相应的公司登记。未经许可，任何单位和个人不得经营劳务派遣业务。

第五十八条 劳务派遣单位是本法所称用人单位，应当履行用人单位对劳动者的义务。劳务派遣单位与被派遣劳动者订立的劳动合同，除应当载明本法第十七条规定的事项外，还应当载明被派遣劳动者的用工单位以及派遣期限、工作岗位等情况。

劳务派遣单位应当与被派遣劳动者订立二年以上的固定期限劳动合同，按月支付劳动报酬；被派遣劳动者在无工作期间，劳务派遣单位应当按照所在地人民政府规定的最低工资标准，向其按月支付报酬。

第五十九条 劳务派遣单位派遣劳动者应当与接受以劳务派遣形式用工的单位（以下称用工单位）订立劳务派遣协议。劳务派遣协议应当约定派遣岗位和人员数量、派遣期限、劳动报酬和社会保险费的数额与支付方式以及违反协议的责任。

用工单位应当根据工作岗位的实际需要与劳务派遣单位确定派遣期限，不得将连续用工期限分割订立数个短期劳务派遣协议。

第六十条 劳务派遣单位应当将劳务派遣协议的内容告知被派遣劳动者。

劳务派遣单位不得克扣用工单位按照劳务派遣协议支付给被派遣劳动者的劳动报酬。

劳务派遣单位和用工单位不得向被派遣劳动者收取费用。

第六十一条 劳务派遣单位跨地区派遣劳动者的，被派遣劳动者享有的劳动报酬和劳动条件，按照用工单位所在地的标准执行。

第六十二条 用工单位应当履行下列义务：

（一）执行国家劳动标准，提供相应的劳动条件和劳动保护；

（二）告知被派遣劳动者的工作要求和劳动报酬；

（三）支付加班费、绩效奖金，提供与工作岗位相关的福利待遇；

（四）对在岗被派遣劳动者进行工作岗位所必需的培训；

（五）连续用工的，实行正常的工资调整机制。

用工单位不得将被派遣劳动者再派遣到其他用人单位。

第六十三条 被派遣劳动者享有与用工单位的劳动者同工同酬的权利。用工单位应当按照同工同酬原则，对被派遣劳动者与本单位同类岗位的劳动者实行相同的劳动报酬分配办法。用工单位无同类岗位劳动者的，参照用工单位所在地相同或者相近岗位劳动者的劳动报酬确定。

劳务派遣单位与被派遣劳动者订立的劳动合同和与用工单位订立的劳务派遣协议，载明或者约定的向被派遣劳动者支付的劳动报酬应当符合前款规定。

第六十四条 被派遣劳动者有权在劳务派遣单位或者用工单位依法参加或者组织工会，维护自身的合法权益。

第六十五条 被派遣劳动者可以依照本法第三十六条、第三十八条的规定与劳务派遣单位解除劳动合同。

被派遣劳动者有本法第三十九条和第四十条第一项、第二项规定情形的，用工单位可以将劳动者退回劳务派遣单位，劳务派遣单位依照本法有关规定，可以与劳动者解除劳动合同。

第六十六条 劳动合同用工是我国的企业基本用工形式。劳务派遣用工是补充形式，只能在临时性、辅助性或者替代性的工作岗位上实施。

前款规定的临时性工作岗位是指存续时间不超过六个月的岗位；辅助性工作岗位是指为主营业务岗位提供服务的非主营业务岗位；替代性工作岗位是指用工单位的劳动者因脱产学习、休假等原因无法工作的一定期间内，可以由其他劳动者替代工作的岗位。

用工单位应当严格控制劳务派遣用工数量，不得超过其用工总量的一定比例，具体比例由国务院劳动行政部门规定。

第六十七条 用人单位不得设立劳务派遣单位向本单位或者所属单位派遣劳动者。

第三节 非全日制用工

第六十八条 非全日制用工，是指以小时计酬为主，劳动者在同一用人单位一般平均每日工作时间不超过四小时，每周工作时间累计不超过二十四小时的用工形式。

第六十九条 非全日制用工双方当事人可以订立口头协议。

从事非全日制用工的劳动者可以与一个或者一个以上用人单位订立劳动合同；但是，后订立的劳动合同不得影响先订立的劳动合同的履行。

第七十条 非全日制用工双方当事人不得约定试用期。

第七十一条 非全日制用工双方当事人任何一方都可以随时通知对方终止用工。终止用工，用人单位不向劳动者支付经济补偿。

第七十二条 非全日制用工小时计酬标准不得低于用人单位所在地人民政府规定的最低小时工资标准。

非全日制用工劳动报酬结算支付周期最长不得超过十五日。

第六章 监督检查

第七十三条 国务院劳动行政部门负责全国劳动合同制度实施的监督管理。

县级以上地方人民政府劳动行政部门负责本行政区域内劳动合同制度实施的监督管理。

县级以上各级人民政府劳动行政部门在劳动合同制度实施的监督管理工作中，应当听取工会、企业方面代表以及有关行业主管部门的意见。

第七十四条 县级以上地方人民政府劳动行政部门依法对下列实施劳动合同制度的情况进行监督检查：

（一）用人单位制定直接涉及劳动者切身利益的规章制度及其执行的情况；

（二）用人单位与劳动者订立和解除劳动合同的情况；

（三）劳务派遣单位和用工单位遵守劳务派遣有关规定的情况；

（四）用人单位遵守国家关于劳动者工作时间和休息休假规定的情况；

（五）用人单位支付劳动合同约定的劳动报酬和执行最低工资标准的情况；

（六）用人单位参加各项社会保险和缴纳社会保险费的情况；

（七）法律、法规规定的其他劳动监察事项。

第七十五条 县级以上地方人民政府劳动行政部门实施监督检查时，有权查阅与劳动合同、集体合同有关的材料，有权对劳动场所进行实地检查，用人单位和劳动者都应当如实提供有关情况和材料。

劳动行政部门的工作人员进行监督检查，应当出示证件，依法行使职权，文明执法。

第七十六条 县级以上人民政府建设、卫生、安全生产监督管理等有关主管部门在各自职责范围内，对用人单位执行劳动合同制度的情况进行监督管理。

第七十七条 劳动者合法权益受到侵害的，有权要求有关部门依法处理，或者依法申请仲裁、提起诉讼。

第七十八条 工会依法维护劳动者的合法权益，对用人单位履行劳动合同、集体合同的情况进行监督。用人单位违反劳动法律、法规和劳动合同、集体合同的，工会有权提出意见或者要求纠正；劳动者申请仲裁、提起诉讼的，工会依法给予支持和帮助。

第七十九条 任何组织或者个人对违反本法的行为都有权举报，县级以上人民政府劳动行政部门应当及时核实、处理，并对举报有功人员给予奖励。

第七章 法律责任

第八十条 用人单位直接涉及劳动者切身利益的规章制度违反法律、法规规定的，由劳动行政部门责令改正，给予警告；给劳动者造成损害的，应当承担赔偿责任。

第八十一条 用人单位提供的劳动合同文本未载明本法规定的劳动合同必备条款或者用人单位未将劳动合同文本交付劳动者的，由劳动行政部门责令改正；给劳动者造成损害的，应当承担赔偿责任。

第八十二条 用人单位自用工之日起超过一个月不满一年未与劳动者订立书面劳动合同的，应当向劳动者每月支付二倍的工资。

用人单位违反本法规定不与劳动者订立无固定期限劳动合同的，自应当订立无固定期限劳动合同之日起向劳动者每月支付二倍的工资。

第八十三条 用人单位违反本法规定与劳动者约定试用期的，由劳动行政部门责令改正；违法约定的试用期已经履行的，由用人单位以劳动者试用期满月工资为标准，按已经履行的超过法定试用期的期间向劳动者支付赔偿金。

第八十四条 用人单位违反本法规定，扣押劳动者居民身份证等证件的，由劳动行政部门责令限期退还劳动者本人，并依照有关法律规定给予处罚。

用人单位违反本法规定，以担保或者其他名义向劳动者收取财物的，由劳动行政部门责令限期退还劳动者本人，并以每人五百元以上二千元以下的标准处以罚款；给劳动者造成损害的，应当承担赔偿责任。

劳动者依法解除或者终止劳动合同，用人单位扣押劳动者档案或者其他物品的，依照前款规定处罚。

第八十五条 用人单位有下列情形之一的，由劳动行政部门责令限期支付劳动报酬、加班费或者经济补偿；劳动报酬低于当地最低工资标准的，应当支付其差额部分；逾期不支付的，责令用人单位按应付金额百分之五十以上百分之一百以下的标准向劳动者加付赔偿金：

（一）未按照劳动合同的约定或者国家规定及时足额支付劳动者劳动报酬的；

（二）低于当地最低工资标准支付劳动者工资的；

（三）安排加班不支付加班费的；

（四）解除或者终止劳动合同，未依照本法规定向劳动者支付经济补偿的。

第八十六条 劳动合同依照本法第二十六条规定被确认无效，给对方造成损害的，有过错的一方应当承担赔偿责任。

第八十七条 用人单位违反本法规定解除或者终止劳动合同的，应当依照本法第四十七条规定的经济补偿标准的二倍向劳动者支付赔偿金。

第八十八条 用人单位有下列情形之一的，依法给予行政处罚；构成犯罪的，依法追究刑事责任；给劳动者造成损害的，应当承担赔偿责任：

（一）以暴力、威胁或者非法限制人身自由的手段强迫劳动的；

（二）违章指挥或者强令冒险作业危及劳动者人身安全的；

（三）侮辱、体罚、殴打、非法搜查或者拘禁劳动者的；

（四）劳动条件恶劣、环境污染严重，给劳动者身心健康造成严重损害的。

第八十九条 用人单位违反本法规定未向劳动者出具解除或者终止劳动合同的书面证明，由劳动行政部门责令改正；给劳动者造成损害的，应当承担赔偿责任。

第九十条 劳动者违反本法规定解除劳动合同，或者违反劳动合同中约定的保密义务或者竞业限制，给用人单位造成损失的，应当承担赔偿责任。

第九十一条 用人单位招用与其他用人单位尚未解除或者终止劳动合同的劳动者，给其他用人单位造成损失的，应当承担连带赔偿责任。

第九十二条 违反本法规定，未经许可，擅自经营劳务派遣业务的，由劳动行政部门责令停止违法行为，没收违法所得，并处违法所得一倍以上五倍以下的罚款；没有违法所得的，可以处五万元以下的罚款。

劳务派遣单位、用工单位违反本法有关劳务派遣规定的，由劳动行政部门责令限期改正；逾期不改正的，以每人五千元以上一万元以下的标准处以罚款，对劳务派遣单位，吊销其劳务派遣业务经营许可证。用工单位给被派遣劳动者造成损害的，劳务派遣单位与用工单位承担连带赔偿责任。

第九十三条 对不具备合法经营资格的用人单位的违法犯罪行为，依法追究法律责任；劳动者已经付出劳动的，该单位或者其出资人应当依照本法有关规定向劳动者支付劳动报酬、经济补偿、赔偿金；给劳动者造成损害的，应当承担赔偿责任。

第九十四条 个人承包经营违反本法规定招用劳动者，给劳动者造成损害的，发包的组织与个人承包经营者承担连带赔偿责任。

第九十五条 劳动行政部门和其他有关主管部门及其工作人员玩忽职守、不履行法定职责，或者违法行使职权，给劳动者或者用人单位造成损害的，应当承担赔偿责任；对直接负责的主管人员和其他直接责任人员，依法给予行政处分；构成犯罪的，依法追究刑事责任。

第八章　附　则

第九十六条　事业单位与实行聘用制的工作人员订立、履行、变更、解除或者终止劳动合同，法律、行政法规或者国务院另有规定的，依照其规定；未作规定的，依照本法有关规定执行。

第九十七条　本法施行前已依法订立且在本法施行之日存续的劳动合同，继续履行；本法第十四条第二款第三项规定连续订立固定期限劳动合同的次数，自本法施行后续订固定期限劳动合同时开始计算。

本法施行前已建立劳动关系，尚未订立书面劳动合同的，应当自本法施行之日起一个月内订立。

本法施行之日存续的劳动合同在本法施行后解除或者终止，依照本法第四十六条规定应当支付经济补偿的，经济补偿年限自本法施行之日起计算；本法施行前按照当时有关规定，用人单位应当向劳动者支付经济补偿的，按照当时有关规定执行。

第九十八条　本法自 2008 年 1 月 1 日起施行。

附录3 《中华人民共和国劳动争议调解仲裁法》

（2007年12月29日第十届全国人民代表大会常务委员会第三十一次会议通过　2007年12月29日中华人民共和国主席令第80号公布　自2008年5月1日起施行）

第一章　总　则

第一条　为了公正及时解决劳动争议，保护当事人合法权益，促进劳动关系和谐稳定，制定本法。

第二条　中华人民共和国境内的用人单位与劳动者发生的下列劳动争议，适用本法：

（一）因确认劳动关系发生的争议；

（二）因订立、履行、变更、解除和终止劳动合同发生的争议；

（三）因除名、辞退和辞职、离职发生的争议；

（四）因工作时间、休息休假、社会保险、福利、培训以及劳动保护发生的争议；

（五）因劳动报酬、工伤医疗费、经济补偿或者赔偿金等发生的争议；

（六）法律、法规规定的其他劳动争议。

第三条 解决劳动争议，应当根据事实，遵循合法、公正、及时、着重调解的原则，依法保护当事人的合法权益。

第四条 发生劳动争议，劳动者可以与用人单位协商，也可以请工会或者第三方共同与用人单位协商，达成和解协议。

第五条 发生劳动争议，当事人不愿协商、协商不成或者达成和解协议后不履行的，可以向调解组织申请调解；不愿调解、调解不成或者达成调解协议后不履行的，可以向劳动争议仲裁委员会申请仲裁；对仲裁裁决不服的，除本法另有规定的外，可以向人民法院提起诉讼。

第六条 发生劳动争议，当事人对自己提出的主张，有责任提供证据。与争议事项有关的证据属于用人单位掌握管理的，用人单位应当提供；用人单位不提供的，应当承担不利后果。

第七条 发生劳动争议的劳动者一方在十人以上，并有共同请求的，可以推举代表参加调解、仲裁或者诉讼活动。

第八条 县级以上人民政府劳动行政部门会同工会和企业方面代表建立协调劳动关系三方机制，共同研究解决劳动争议的重大问题。

第九条 用人单位违反国家规定，拖欠或者未足额支付劳动报酬，或者拖欠工伤医疗费、经济补偿或者赔偿金的，劳动者可以向劳动行政部门投诉，劳动行政部门应当依法处理。

第二章 调 解

第十条 发生劳动争议，当事人可以到下列调解组织申请调解：

（一）企业劳动争议调解委员会；

（二）依法设立的基层人民调解组织；

（三）在乡镇、街道设立的具有劳动争议调解职能的组织。

企业劳动争议调解委员会由职工代表和企业代表组成。职工代表由工会成员担任或者由全体职工推举产生，企业代表由企业负责人指定。企业劳动争议调解委员会主任由工会成员或者双方推举的人员担任。

第十一条 劳动争议调解组织的调解员应当由公道正派、联系群众、热心调解工作，并具有一定法律知识、政策水平和文化水平的成年公民担任。

第十二条 当事人申请劳动争议调解可以书面申请，也可以口头申请。口头申请的，调解组织应当当场记录申请人基本情况、申请调解的争议事项、理由和时间。

第十三条 调解劳动争议，应当充分听取双方当事人对事实和理由的陈述，耐心疏导，帮助其达成协议。

第十四条 经调解达成协议的，应当制作调解协议书。

调解协议书由双方当事人签名或者盖章，经调解员签名并加盖调解组织印章后生效，对双方当事人具有约束力，当事人应当履行。

自劳动争议调解组织收到调解申请之日起十五日内未达成调解协议的，当事人可以依法申请仲裁。

第十五条 达成调解协议后，一方当事人在协议约定期限内不履行调解协议的，另一方当事人可以依法申请仲裁。

第十六条 因支付拖欠劳动报酬、工伤医疗费、经济补偿或者赔偿金事项达成调解协议，用人单位在协议约定期限内不履行的，劳动者可以持调解协议书依法向人民法院申请支付令。人民法院应当依法发出支付令。

第三章　仲　裁

第一节　一般规定

第十七条 劳动争议仲裁委员会按照统筹规划、合理布局和适应实际需要的原则设立。省、自治区人民政府可以决定在市、县设立；直辖市人民政府可以决定在区、县设立。直辖市、设区的市也可以设立一个或者若干个劳动争议仲裁委员会。劳动争议仲裁委员会不按行政区划层层设立。

第十八条 国务院劳动行政部门依照本法有关规定制定仲裁规则。省、自治区、直辖市人民政府劳动行政部门对本行政区域的劳动争议仲裁工作进行指导。

第十九条 劳动争议仲裁委员会由劳动行政部门代表、工会代表和企业方面代表组成。劳动争议仲裁委员会组成人员应当是单数。

劳动争议仲裁委员会依法履行下列职责：

（一）聘任、解聘专职或者兼职仲裁员；

（二）受理劳动争议案件；

（三）讨论重大或者疑难的劳动争议案件；

（四）对仲裁活动进行监督。

劳动争议仲裁委员会下设办事机构，负责办理劳动争议仲裁委员会的日常工作。

第二十条 劳动争议仲裁委员会应当设仲裁员名册。

仲裁员应当公道正派并符合下列条件之一：

（一）曾任审判员的；

（二）从事法律研究、教学工作并具有中级以上职称的；

（三）具有法律知识、从事人力资源管理或者工会等专业工作满五年的；

（四）律师执业满三年的。

第二十一条 劳动争议仲裁委员会负责管辖本区域内发生的劳动争议。

劳动争议由劳动合同履行地或者用人单位所在地的劳动争议仲裁委员会管辖。双方当事人分别向劳动合同履行地和用人单位所在地的劳动争议仲裁委员会申请仲裁的，由劳动合同履行地的劳动争议仲裁委员会管辖。

第二十二条 发生劳动争议的劳动者和用人单位为劳动争议仲裁案件的双方当事人。

劳务派遣单位或者用工单位与劳动者发生劳动争议的，劳务派遣单位和用工单位为共同当事人。

第二十三条 与劳动争议案件的处理结果有利害关系的第三人，可以申请参加仲裁活动或者由劳动争议仲裁委员会通知其参加仲裁活动。

第二十四条 当事人可以委托代理人参加仲裁活动。委托他人参加仲裁活动，应当向劳动争议仲裁委员会提交有委托人签名或者盖章的委托书，委托书应当载明委托事项和权限。

第二十五条 丧失或者部分丧失民事行为能力的劳动者，由其法定代理人代为参加仲裁活动；无法定代理人的，由劳动争议仲裁委员会为其指定代理人。劳动者死亡的，由其近亲属或者代理人参加仲裁活动。

第二十六条 劳动争议仲裁公开进行，但当事人协议不公开进行或者涉及国家秘密、商业秘密和个人隐私的除外。

第二节　申请和受理

第二十七条　劳动争议申请仲裁的时效期间为一年。仲裁时效期间从当事人知道或者应当知道其权利被侵害之日起计算。

前款规定的仲裁时效，因当事人一方向对方当事人主张权利，或者向有关部门请求权利救济，或者对方当事人同意履行义务而中断。从中断时起，仲裁时效期间重新计算。

因不可抗力或者有其他正当理由，当事人不能在本条第一款规定的仲裁时效期间申请仲裁的，仲裁时效中止。从中止时效的原因消除之日起，仲裁时效期间继续计算。

劳动关系存续期间因拖欠劳动报酬发生争议的，劳动者申请仲裁不受本条第一款规定的仲裁时效期间的限制；但是，劳动关系终止的，应当自劳动关系终止之日起一年内提出。

第二十八条　申请人申请仲裁应当提交书面仲裁申请，并按照被申请人人数提交副本。

仲裁申请书应当载明下列事项：

（一）劳动者的姓名、性别、年龄、职业、工作单位和住所，用人单位的名称、住所和法定代表人或者主要负责人的姓名、职务；

（二）仲裁请求和所根据的事实、理由；

（三）证据和证据来源、证人姓名和住所。

书写仲裁申请确有困难的，可以口头申请，由劳动争议仲裁委员会记入笔录，并告知对方当事人。

第二十九条　劳动争议仲裁委员会收到仲裁申请之日起五日内，认为符合受理条件的，应当受理，并通知申请人；认为不符合受理条件的，应当书面通知申请人不予受理，并说明理由。对劳动争议仲裁委员会不予受理或者逾期未作出决定的，申请人可以就该劳动争议事项向人民法院提起诉讼。

第三十条　劳动争议仲裁委员会受理仲裁申请后，应当在五日内将仲裁申请书副本送达被申请人。

被申请人收到仲裁申请书副本后，应当在十日内向劳动争议仲裁委员会提交答辩书。劳动争议仲裁委员会收到答辩书后，应当在五日内将答辩书副本送达申请人。被申请人未提交答辩书的，不影响仲裁程序的进行。

第三节　开庭和裁决

第三十一条　劳动争议仲裁委员会裁决劳动争议案件实行仲裁庭制。仲裁庭由三名仲裁员组成，设首席仲裁员。简单劳动争议案件可以由一名仲裁员独任仲裁。

第三十二条　劳动争议仲裁委员会应当在受理仲裁申请之日起五日内将仲裁庭的组成情况书面通知当事人。

第三十三条　仲裁员有下列情形之一，应当回避，当事人也有权以口头或者书面方式提出回避申请：

（一）是本案当事人或者当事人、代理人的近亲属的；

（二）与本案有利害关系的；

（三）与本案当事人、代理人有其他关系，可能影响公正裁决的；

（四）私自会见当事人、代理人，或者接受当事人、代理人的请客送礼的。

劳动争议仲裁委员会对回避申请应当及时作出决定，并以口头或者书面方式通知当事人。

第三十四条　仲裁员有本法第三十三条第四项规定情形，或者有索贿受贿、徇私舞弊、枉法裁决行为的，应当依法承担法律责任。劳动争议仲裁委员会应当将其解聘。

第三十五条　仲裁庭应当在开庭五日前，将开庭日期、地点书面通知双方当事人。当事人有正当理由的，可以在开庭三日前请求延期开庭。是否延期，由劳动争议仲裁委员会决定。

第三十六条　申请人收到书面通知，无正当理由拒不到庭或者未经仲裁庭同意中途退庭的，可以视为撤回仲裁申请。

被申请人收到书面通知，无正当理由拒不到庭或者未经仲裁庭同意中途退庭的，可以缺席裁决。

第三十七条　仲裁庭对专门性问题认为需要鉴定的，可以交由当事人约定的鉴定机构鉴定；当事人没有约定或者无法达成约定的，由仲裁庭指定的鉴定机构鉴定。

根据当事人的请求或者仲裁庭的要求，鉴定机构应当派鉴定人参加开庭。

当事人经仲裁庭许可，可以向鉴定人提问。

第三十八条 当事人在仲裁过程中有权进行质证和辩论。质证和辩论终结时，首席仲裁员或者独任仲裁员应当征询当事人的最后意见。

第三十九条 当事人提供的证据经查证属实的，仲裁庭应当将其作为认定事实的根据。

劳动者无法提供由用人单位掌握管理的与仲裁请求有关的证据，仲裁庭可以要求用人单位在指定期限内提供。用人单位在指定期限内不提供的，应当承担不利后果。

第四十条 仲裁庭应当将开庭情况记入笔录。当事人和其他仲裁参加人认为对自己陈述的记录有遗漏或者差错的，有权申请补正。如果不予补正，应当记录该申请。

笔录由仲裁员、记录人员、当事人和其他仲裁参加人签名或者盖章。

第四十一条 当事人申请劳动争议仲裁后，可以自行和解。达成和解协议的，可以撤回仲裁申请。

第四十二条 仲裁庭在作出裁决前，应当先行调解。

调解达成协议的，仲裁庭应当制作调解书。

调解书应当写明仲裁请求和当事人协议的结果。调解书由仲裁员签名，加盖劳动争议仲裁委员会印章，送达双方当事人。调解书经双方当事人签收后，发生法律效力。

调解不成或者调解书送达前，一方当事人反悔的，仲裁庭应当及时作出裁决。

第四十三条 仲裁庭裁决劳动争议案件，应当自劳动争议仲裁委员会受理仲裁申请之日起四十五日内结束。案情复杂需要延期的，经劳动争议仲裁委员会主任批准，可以延期并书面通知当事人，但是延长期限不得超过十五日。逾期未作出仲裁裁决的，当事人可以就该劳动争议事项向人民法院提起诉讼。

仲裁庭裁决劳动争议案件时，其中一部分事实已经清楚，可以就该部分先行裁决。

第四十四条 仲裁庭对追索劳动报酬、工伤医疗费、经济补偿或者赔偿金的案件，根据当事人的申请，可以裁决先予执行，移送人民法院执行。

仲裁庭裁决先予执行的，应当符合下列条件：

（一）当事人之间权利义务关系明确；

（二）不先予执行将严重影响申请人的生活。

劳动者申请先予执行的，可以不提供担保。

第四十五条 裁决应当按照多数仲裁员的意见作出，少数仲裁员的不同意见应当记入笔录。仲裁庭不能形成多数意见时，裁决应当按照首席仲裁员的意见作出。

第四十六条 裁决书应当载明仲裁请求、争议事实、裁决理由、裁决结果和裁决日期。裁决书由仲裁员签名，加盖劳动争议仲裁委员会印章。对裁决持不同意见的仲裁员，可以签名，也可以不签名。

第四十七条 下列劳动争议，除本法另有规定的外，仲裁裁决为终局裁决，裁决书自作出之日起发生法律效力：

（一）追索劳动报酬、工伤医疗费、经济补偿或者赔偿金，不超过当地月最低工资标准十二个月金额的争议；

（二）因执行国家的劳动标准在工作时间、休息休假、社会保险等方面发生的争议。

第四十八条 劳动者对本法第四十七条规定的仲裁裁决不服的，可以自收到仲裁裁决书之日起十五日内向人民法院提起诉讼。

第四十九条 用人单位有证据证明本法第四十七条规定的仲裁裁决有下列情形之一，可以自收到仲裁裁决书之日起三十日内向劳动争议仲裁委员会所在地的中级人民法院申请撤销裁决：

（一）适用法律、法规确有错误的；

（二）劳动争议仲裁委员会无管辖权的；

（三）违反法定程序的；

（四）裁决所根据的证据是伪造的；

（五）对方当事人隐瞒了足以影响公正裁决的证据的；

（六）仲裁员在仲裁该案时有索贿受贿、徇私舞弊、枉法裁决行为的。

人民法院经组成合议庭审查核实裁决有前款规定情形之一的，应当裁定撤销。

仲裁裁决被人民法院裁定撤销的，当事人可以自收到裁定书之日起十五日内就该劳动争议事项向人民法院提起诉讼。

第五十条 当事人对本法第四十七条规定以外的其他劳动争议案件的仲裁裁决不服的，可以自收到仲裁裁决书之日起十五日内向人民法院提起诉讼；期满不起诉的，裁决书发生法律效力。

第五十一条 当事人对发生法律效力的调解书、裁决书，应当依照规定的期限履行。一方当事人逾期不履行的，另一方当事人可以依照民事诉讼法的有关规定向人民法院申请执行。受理申请的人民法院应当依法执行。

第四章 附 则

第五十二条 事业单位实行聘用制的工作人员与本单位发生劳动争议的，依照本法执行；法律、行政法规或者国务院另有规定的，依照其规定。

第五十三条 劳动争议仲裁不收费。劳动争议仲裁委员会的经费由财政予以保障。

第五十四条 本法自 2008 年 5 月 1 日起施行。

附件4 《最高人民法院关于审理劳动争议案件适用法律若干问题的解释》

（2001年3月22日最高人民法院审判委员会第1165次会议通过 2001年4月16日最高人民法院公告公布 自2001年4月30日起施行 法释〔2001〕14号）

为正确审理劳动争议案件，根据《中华人民共和国劳动法》（以下简称《劳动法》）和《中华人民共和国民事诉讼法》（以下简称《民事诉讼法》）等相关法律之规定，就适用法律的若干问题，作如下解释。

第一条 劳动者与用人单位之间发生的下列纠纷，属于《劳动法》第二条规定的劳动争议，当事人不服劳动争议仲裁委员会作出的裁决，依法向人民法院起诉的，人民法院应当受理：

（一）劳动者与用人单位在履行劳动合同过程中发生的纠纷；

（二）劳动者与用人单位之间没有订立书面劳动合同，但已形成劳动关系后发生的纠纷；

（三）劳动者退休后，与尚未参加社会保险统筹的原用人单位因追索养老金、医疗费、工伤保险待遇和其他社会保险费而发生的纠纷。

第二条 劳动争议仲裁委员会以当事人申请仲裁的事项不属于劳动争议为由，作出不予受理的书面裁决、决定或者通知，当事人不服，依法向人民法院起诉的，人民法院应当分别情况予以处理：

（一）属于劳动争议案件的，应当受理；

（二）虽不属于劳动争议案件，但属于人民法院主管的其他案件，应当依法受理。

第三条 劳动争议仲裁委员会根据《劳动法》第八十二条之规定，以当事人的仲裁申请超过60日期限为由，作出不予受理的书面裁决、决定或者通知，当事人不服，依法向人民法院起诉的，人民法院应当受理；对确已超过仲裁申请期限，又无不可抗力或者其他正当理由的，依法驳回其诉讼请求。

第四条 劳动争议仲裁委员会以申请仲裁的主体不适格为由，作出不予受理的书面裁决、决定或者通知，当事人不服，依法向人民法院起诉的，经审查，确属主体不适格的，裁定不予受理或者驳回起诉。

第五条 劳动争议仲裁委员会为纠正原仲裁裁决错误重新作出裁决，当事人不服，依法向人民法院起诉的，人民法院应当受理。

第六条 人民法院受理劳动争议案件后，当事人增加诉讼请求的，如该诉讼请求与讼争的劳动争议具有不可分性，应当合并审理；如属独立的劳动争议，应当告知当事人向劳动争议仲裁委员会申请仲裁。

第七条 劳动争议仲裁委员会仲裁的事项不属于人民法院受理的案件范围，当事人不服，依法向人民法院起诉的，裁定不予受理或者驳回起诉。

第八条 劳动争议案件由用人单位所在地或者劳动合同履行地的基层人民法院管辖。

劳动合同履行地不明确的，由用人单位所在地的基层人民法院管辖。

第九条 当事人双方不服劳动争议仲裁委员会作出的同一仲裁裁决，均向同一人民法院起诉的，先起诉的一方当事人为原告，但对双方的诉讼请求，人民法院应当一并作出裁决。

当事人双方就同一仲裁裁决分别向有管辖权的人民法院起诉的，后受理的人民法院应当将案件移送给先受理的人民法院。

第十条 用人单位与其他单位合并的，合并前发生的劳动争议，由合并后的单位为当事人；用人单位分立为若干单位的，其分立前发生的劳动争议，由分立后的实际用人单位为当事人。

用人单位分立为若干单位后，对承受劳动权利义务的单位不明确的，分立后的单位均为当事人。

第十一条 用人单位招用尚未解除劳动合同的劳动者，原用人单位与劳动者发生的劳动争议，可以列新的用人单位为第三人。

原用人单位以新的用人单位侵权为由向人民法院起诉的，可以列劳动者为第三人。

原用人单位以新的用人单位和劳动者共同侵权为由向人民法院起诉的，新的用人单位和劳动者列为共同被告。

第十二条 劳动者在用人单位与其他平等主体之间的承包经营期间，与发包方和承包方双方或者一方发生劳动争议，依法向人民法院起诉的，应当将承包方和发包方作为当事人。

第十三条 因用人单位作出的开除、除名、辞退、解除劳动合同、减少劳动报酬、计算劳动者工作年限等决定而发生的劳动争议，用人单位负举证责任。

第十四条 劳动合同被确认为无效后，用人单位对劳动者付出的劳动，一般可参照本单位同期、同工种、同岗位的工资标准支付劳动报酬。

根据《劳动法》第九十七条之规定，由于用人单位的原因订立的无效合同，给劳动者造成损害的，应当比照违反和解除劳动合同经济补偿金的支付标准，赔偿劳动者因合同无效所造成的经济损失。

第十五条 用人单位有下列情形之一，迫使劳动者提出解除劳动合同的，用人单位应当支付劳动者的劳动报酬和经济补偿，并可支付赔偿金：

（一）以暴力、威胁或者非法限制人身自由的手段强迫劳动的；

（二）未按照劳动合同约定支付劳动报酬或者提供劳动条件的；

（三）克扣或者无故拖欠劳动者工资的；

（四）拒不支付劳动者延长工作时间工资报酬的；

（五）低于当地最低工资标准支付劳动者工资的。

第十六条 劳动合同期满后，劳动者仍在原用人单位工作，原用人单位未表示异议的，视为双方同意以原条件继续履行劳动合同。一方提出终止劳动关系的，人民法院应当支持。

根据《劳动法》第二十条之规定，用人单位应当与劳动者签订无固定期限劳动合同而未签订的，人民法院可以视为双方之间存在无固定期限劳动合同关系，并以原劳动合同确定双方的权利义务关系。

第十七条 劳动争议仲裁委员会作出仲裁裁决后，当事人对裁决中的部分事项不服，依法向人民法院起诉的，劳动争议仲裁裁决不发生法律效力。

第十八条 劳动争议仲裁委员会对多个劳动者的劳动争议作出仲裁裁决后，部分劳动者对仲裁裁决不服，依法向人民法院起诉的，仲裁裁决对提出起诉的劳动者不发生法律效力；对未提出起诉的部分劳动者，发生法律效力，如其申请执行的，人民法院应当受理。

第十九条 用人单位根据《劳动法》第四条之规定，通过民主程序制定的规章制度，不违反国家法律、行政法规及政策规定，并已向劳动者公示的，可以作为人民法院审理劳动争议案件的依据。

第二十条 用人单位对劳动者作出的开除、除名、辞退等处理，或者因其他原因解除劳动合同确有错误的，人民法院可以依法判决予以撤销。

对于追索劳动报酬、养老金、医疗费以及工伤保险待遇、经济补偿金、培训费及其他相关费用等案件，给付数额不当的，人民法院可以予以变更。

第二十一条 当事人申请人民法院执行劳动争议仲裁机构作出的发生法律效力的裁决书、调解书，被申请人提出证据证明劳动争议仲裁裁决书、调解书有下列情形之一，并经审查核实的，人民法院可以根据《民事诉讼法》第二百一十三条之规定，裁定不予执行：

（一）裁决的事项不属于劳动争议仲裁范围，或者劳动争议仲裁机构无权仲裁的；

（二）适用法律确有错误的；

（三）仲裁员仲裁该案时，有徇私舞弊、枉法裁决行为的；

（四）人民法院认定执行该劳动争议仲裁裁决违背社会公共利益的。

人民法院在不予执行的裁定书中，应当告知当事人在收到裁定书之次日起 30 日内，可以就该劳动争议事项向人民法院起诉。

附件5 《最高人民法院关于审理劳动争议案件适用法律若干问题的解释（二）》

（2006年7月10日最高人民法院审判委员会第1393次会议通过 2006年8月14日最高人民法院公告公布 自2006年10月1日起施行 法释〔2006〕6号）

为正确审理劳动争议案件，根据《中华人民共和国劳动法》、《中华人民共和国民事诉讼法》等相关法律规定，结合民事审判实践，对人民法院审理劳动争议案件适用法律的若干问题补充解释如下：

第一条 人民法院审理劳动争议案件，对下列情形，视为劳动法第八十二条规定的“劳动争议发生之日”：

（一）在劳动关系存续期间产生的支付工资争议，用人单位能够证明已经书面通知劳动者拒付工资的，书面通知送达之日为劳动争议发生之日。用人单位不能证明的，劳动者主张权利之日为劳动争议发生之日。

（二）因解除或者终止劳动关系产生的争议，用人单位不能证明劳动者收到解除或者终止劳动关系书面通知时间的，劳动者主张权利之日为劳动争议发生之日。

（三）劳动关系解除或者终止后产生的支付工资、经济补偿金、福利待遇等争议，劳动者能够证明用人单位承诺支付的时间为解除或者终止劳动关系后的具体日期的，用人单位承诺支付之日为劳动争议发生之日。劳动者不能证明的，解除或者终止劳动关系之日为劳动争议发生之日。

第二条 拖欠工资争议，劳动者申请仲裁时劳动关系仍然存续，用人单位以劳动者申请仲裁超过六十日为由主张不再支付的，人民法院不予支持。但用人单位能够证明劳动者已经收到拒付工资的书面通知的除外。

第三条 劳动者以用人单位的工资欠条为证据直接向人民法院起诉，诉讼请求不涉及劳动关系其他争议的，视为拖欠劳动报酬争议，按照普通民事纠纷受理。

第四条 用人单位和劳动者因劳动关系是否已经解除或者终止，以及应否支付解除或终止劳动关系经济补偿金产生的争议，经劳动争议仲裁委员会仲裁后，当事人依法起诉的，人民法院应予受理。

第五条 劳动者与用人单位解除或者终止劳动关系后，请求用人单位返还其收取的劳动合同定金、保证金、抵押金、抵押物产生的争议，或者办理劳动者的人事档案、社会保险关系等移转手续产生的争议，经劳动争议仲裁委员会仲裁后，当事人依法起诉的，人民法院应予受理。

第六条 劳动者因为工伤、职业病，请求用人单位依法承担给予工伤保险待遇的争议，经劳动争议仲裁委员会仲裁后，当事人依法起诉的，人民法院应予受理。

第七条 下列纠纷不属于劳动争议：

（一）劳动者请求社会保险经办机构发放社会保险金的纠纷；

（二）劳动者与用人单位因住房制度改革产生的公有住房转让纠纷；

（三）劳动者对劳动能力鉴定委员会的伤残等级鉴定结论或者对职业病诊断鉴定委员会的职业病诊断鉴定结论的异议纠纷；

（四）家庭或者个人与家政服务人员之间的纠纷；

（五）个体工匠与帮工、学徒之间的纠纷；

（六）农村承包经营户与受雇人之间的纠纷。

第八条 当事人不服劳动争议仲裁委员会作出的预先支付劳动者部分工资或者医疗费用的裁决，向人民法院起诉的，人民法院不予受理。

用人单位不履行上述裁决中的给付义务，劳动者依法向人民法院申请强制执行的，人民法院应予受理。

第九条 劳动者与起有字号的个体工商户产生的劳动争议诉讼，人民法院应当以营业执照上登记的字号为当事人，但应同时注明该字号业主的自然情况。

第十条 劳动者因履行劳动力派遣合同产生劳动争议而起诉，以派遣单位为被告；争议内容涉及接受单位的，以派遣单位和接受单位为共同被告。

第十一条 劳动者和用人单位均不服劳动争议仲裁委员会的同一裁决，向同一人民法院起诉的，人民法院应当并案审理，双方当事人互为原告和被告。在诉讼过程中，一方当事人撤诉的，人民法院应当根据另一方当事人的诉讼请求继续审理。

第十二条 当事人能够证明在申请仲裁期间内因不可抗力或者其他客观原因无法申请仲裁的，人民法院应当认定申请仲裁期间中止，从中止的原因消灭之次日起，申请仲裁期间连续计算。

第十三条 当事人能够证明在申请仲裁期间内具有下列情形之一的，人民法院应当认定申请仲裁期间中断：

（一）向对方当事人主张权利；

（二）向有关部门请求权利救济；

（三）对方当事人同意履行义务。

申请仲裁期间中断的，从对方当事人明确拒绝履行义务，或者有关部门作出处理决定或明确表示不予处理时起，申请仲裁期间重新计算。

第十四条 在诉讼过程中，劳动者向人民法院申请采取财产保全措施，人民法院经审查认为申请人经济确有困难，或有证据证明用人单位存在欠薪逃匿可能的，应当减轻或者免除劳动者提供担保的义务，及时采取保全措施。

第十五条 人民法院作出的财产保全裁定中，应当告知当事人在劳动仲裁机构的裁决书或者在人民法院的裁判文书生效后三个月内申请强制执行。逾期不申请的，人民法院应当裁定解除保全措施。

第十六条 用人单位制定的内部规章制度与集体合同或者劳动合同约定的内容不一致，劳动者请求优先适用合同约定的，人民法院应予支持。

第十七条 当事人在劳动争议调解委员会主持下达成的具有劳动权利义

务内容的调解协议，具有劳动合同的约束力，可以作为人民法院裁判的根据。

当事人在劳动争议调解委员会主持下仅就劳动报酬争议达成调解协议，用人单位不履行调解协议确定的给付义务，劳动者直接向人民法院起诉的，人民法院可以按照普通民事纠纷受理。

第十八条 本解释自二〇〇六年十月一日起施行。本解释施行前本院颁布的有关司法解释与本解释规定不一致的，以本解释的规定为准。

本解释施行后，人民法院尚未审结的一审、二审案件适用本解释。本解释施行前已经审结的案件，不得适用本解释的规定进行再审。

附件6 《最高人民法院关于审理劳动争议案件适用法律若干问题的解释（三）》

（2010年7月12日最高人民法院审判委员会第1489次会议通过 2010年9月13日最高人民法院公告公布 自2010年9月14日起施行 法释〔2010〕12号）

为正确审理劳动争议案件，根据《中华人民共和国劳动法》、《中华人民共和国劳动合同法》、《中华人民共和国劳动争议调解仲裁法》、《中华人民共和国民事诉讼法》等相关法律规定，结合民事审判实践，特作如下解释。

第一条 劳动者以用人单位未为其办理社会保险手续，且社会保险经办机构不能补办导致其无法享受社会保险待遇为由，要求用人单位赔偿损失而发生争议的，人民法院应予受理。

第二条 因企业自主进行改制引发的争议，人民法院应予受理。

第三条 劳动者依据劳动合同法第八十五条规定，向人民法院提起诉讼，要求用人单位支付加付赔偿金的，人民法院应予受理。

第四条 劳动者与未办理营业执照、营业执照被吊销或者营业期限届满仍继续经营的用人单位发生争议的，应当将用人单位或者其出资人列为当事人。

第五条 未办理营业执照、营业执照被吊销或者营业期限届满仍继续经营的用人单位，以挂靠等方式借用他人营业执照经营的，应当将用人单位和营业执照出借方列为当事人。

第六条 当事人不服劳动人事争议仲裁委员会作出的仲裁裁决，依法向人民法院提起诉讼，人民法院审查认为仲裁裁决遗漏了必须共同参加仲裁的当事人的，应当依法追加遗漏的人为诉讼当事人。

被追加的当事人应当承担责任的，人民法院应当一并处理。

第七条 用人单位与其招用的已经依法享受养老保险待遇或领取退休金的人员发生用工争议，向人民法院提起诉讼的，人民法院应当按劳务关系处理。

第八条 企业停薪留职人员、未达到法定退休年龄的内退人员、下岗待岗人员以及企业经营性停产放长假人员，因与新的用人单位发生用工争议，依法向人民法院提起诉讼的，人民法院应当按劳动关系处理。

第九条 劳动者主张加班费的，应当就加班事实的存在承担举证责任。但劳动者有证据证明用人单位掌握加班事实存在的证据，用人单位不提供的，由用人单位承担不利后果。

第十条 劳动者与用人单位就解除或者终止劳动合同办理相关手续、支付工资报酬、加班费、经济补偿或者赔偿金等达成的协议，不违反法律、行政法规的强制性规定，且不存在欺诈、胁迫或者乘人之危情形的，应当认定有效。

前款协议存在重大误解或者显失公平情形，当事人请求撤销的，人民法院应予支持。

第十一条 劳动人事争议仲裁委员会作出的调解书已经发生法律效力，一方当事人反悔提起诉讼的，人民法院不予受理；已经受理的，裁定驳回起诉。

第十二条 劳动人事争议仲裁委员会逾期未作出受理决定或仲裁裁决，当事人直接提起诉讼的，人民法院应予受理，但申请仲裁的案件存在下列事由的除外：

（一）移送管辖的；

（二）正在送达或送达延误的；

（三）等待另案诉讼结果、评残结论的；

（四）正在等待劳动人事争议仲裁委员会开庭的；

（五）启动鉴定程序或者委托其他部门调查取证的；

（六）其他正当事由。

当事人以劳动人事争议仲裁委员会逾期未作出仲裁裁决为由提起诉讼的，应当提交劳动人事争议仲裁委员会出具的受理通知书或者其他已接受仲裁申请的凭证或证明。

第十三条 劳动者依据调解仲裁法第四十七条第（一）项规定，追索劳动报酬、工伤医疗费、经济补偿或者赔偿金，如果仲裁裁决涉及数项，每项确定的数额均不超过当地月最低工资标准十二个月金额的，应当按照终局裁决处理。

第十四条 劳动人事争议仲裁委员会作出的同一仲裁裁决同时包含终局裁决事项和非终局裁决事项，当事人不服该仲裁裁决向人民法院提起诉讼的，应当按照非终局裁决处理。

第十五条 劳动者依据调解仲裁法第四十八条规定向基层人民法院提起诉讼，用人单位依据调解仲裁法第四十九条规定向劳动人事争议仲裁委员会所在地的中级人民法院申请撤销仲裁裁决的，中级人民法院应不予受理；已经受理的，应当裁定驳回申请。

被人民法院驳回起诉或者劳动者撤诉的，用人单位可以自收到裁定书之日起三十日内，向劳动人事争议仲裁委员会所在地的中级人民法院申请撤销仲裁裁决。

第十六条 用人单位依照调解仲裁法第四十九条规定向中级人民法院申请撤销仲裁裁决，中级人民法院作出的驳回申请或者撤销仲裁裁决的裁定为终审裁定。

第十七条 劳动者依据劳动合同法第三十条第二款和调解仲裁法第十六条规定向人民法院申请支付令，符合民事诉讼法第十七章督促程序规定的，人民法院应予受理。

依据劳动合同法第三十条第二款规定申请支付令被人民法院裁定终结督促程序后，劳动者就劳动争议事项直接向人民法院起诉的，人民法院应当告知其先向劳动人事争议仲裁委员会申请仲裁。

依据调解仲裁法第十六条规定申请支付令被人民法院裁定终结督促程序后，劳动者依据调解协议直接向人民法院提起诉讼的，人民法院应予受理。

第十八条 劳动人事争议仲裁委员会作出终局裁决，劳动者向人民法院申请执行，用人单位向劳动人事争议仲裁委员会所在地的中级人民法院申请撤销的，人民法院应当裁定中止执行。

用人单位撤回、撤销终局裁决申请或者其申请被驳回的，人民法院应当裁定恢复执行。仲裁裁决被撤销的，人民法院应当裁定终结执行。

用人单位向人民法院申请撤销仲裁裁决被驳回后，又在执行程序中以相同理由提出不予执行抗辩的，人民法院不予支持。

附件 7 《最高人民法院关于审理劳动争议案件适用法律若干问题的解释（四）》

（2012 年 12 月 31 日最高人民法院审判委员会第 1566 次会议通过 2013 年 1 月 18 日最高人民法院公告公布 自 2013 年 2 月 1 日起施行 法释〔2013〕4 号）

为正确审理劳动争议案件，根据《中华人民共和国劳动法》《中华人民共和国劳动合同法》《中华人民共和国劳动争议调解仲裁法》《中华人民共和国民事诉讼法》等相关法律规定，结合民事审判实践，就适用法律的若干问题，作如下解释：

第一条 劳动人事争议仲裁委员会以无管辖权为由对劳动争议案件不予受理，当事人提起诉讼的，人民法院按照以下情形分别处理：

（一）经审查认为该劳动人事争议仲裁委员会对案件确无管辖权的，应当告知当事人向有管辖权的劳动人事争议仲裁委员会申请仲裁；

（二）经审查认为该劳动人事争议仲裁委员会有管辖权的，应当告知当事人申请仲裁，并将审查意见书面通知该劳动人事争议仲裁委员会，劳动人事争议仲裁委员会仍不受理，当事人就该劳动争议事项提起诉讼的，应予受理。

第二条 仲裁裁决的类型以仲裁裁决书确定为准。

仲裁裁决书未载明该裁决为终局裁决或非终局裁决，用人单位不服该仲裁裁决向基层人民法院提起诉讼的，应当按照以下情形分别处理：

（一）经审查认为该仲裁裁决为非终局裁决的，基层人民法院应予受理；

（二）经审查认为该仲裁裁决为终局裁决的，基层人民法院不予受理，但应告知用人单位可以自收到不予受理裁定书之日起三十日内向劳动人事争议仲裁委员会所在地的中级人民法院申请撤销该仲裁裁决；已经受理的，裁定驳回起诉。

第三条　中级人民法院审理用人单位申请撤销终局裁决的案件，应当组成合议庭开庭审理。经过阅卷、调查和询问当事人，对没有新的事实、证据或者理由，合议庭认为不需要开庭审理的，可以不开庭审理。

中级人民法院可以组织双方当事人调解。达成调解协议的，可以制作调解书。一方当事人逾期不履行调解协议的，另一方可以申请人民法院强制执行。

第四条　当事人在人民调解委员会主持下仅就给付义务达成的调解协议，双方认为有必要的，可以共同向人民调解委员会所在地的基层人民法院申请司法确认。

第五条　劳动者非因本人原因从原用人单位被安排到新用人单位工作，原用人单位未支付经济补偿，劳动者依照劳动合同法第三十八条规定与新用人单位解除劳动合同，或者新用人单位向劳动者提出解除、终止劳动合同，在计算支付经济补偿或赔偿金的工作年限时，劳动者请求把在原用人单位的工作年限合并计算为新用人单位工作年限的，人民法院应予支持。

用人单位符合下列情形之一的，应当认定属于“劳动者非因本人原因从原用人单位被安排到新用人单位工作”：

（一）劳动者仍在原工作场所、工作岗位工作，劳动合同主体由原用人单位变更为新用人单位；

（二）用人单位以组织委派或任命形式对劳动者进行工作调动；

（三）因用人单位合并、分立等原因导致劳动者工作调动；

（四）用人单位及其关联企业与劳动者轮流订立劳动合同；

（五）其他合理情形。

第六条　当事人在劳动合同或者保密协议中约定了竞业限制，但未约定解除或者终止劳动合同后给予劳动者经济补偿，劳动者履行了竞业限制义务，要求用人单位按照劳动者在劳动合同解除或者终止前十二个月平均工资的 30% 按月支付经济补偿的，人民法院应予支持。

前款规定的月平均工资的 30% 低于劳动合同履行地最低工资标准的，按照劳动合同履行地最低工资标准支付。

第七条 当事人在劳动合同或者保密协议中约定了竞业限制和经济补偿，当事人解除劳动合同时，除另有约定外，用人单位要求劳动者履行竞业限制义务，或者劳动者履行了竞业限制义务后要求用人单位支付经济补偿的，人民法院应予支持。

第八条 当事人在劳动合同或者保密协议中约定了竞业限制和经济补偿，劳动合同解除或者终止后，因用人单位的原因导致三个月未支付经济补偿，劳动者请求解除竞业限制约定的，人民法院应予支持。

第九条 在竞业限制期限内，用人单位请求解除竞业限制协议时，人民法院应予支持。

在解除竞业限制协议时，劳动者请求用人单位额外支付劳动者三个月的竞业限制经济补偿的，人民法院应予支持。

第十条 劳动者违反竞业限制约定，向用人单位支付违约金后，用人单位要求劳动者按照约定继续履行竞业限制义务的，人民法院应予支持。

第十一条 变更劳动合同未采用书面形式，但已经实际履行了口头变更的劳动合同超过一个月，且变更后的劳动合同内容不违反法律、行政法规、国家政策以及公序良俗，当事人以未采用书面形式为由主张劳动合同变更无效的，人民法院不予支持。

第十二条 建立了工会组织的用人单位解除劳动合同符合劳动合同法第三十九条、第四十条规定，但未按照劳动合同法第四十三条规定事先通知工会，劳动者以用人单位违法解除劳动合同为由请求用人单位支付赔偿金的，人民法院应予支持，但起诉前用人单位已经补正有关程序的除外。

第十三条 劳动合同法施行后，因用人单位经营期限届满不再继续经营导致劳动合同不能继续履行，劳动者请求用人单位支付经济补偿的，人民法院应予支持。

第十四条 外国人、无国籍人未依法取得就业证件即与中国境内的用人单位签订劳动合同，以及香港特别行政区、澳门特别行政区和台湾地区居民未依法取得就业证件即与内地用人单位签订劳动合同，当事人请求确认与用人单位存在劳动关系的，人民法院不予支持。

持有《外国专家证》并取得《外国专家来华工作许可证》的外国人，与中国境内的用人单位建立用工关系的，可以认定为劳动关系。

第十五条 本解释施行前本院颁布的有关司法解释与本解释抵触的，自本解释施行之日起不再适用。

本解释施行后尚未终审的劳动争议纠纷案件，适用本解释；本解释施行前已经终审，当事人申请再审或者按照审判监督程序决定再审的，不适用本解释。